Wanderungen
auf dem
Peloponnes

W0307263

Gert Hirner

Wanderungen auf dem Peloponnes

Mit 115 Fotos in Farbe,
38 Kartenskizzen
und 1 Übersichtskarte

Bruckmann München

Einband/Vorderseite:
Das Felsenkloster Ágios Nikólaos bei Leonídi.

Innenklappe oben:
Auf dem Gipfel des Killíni.

Innenklappe unten:
Die Schlucht von Pigádia/Kámbos.

Einband/Rückseite oben:
Die Festungsinsel Bourzi im Golf von Navplion.

Einband/Rückseite unten:
Der Apollotempel in Alt-Korinth vor dem
Hintergrund von Berg und Festung Akrokorinth.

Seite 2/3:
Der Golf von Navplion mit der Festung Bourzi im Abendlicht.

CIP-Titelaufnahme der Deutschen Bibliothek

Wanderungen auf dem Peloponnes/Gert Hirner. –
München: Bruckmann, 1989
ISBN 3-7654-2197-9
NE: Hirner, Gert [Bearb.]

© 1989 F. Bruckmann KG, München
Alle Rechte vorbehalten
Herstellung: Bruckmann München
Printed in Germany
ISBN 3-7654-2197-9

Inhalt

Vorwort

Mit Griechenland verbinden wir die Vorstellung von Sonne und Meer – aber es besteht auch zu zwei Dritteln aus Gebirgen. Nirgendwo in Griechenland wird dieser Gegensatz deutlicher als auf dem Peloponnes. Obwohl die südlichste Fortsetzung der Balkanhalbinsel, wurde er schon im Altertum als Insel betrachtet, als die Insel des Pelops. Eigentlich müßten wir ihn fortan als *»die«* Peloponnes bezeichnen, doch auch wir fügen uns der Umgangssprache und sprechen im weiteren Verlauf von *dem* Peloponnes.

Jahrtausende war der Peloponnes der Schmelztiegel der griechischen Geschichte, in keiner anderen Region Griechenlands verlief der Wechsel der Zeiten so dramatisch wie auf dem Peloponnes, und doch geriet er mehr und mehr in die Abgeschiedenheit, beschränkte sich darauf, Provinz zu sein.

Vom Massentourismus blieb der Peloponnes größtenteils verschont, lediglich eine beachtliche Schar Bildungshungriger interessierte sich für die Spuren der antiken Geschichte. So gab es seit jeher vor allem Individualisten unter den Reisenden auf dem Peloponnes: Fürst von Pückler-Muskau, Otto Freiherr von Stackelberg oder Pausanias im zweiten Jahrhundert nach Christus, der mit seinen Berichten die Brücke zu den vergessenen Welten der Antike schlug.

Auch heute noch gibt es für den Wanderer auf dem Peloponnes vieles zu entdecken – von den über 2000 Meter hohen Bergen des Nordens, aus denen das giftige Wasser der Unterwelt quoll, bis zu den windumtosten Kaps an den südlichen Gestaden, wo im Altertum die Seefahrer in die Irre getrieben wurden. Nirgendwo sonst in Griechenland findet der Wanderer ein so dichtes Nebeneinander von antiken Stätten, mittelalterlichen Festungen, byzantinischen Klöstern und mythologischen Orten wie auf dem Peloponnes.

Neben langen Wanderetappen sind auch kurze Wege mit einbezogen worden. Denn gerade für Reisende, die nur den Sommer für ihre Peloponnes-Erkundung zur Verfügung haben, sind es neben den Hochtouren die kurzen Wanderungen, die auch im Juli und August noch erträglich sind.

Der Peloponnes ist gut geeignet für Wanderbegeisterte mit eigenem Fahrzeug, besonders mit Wohnmobil, da einerseits eine Tausende von Kilometern lange Küste mit schönen Stränden und Buchten zum Verweilen einlädt, andererseits verschlungene Straßen immer wieder in abgeschiedene Bergregionen führen, so daß sich viele Wanderungen als abwechslungsreiche Unterbrechung und Bereicherung des Fahrtenprogramms einbeziehen lassen.

Während der Arbeit an diesem Buch wurde auch mit der Einrichtung eines Fernwanderweges durch den Peloponnes begonnen. Er setzt den Europäischen Fernwanderweg E4 fort, der vom Olymp nach Delphi führt: Das peloponnesische Teilstück beginnt in Egion und endet vorläufig in Tripolis, von wo es bis Gíthion fortgesetzt werden soll. Die bestehenden Wegstrecken bis Tripolis sind in diesem Buch bereits berücksichtigt, so daß auch der Wanderer auf seine Kosten kommt, der mit Zelt und Schlafsack mitten durchs Land will.

Anreisemöglichkeiten

Mit dem Flugzeug: Auf dem Peloponnes gibt es keinen internationalen Flughafen. Die bequemste und schnellste Anreisemöglichkeit bleibt die Flugverbindung nach Athen. Von dort besteht die Möglichkeit, mit Olympic Airways nach Kalamáta weiterzufliegen, dem einzigen Flugplatz auf dem Peloponnes. Die Anschlußmöglichkeit ist aber zumeist mit mehrstündigem Warten und dem Wechsel vom Auslands- zum Inlandsflughafen verbunden, so daß sich die Weiterreise mit der Eisenbahn oder dem Bus empfiehlt, besonders wenn die Exkursion im Norden des Peloponnes ihren Anfang nimmt. Vom Peloponnes-Bahnhof in Athen gibt es eine Bahnlinie, die nach Korinth, Patras, Tripolis und Kalamáta verkehrt. Gleichzeitig gibt es vom Busbahnhof in Athen Verbindungen zu allen größeren Orten auf dem Peloponnes. Wer sich für eine Flugreise entscheidet, sollte frühzeitig buchen. Außerdem sollte man auf die oft enormen Preisunterschiede zwischen Haupt- und Nebensaison achten.

Mit der Eisenbahn oder dem Bus: Eine langwierige Anreisemöglichkeit, die nicht selten die Nerven strapaziert, ist die zweitägige Fahrt mit der Eisenbahn über Jugoslawien nach Athen. Ob der Kostenvorteil die weitaus längere Anreisezeit aufwiegt, bleibt dahingestellt. Für junge Leute, die z. B. mit einem Interrail-Paß reisen, ist es eine Alternative. Zu bevorzugen ist aber die Anreise mit dem Zug über Italien bis Ancona oder Brindisi und dann mit dem Fährschiff nach Patras. Darüber hinaus gibt es eine tägliche Busverbindung von Deutschland nach Athen.

Mit dem Schiff: Schiffsverbindungen und Autofähren gibt es von Ancona, Bari, Brindisi und Otranto (z. T. über Korfu und Igumenitsa) nach Patras. Ganz unorthodox ist die Anreise von Piräus mit dem Fährschiff oder Tragflügelboot zu einigen Küstenorten im Osten und Südosten des Peloponnes, z. B. nach Póros, Ermíoni, Navplion, Monemvasía oder Neápoli.

Mit dem Auto, Wohnmobil oder Motorrad: Für den unabhängig Reisenden ist dies die günstigste und schönste Möglichkeit, den Peloponnes zu entdecken. Die kürzeste Anreise über die Straße erfolgt via Italien nach Ancona und von dort mit der Autofähre nach Patras. Wer Straßenkilometer nicht scheut, kann auch bis nach Bari oder Brindisi weiterfahren und dort die Autofähre nach Patras nehmen. Die Fähren von Ancona sind aber komfortabler. Da diese Fähren in den Hauptreisezeiten oft ausgebucht sind, empfiehlt sich eine rechtzeitige Reservierung. Zum Schluß sei noch der jugoslawische Autoput erwähnt. Obwohl es die längste Strecke ist (München–Korinth ca. 2200 km), ist es doch die kostengünstigste und schnellste, sofern man sich am Steuer abwechselt. Der Ausbau von Autobahnteilstücken ist in den letzten Jahren auf jugoslawischer Seite gut vorangekommen, so daß der berüchtigte Autoput einiges von seinem Schrecken verloren hat.

Reisen auf dem Peloponnes

Am angenehmsten reist man auf dem Peloponnes mit einem eigenen Verkehrsmittel, denn damit kann man unabhängig vom Busfahrplan abgelegene Orte bequem erreichen und überall dort anhalten, wo man gerne verweilen möchte. Besonders bei Wanderungen, bei denen man an den Ausgangspunkt zurückkommt, lohnt sich ein privates Verkehrsmittel. Bei längeren Touren oder gar bei dem beschriebenen Fernwanderweg E4 kann das eigene Vehikel dagegen zur Last werden. Ansonsten stehen die öffentlichen Verkehrsunternehmen zur Verfügung. Den größten Teil des Passagieraufkommens bewältigen die Busverkehrsunternehmen (KTEΛ) der jeweiligen Kreise auf dem Peloponnes. Fast alle größeren Städte besitzen einen Busbahnhof. Auf den Hauptstrecken gibt es keine Probleme, auf einigen verkehren nahezu stündlich Busse, während zu entfernteren, kleinen Ortschaften nur einmal täglich ein Bus fährt, der meistens unmittelbar nach der Ankunft wieder den Rückweg einschlägt. Zu den wenigen Dörfern, zu denen es keine Busverbindung gibt, kann man von den Nachbardörfern mit dem Taxi gelangen. Probieren Sie es auf abgelegenen Strekken ruhig mit Autostop, die dort lebenden Hirten und Bauern wissen über die Tücken der Verkehrsverbindungen Bescheid und bieten Ihnen gern auf ihren Pick-ups ein Plätzchen an, das Sie manchmal mit Ziege oder Hund teilen müssen.

Für die Hauptstrecken Korinth–Patras–Kalamáta–Tripolis–Argos empfiehlt sich die Eisenbahnverbindung mit zum Teil reizvoller Streckenführung, auch wenn es etwas länger dauert als mit dem Bus. Nicht zu vergessen ist in diesem Zusammenhang die kleine Zahnradbahn von Diakoftó nach Kalávrita, die durch die wundervolle Vouraikós-Schlucht führt.

Unterkunft

Das Besondere am Peloponnes ist, daß seine Küsten noch nicht von Tourismuszentren überzogen sind und ihren individuellen Charakter bewahrt haben. So stehen dem Reisenden eine ausreichende Anzahl einfacher Hotels und Pensionen der dritten und vierten Kategorie an malerischen Küstenorten oder im Bergland zur Verfügung. Selbstverständlich gibt es aber auch komfortable Hotels in

Der Kanal von Korinth ist 6,3 Kilometer lang und 23 Meter breit. Er verbindet seit 1893 den Golf von Korinth mit dem Saronischen Golf.

La Palma
La Palma
LIMASSOL

den großen Städten bzw. an touristischen Schlüsselorten wie Olympia, Korinth oder Nauplia.
Darüber hinaus gibt es auf dem Peloponnes eine Vielzahl von gut ausgestatteten Campingplätzen. Ein Verzeichnis findet sich im ADAC-Campingführer bzw. auf der Freytag-&-Berndt-Karte Peloponnes 1:300000. Obwohl das freie Zelten in Griechenland nicht erlaubt ist, wird niemand etwas dagegen haben, wenn man in einer schönen Bucht oder in den Bergen sein Zelt aufschlägt, sofern es nicht ausdrücklich verboten ist. Für einige Wanderungen im Landesinneren kann die Mitnahme eines Zeltes von Vorteil sein. Auch Wohnmobilisten haben die Vorteile des freien Campierens auf dem Peloponnes seit geraumer Zeit entdeckt. In jedem Fall sollte man aber das Zurücklassen von Abfall vermeiden. Sonst könnte sich die bislang geduldete Liberalität sehr bald ändern.
Zu erwähnen ist noch, daß auf der bereits erwähnten Straßenkarte von Freytag & Berndt auch Jugendherbergen und Berghütten eingetragen sind. Für die Übernachtung in den Schutzhütten benötigt man aber den Schlüssel, der bei der jeweiligen Sektion des griechischen Bergsteigervereins (EOS) erhältlich ist, an Fremde jedoch ungern herausgegeben wird.

Reisezeit und Ausrüstung, Klima und Wetter

Für den Naturliebhaber ist das Frühjahr die schönste Zeit, den Peloponnes zu bereisen. In den tieferen Regionen erwartet den Wanderer bereits ein ungeahnter Reichtum an wildblühenden Blumen und Sträuchern, während auf den hohen Bergen noch der Schnee liegt. So sind die Monate März und April zumeist schon von den warmen Strahlen der Sonne gesegnet, doch Regenschauer und Kälteeinbrüche können sich dazwischenmischen. Trotzdem sollte man nicht verschweigen, daß es gerade in diesen Monaten zuweilen noch recht einsam ist, besonders im Landesinneren, aber auch in vielen Dörfern an der Küste. Cafés und Restaurants werden erst aufgemacht, wenn der Winter auch wirklich vorbei ist, und das ist meist nach der ersten großen Ausflugswelle an Ostern.

Von Mai/Juni bis September herrscht stabiles Sommerwetter, und das Meer lädt zum Baden ein. Wenn die Vegetation in den unteren Regionen bereits am Vertrocknen ist, fängt es weit oben in den Bergen zu grünen an. In dieser Jahreszeit sind Bergtouren am schönsten. Auch der Herbst ist vom Klima her sehr angenehm, doch entbehrt er des farbenprächtigen Pflanzenkleides. Mit etwas Glück findet man Sonnentage bis in den Dezember hinein.
Die Ausrüstung sollte nicht allzu schwer sein und der Art der Wanderung entsprechen. Da die meisten Wege sehr steinig sind, empfiehlt sich ein geschlossener, nicht allzu schwerer Wanderschuh. Im Rucksack sollten Sie leichte Kleidung gegen Regen und Wind, Pullover oder T-Shirt, Hose oder Shorts, Sonnenbrille, Sonnencreme und eine kleine Apotheke verstauen. Je heißer die Jahreszeit bzw. je höher Sie auf die Berge steigen, desto mehr sollten Sie zu trinken mitnehmen. Zu empfehlen sind verschließbare Wasserflaschen, die ein bis zwei Liter Flüssigkeit (mit Elektrolyten) fassen. Als kleine Proviantbeimischung eignen sich die in Griechenland erhältlichen Nuß- und Sesamriegel. Falls unterwegs keine Verpflegungsmöglichkeiten bestehen, sollten Sie sich rechtzeitig vorher mit Nahrungsmitteln versorgen. Während der Wanderungen sollten Sie immer eine Reserve an Getränk behalten, bis sich wieder die Gelegenheit ergibt, die Flüssigkeitsvorräte aufzufüllen. Zur besseren Orientierung kann ein einfacher Kompaß hilfreich sein.

Gesundheit

Besondere gesundheitliche Vorsorgemaßnahmen für eine Reise auf den Peloponnes sind nicht notwendig, doch kann man eine kleine Reiseapotheke schon zu Hause zusammenstellen. Die ärztliche Versorgung in den größeren Städten ist gut, und man findet auch deutsch- und englischsprachige Ärzte.
Die häufigsten Krankheiten bei Touristen sind Erkältungs- und Durchfallerkrankungen, wobei letztere aber nicht immer auf das Es-

Am Golf von Korinth, nur sechs Kilometer entfernt vom Kanal, liegt Loutraki – das »Bädchen«. Hier sprudeln Natriumchloridquellen aus dem Boden.

sen zurückzuführen sind, sondern ebenfalls klimatische Ursachen haben. Dies trifft insbesonders im Frühjahr und Frühsommer zu, wenn die warmen Strahlen der Sonne mit kühlen Winden und Abendtemperaturen konkurrieren. Um einer Erkältung vorzubeugen, sollte man seine Kleidung anpassen.
Außerdem sollte man sich vor der gnadenlosen Sonne schützen. Bei längeren Wanderungen empfiehlt sich eine Kopfbedeckung. Viel trinken schützt vor Dehydration. Falls Sie viel schwitzen, dürfen Sie Ihren Salat ruhig etwas mehr salzen als sonst üblich, um übermäßigen Salzverlust auszugleichen. Darüber hinaus ist es ratsam, bei einem längeren Aufenthalt und anstrengenden Unternehmungen Mineralsalzpräparate zu verwenden.
Eine besondere Plage können Moskitos sein. Im Bergland relativ selten, sind sie in tieferen, feuchten Regionen (Küstenhinterland) um so häufiger vorhanden. Vitaminpräparate sind in Griechenland wesentlich billiger als bei uns und oft rezeptfrei in der Apotheke erhältlich.
Quellwasser und Wasser aus Brunnen können Sie bedenkenlos trinken, Zisternenwasser ist in der Regel gut, doch mit Vorbehalt zu genießen, wenn der Wasservorrat zur Neige geht. Trinken Sie viel Wasser! Es ist besonders mineralhaltig, und Sie werden feststellen, daß es viel besser schmeckt als zu Hause aus dem Wasserhahn.

Geographische Gliederung

Der Peloponnes ist die Fortsetzung der südlichen Ausläufer der Balkanhalbinsel und der sich von Jugoslawien über den Balkan erstreckenden Dinarischen Alpen, eines erdgeschichtlich jungen Kalksteingebirges. Er ist zugleich die größte Halbinsel Griechenlands, mit diesem durch einen schmalen Isthmus von 5 Kilometern Breite verbunden, den man schon im Altertum mit einer Mauer abzuriegeln versuchte und der beim Bau des Kanals von Korinth 1893 durchstochen wurde. Wäre der Peloponnes eine Insel, dann wäre er mit 21439 Quadratkilometern nach Sizilien und Sardinien die drittgrößte im Mittelmeer, denn der Name bedeutet nichts anderes als »Insel des Pelops«.

Der Peloponnes ist von Norden nach Süden ca. 230 Kilometer lang, von Westen nach Osten ca. 180 Kilometer breit. Seine Form wird oft mit einer ausgestreckten Hand verglichen, in der Antike sah man darin lieber das Blatt einer Platane. Die Ost- und Südküste ist durch Halbinseln stark gegliedert und umschließt die weit ins Land reichenden Golfe von Messenien, Lakonien und der Argolis.
Eine Vielzahl von Bergmassiven durchzieht den Peloponnes, mit Gipfeln bis zu 2400 Metern, zumeist in Nord-Süd-Richtung. Die wichtigsten sind im Norden das Panahaïkon-Gebirge (1926 m) bei Patras, das Aroánia-Gebirge mit dem Hélmos (2355 m), das Massiv des Killíni (2376 m) und die Erímanthos-Kette (2221 m). Südlich davon schließt sich das arkadische Hochland an, das leicht nach Süden abfällt und von hochgelegenen Beckenlandschaften kammerartig durchzogen ist. Verstreut befinden sich im Zentrum der Halbinsel einige Gebirgsstöcke, deren höchster das Ménalo-Gebirge (1980 m) nördlich von Tripolis ist. Die größte Gebirgskette im Süden ist der Taýgetos, der durch die Langáda-Schlucht in einen nördlichen und einen südlichen Teil getrennt ist. Sein höchster Gipfel ist der Profítis Elías mit 2407 m, der zugleich der höchste Gipfel des Peloponnes ist. Parallel dazu verläuft im Südosten, getrennt durch das Schwemmland des Eúrotas, das größte Waldgebirge des Peloponnes: der Parnon (1935 m). Der Peloponnes hat aber auch große, flache Ebenen, insbesonders die von Achaïa und Elis, aber auch in Messenien, Argolien und Lakonien.
Seine größten Flüsse sind der Alfíos und der Eúrotas, deren Ursprung nah beisammen liegt, obwohl sie fast entgegengesetzt verlaufen. Eine Besonderheit bilden auch die Kathavotren, Karsterscheinungen im Felsen, in denen das Wasser spurlos verschwindet, um an anderer, weit entfernter Stelle wieder hervorzusprudeln. So ergaben Messungen Athener Geologen mit radioaktiv markiertem Wasser, daß das bei Kivéri ins Meer sprudelnde Süßwasser aus der sogenannten Faulebene unterhalb des Artemísio-Gebirges nahe Tripolis stammt.
Der Peloponnes liegt entlang einer tektonischen Platte, die vom Balkan herab über Kí-

Der Stymphalische See am Fuß des Killíni. Hier kämpfte Herakles gegen die ehernen Vögel.

thira und Kreta bis zum Taurusgebirge in Kleinasien und weiter verläuft (Eurasische Platte). So ist es in der Geschichte des Peloponnes keine Seltenheit, wenn die Erde einmal wackelt. Noch jetzt sieht man die schweren Schäden, die das Erdbeben von 1986 in Kalamáta hinterlassen hat. Ein schweres Erdbeben zerstörte 1858 die Stadt Korinth völlig und ließ sie im Februar 1981 abermals erzittern. Die griechischen Architekten müssen dem mittlerweile Rechnung tragen, indem sie die Häuser alle auf simple Betonstelzen stellen.

Pflanzen und Tiere

Der Peloponnes gehört zu den ältesten menschlichen Siedlungsgebieten. Klimaveränderungen und Kahlschlag haben bewirkt, daß die einstmals geschlossenen Waldgebiete der Antike niedriger Vegetation wie Dornengestrüpp und Hartlaubgewächsen gewichen sind. Andererseits wiederum hat der Mensch dafür gesorgt, daß sich bestimmte Pflanzen und Bäume dadurch erst ausbreiten konnten wie z. B. der Olivenbaum. Aber auch aus anderen Teilen der Erde sind besonders nach der Entdeckung neuer Kontinente viele Pflanzen hinzugekommen. Zu nennen wären die Zitrusfrüchte, Feigenkakteen, Agaven, Eukalyptus. Sie fügen sich mittlerweile so harmonisch ins Landschaftsbild, daß man glauben könnte, sie hätten schon immer dazugehört.
Besonders charakteristisch für die mediterrane Pflanzenwelt ist die lange Trockenperiode

im Sommer, welche die meisten Pflanzen zwingt, ihr Wachstum einzustellen und den Wasserhaushalt so zu steuern, daß ein Überdauern bis zum Eintreffen der ersten Niederschläge im Herbst gewährleistet ist. Die typische Vegetation der niederen Pflanzenarten wird Phrygana genannt. Zu diesen oft stacheligen Gewächsen gehören Disteln, Erika und Zistrosensträucher, aber auch eine Reihe von Heil- und Arzneipflanzen, darunter Thymian, Oregano und Salbei. Die etwas höheren Büsche und Stauden bilden dagegen die Macchia. Zu ihr gehören Lorbeer, Myrte, Ginster, Erdbeerbaum, Pistaziensträucher, Steineichen und Wegedorn.

Besonders an Bächen und Flüssen finden wir Oleander und Sommerflieder. Zu erwähnen ist noch das oft mehrere Meter hohe Mittelmeerschilf, das schon so mancher unbedarfte Tourist einfach als Zuckerrohr kategorisiert hat. Aber auch auf dem Peloponnes ist der Wald nicht gänzlich verschwunden. Große Baumbestände aus Fichten, Tannen und Kiefern finden wir an den Hängen des Erímanthos, Hélmos, Ménalo, des Taýgetos und des Parnon. Nicht selten haben sich im Geäst der Bäume Misteln eingenistet. Die am häufigsten ins Auge fallenden Bäume sind, neben den eben genannten, Zypressen, Platanen, Eichen, Edelkastanien, Pinien, Pappeln und Eukalyptusbäume. Das Landschaftsbild wird allerdings in weiten Teilen von Nutzbäumen bestimmt, allen voran den Olivenbäumen, ferner Obstbäumen wie Orangen und Zitronen, Äpfel, Birnen, Kirschen, Feigen und Nußbäumen (Mandel, Pistazie, Walnuß). Aber auch Millionen von Weinstöcken bestimmen weite Teile der Landschaft auf dem Peloponnes, insbesondere in Achaia und Korinth.

Am schönsten zeigt sich der Peloponnes im Frühjahr, wenn alles grünt und blüht. Wir finden wilde Narzissen, Alpenveilchen, Anemonen, Tulpen, Hyazinthen, Lilien sowie verschiedene Orchideenarten. In einigen Teilen des Landes, z. B. vor der Halbinsel Methanon, betreibt man auch gewerblichen Blumenanbau, vor allem die Zucht von Nelken und Gladiolen.

Die Tierwelt auf dem Peloponnes ist im Vergleich zur Pflanzenwelt ärmer an Arten. Die Einengung der Lebensräume, aber auch das Jagdfieber trugen dazu bei, daß die größeren Tiere nahezu ausgerottet wurden. Fuchs und Dachs zeigen sich bisweilen. Dagegen bleiben dem Wanderer kleinere Tiere wie Kaninchen, Wiesel, Schildkröten, Schlangen und verschiedene Echsenarten nicht verborgen. Überall auf dem Peloponnes ist der Wiedehopf verbreitet, in den Gebirgen zuweilen Fasan und Perlhühner, an Küste und Lagunen Enten, Reiher und Störche. Und untrennbar mit den griechischen Sommernächten verbunden ist der Ruf des Käuzchens.

Verwaltung und Bevölkerung

Der Peloponnes ist einer der elf Regierungsbezirke Griechenlands und verwaltungsmäßig in sieben Kreise (Nómoi; Singular Nómos) eingeteilt. Die heutigen Kreise entsprechen weitgehend den historischen Provinzen der Antike. Die sieben Nómoi (sprich Nomi) sind: Achaia im Norden (Patras), Elis im Nordwesten (Pírgos), Korinth im Nordosten (Korinth), Arkadien in der Mitte (Tripolis), Messenien im Südwesten (Kalamáta), Lakonien im Südosten (Sparta) und die Argolis im Osten (Nauplia). Im Mittelalter wurde der Peloponnes auch Moréa genannt.

Der Peloponnes hat eine Bevölkerung von ungefähr einer Million Einwohnern. Verwaltungssitz und größte Stadt des Peloponnes ist Patras mit ca. 140000 Einwohnern. Die Bevölkerung des Peloponnes war in der mehrtausendjährigen Geschichte starken Vermischungen mit anderen Rassen unterworfen. Obwohl im Mittelalter und bis ins 18. Jahrhundert häufige Einwanderungswellen von Slawen und Albanern den Peloponnes überzogen, bewahrte das Land seine griechische Identität. Nachfahren der antiken Einwohner zu sein behaupten aber nur noch die Menschen auf der Halbinsel Máni. Dorthin sollen sich die letzten unbeugsamen Spartaner zurückgezogen haben. Infolge der griechisch-türkischen Auseinandersetzungen in diesem und im letzten Jahrhundert und den damit einhergehenden Flüchtlingsbewegungen kamen andere Volksstämme Griechenlands aus

Das Kloster Moni Prodrómou liegt über der Schlucht, die der Loúsios durchfließt, nicht weit von der Straße zwischen Dimitsána und Olympia.

Kreta und den kleinasiatischen Siedlungsräumen hinzu.
Wie in allen dezentralen Gebieten Griechenlands, so setzte auch auf dem Peloponnes bald nach dem Ende des Bürgerkrieges eine Abwanderung ins Ausland und in den Großraum Athen ein. Zwischen 1961 und 1971 sank die Einwohnerzahl um mehr als 110000. Auf dem südlichen Peloponnes betrug die Bevölkerungsabnahme sogar bis zu 35 Prozent. Beachtliche Zuwachsraten konnten dagegen die Städte Patras, Korinth und Kalamáta verzeichnen.

Wirtschaft, Handel und Verkehr

Hauptsächlicher Wirtschaftsfaktor auf dem Peloponnes ist immer noch die Landwirtschaft, besonders in den flachen Schwemmlandschaften Messeniens, der Elis und Achaia sowie bei Korinth, der Argolis und Lakonien. Die landwirtschaftlich genutzte Fläche ist im Vergleich zum übrigen Griechenland relativ hoch: ungefähr ein Drittel des Landes ist Agrarland.
Durch die Nähe des Industriemolochs Athen/Piräus (90 km von Korinth) wurde dem Ausbau der Industrie auf dem Peloponnes kein allzu großer Vorrang gegeben. Von einiger Bedeutung ist nur Patras mit Betrieben der Nahrungsmittel- und Konservenindustrie, der Lederverarbeitung und Textilherstellung und der Papier- und Gummiindustrie. Aber auch Egion (Möbel, Papier), Korinth (Metallverarbeitung, Maschinenbau, Elektro, Raffinerie) und Kalamáta (Nahrungsmittel, Textil, Seide, Tabak) weisen einige Industrien auf. In Megalópolis steht weithin sichtbar das zweitgrößte Kraftwerk Griechenlands, welches die dort abgebaute Braunkohle verfeuert. Daneben werden auf dem Peloponnes auch Marmor und Pyrit abgebaut und verarbeitet.
Verkehrsmäßig ist der Peloponnes hauptsächlich über die Straße erschlossen. Darüber hinaus gibt es ein 900 Kilometer langes Eisenbahnnetz, das aber wenig leistungsfähig ist und mehr nostalgischen Charakter besitzt. Eine Flugverbindung nach Athen gibt es von Kalamáta aus. Unter den Häfen ist besonders der Hafen von Patras von Bedeutung, der den fünften Platz unter den griechischen Häfen einnimmt. Er stellt die hauptsächliche Fährverbindung nach Italien dar, gewinnt aber seit der Anbindung Griechenlands an die EG eine immer größere Bedeutung für den Anschluß ans europäische Straßennetz von Unteritalien aus. Daneben gibt es eine Reihe kleinerer Häfen, die besonders im Sommer für den touristischen Ausflugsverkehr eine besondere Rolle spielen. Überhaupt ist der Fremdenverkehr ein gewichtiger und im Wachsen begriffener Wirtschaftsfaktor, der sich hauptsächlich auf die Küste und die historischen Sehenswürdigkeiten konzentriert (Bildungsreisen).

Geschichte

Bis 2600 v.Chr.: *Steinzeit.* Vereinzelte Siedlungsplätze. Bekanntester Fundort ist die Franchti-Höhle bei Kranídi in der Argolis, in der die Funde bis ins 20. Jahrtausend v.Chr. zurückreichen. Aus der Jungsteinzeit stammen Funde in Lérna, Neméa und in Pírgos Diroú auf der Máni.
2600–1580 v.Chr.: *Früh- und mittelhelladische Zeit (Bronzezeit).* Einwanderung von wahrscheinlich vorindogermanischen Volksstämmen aus Anatolien mit sozialem System. Sie betreiben Ackerbau, Viehzucht, Fischerei und Bronzebearbeitung. Wichtigster Siedlungsplatz ist Lérna. Im Zuge der indogermanischen Wanderung kommt es zu einer neuen Einwanderung von griechischsprachigen Stämmen (Ionier, Achäer) mit teils noch barbarischen Strukturen. Die Grundlagen der mykenischen Kultur entwickeln sich.
1580–1100 v.Chr.: *Späthelladische oder mykenische Zeit.* Entwicklung einer einheitlichen mykenischen Hochkultur mit unabhängigen Königreichen in Mykene und Tiryns, Argos, Pylos (Nestorpalast) und anderen Plätzen. Im Mittelpunkt standen stark befestigte Paläste. Reiche Grabkammern lassen auf einen regen Handel mit den Küsten des östlichen Mittelmeeres schließen. Zwischen 1450 und 1400 herrschen die Mykener auf Kreta. Belagerung von Troja. Ursprünge der griechischen Götter- und Sagenwelt. Linear B-Schrift.
1100–750 v.Chr.: *Geometrische Zeit.* Niedergang Mykenes. Einwanderung der Dorer aus dem nordwestlichen Griechenland, die auf ein von inneren Unruhen geschwächtes

Unmittelbar hinter dem Löwentor von Mykene entdeckte der deutsche Archäologe Heinrich Schliemann sechs Schachtgräber mit reichem Goldschmuck. Die in Grab V gefundene Maske ist bekannt als »Maske des Agamemnon« (heute Nationalmuseum in Athen).

Mykene trafen. Wenige geschichtliche Dokumente und Funde geben Zeugnis über die Zeit der »dunklen Jahrhunderte«, an deren Ende sich die Polis, der griechische Stadtstaat, herausbildete. Einflüsse aus Kleinasien auf die Religion und aus Phönizien auf die Schrift (griechisches Alphabet). Kunstvolle Keramik mit geometrischen Mustern, welche der Epoche ihren Namen gab. In diese Zeit fällt die Gründung Spartas (950 v. Chr.) und der Beginn der Zeitrechnung nach Olympiaden (776 v. Chr.).

750–500 v. Chr.: *Achaische Zeit.* Errichtung der dorischen Tempel in Korinth, Olympia, Sparta und Argos. Blütezeit der Kultur in Korinth. Korinth und Sparta bilden Kolonien in Korfu, Unteritalien und Sizilien (Tarent, Sybaris, Syrakus). Rot-Schwarz-Keramik.

743–720 v. Chr.: Erster Messenischer Krieg. Eroberung Messeniens durch Sparta.

Um 700 v. Chr.: Entstehung der »Ilias« und »Odyssee«. Gesetzgebung des Lykurg in Sparta.

Folgende Abbildung:
Steinerne Zeugen einer einst blühenden Kultur – die dorischen Säulen des Apollotempels von Korinth. Im Hintergrund die Festung Akrokorinth.

645–628 v. Chr.: Zweiter Messenischer Krieg. Der Versuch der Messenier, sich gegen Sparta zu erheben, scheitert. Eroberung des Ithóme und der Kynouría durch die Spartaner.
Um 550 v. Chr.: Gründung des Peloponnesischen Bundes unter der Hegemonie Spartas. Einfluß Spartas und Sturz der Tyrannen in den meisten Staaten. Einführung der Oligarchie. Vergeblicher Versuch Spartas (510 v. Chr.), die Einführung der Demokratie in Athen zu verhindern.
490–479 v. Chr.: Zeit der Perserkriege. Niederlage bei Marathon. Verteidigung der Thermopylen. Endgültiger Sieg über die Perser bei Platäa.
500–325 v. Chr.: *Klassische Zeit.* Wende von der Tyrannis zur Demokratie. Wichtige Kunstzentren in Athen und Argos. Bau der Städte Megalópolis und Messéne durch den Thebaner Epaminondas. Errichtung der Tempel in Tegéa, Vásses (Vássai), Epidauros. Korinthische Säule.
431–404 v. Chr.: Peloponnesischer Krieg. Niederlage der Spartaner nach der Seeschlacht gegen die Athener auf der Insel Sfaktería. Kurze Unterbrechung durch den Frieden des Nikías. Endgültiger Sieg der Spartaner über die athenische Flotte in der Seeschlacht bei Aigospotamoí.
404–371 v. Chr.: Vorherrschaft der Spartaner in Griechenland. Niederlage der Spartaner gegen Persien in der Seeschlacht von Kaidos. Korinthischer Krieg (395–387 v. Chr.). Korinth, Athen und Argos verbünden sich gegen Sparta und werden von diesem besiegt.
371–362 v. Chr.: Epaminondas von Theben schlägt nach mehreren Feldzügen gegen die Spartaner diese in der Schlacht von Leuktra. Messenien und Arkadien werden befreit. Nach weiteren Feldzügen auf dem Peloponnes müssen die Spartaner ihre Vorherrschaft an die Thebaner abgeben. Diese endet mit dem Tod des Epaminondas bei Mandínea, obwohl die Thebaner siegreich aus der Schlacht hervorgehen. Sparta geht nach Beendigung der Kriege entscheidend geschwächt hervor.
337–146 v. Chr.: *Hellenistische Zeit.* Vorherrschaft Makedoniens über Griechenland. Philipp II. von Makedonien fällt in Lakonien ein, erläßt die Landfriedensordnung von Korinth und gibt die Kynouría an Argos. Niederlage Spartas 330 v. Chr. bei Megalópolis.
281 v. Chr.: Gründung des Achäischen Städtebundes, dem große Teile des Peloponnes und des Isthmus angehören. Der Bund steht zuerst im Kampf, später im Bündnis mit den Makedoniern.
222 v. Chr.: Niederlage Spartas gegen Makedonien. Abschaffung des Königtums in Sparta und Einsetzung des Tyrannen Nabis.
207 v. Chr.: Schlacht bei Mantinea, in der Nabis vom Achäischen Bund geschlagen wird.
198 v. Chr.: Der Achäische Bund verbündet sich mit den Römern im Kampf gegen die Makedonier.
196 v. Chr.: Freiheitserklärung für die griechischen Städte durch Quinctius Flaminius in Korinth.
192–146 v. Chr.: Sparta schließt sich dem Achäischen Bund an. Bei dem Versuch, sich wieder vom Bund zu lösen, kommt es zum Krieg mit Rom und zur Auflösung des Achäischen Bundes. Korinth wird von Lucius Mummius zerstört.
146 v.–395 n. Chr.: *Römische Zeit.* Cäsar baut Korinth wieder auf. Unter der Herrschaft des Augustus wird Griechenland die römische Provinz Achaia. Der Apostel Paulus predigt in Athen und Korinth und gründet die dortige christliche Gemeinde (50 n. Chr.). Mißwirtschaft der Statthalter und drückende Steuern führen zur Verelendung der Bevölkerung.
Um 170 n. Chr.: Pausanias bereist Griechenland und gibt eine detaillierte Beschreibung seiner Sehenswürdigkeiten.
267 n. Chr.: Zahlreiche Orte werden durch den Einfall der Heruler zerstört.
375 n. Chr.: Verheerendes Erdbeben.
393 n. Chr.: Die letzten Olympischen Spiele finden statt.
395 n. Chr.: Beim Einfall der Westgoten unter Alarich wird der Peloponnes geplündert und Sparta zerstört.
395–1204 n. Chr.: *Byzantinische Zeit.* Vom 7. bis zur Mitte des 11. Jahrhunderts bildet

Das byzantinische Kloster der Pantánassa (»die alles Beherrschende«) wurde in Mistrás um 1430 erbaut. Die Kuppeln und der Innenraum sind mit Fresken aus der gleichen Zeit geschmückt.

der Peloponnes einen eigenen Verwaltungsbezirk (»Thema«) von 40 Städten mit Korinth als Hauptstadt, während er danach zusammen mit den östlichen Gebieten Mittelgriechenlands ein »Thema«, jenes von Hellas, bildet. Bedeutende Städte mit lebhaftem Handel waren Korinth, Patras, Argos, Nauplia und Monemvasía.
589 n.Chr.: Einfall der Awaren.
746 n.Chr.: Einfall der Slawen. Slawisierung des Peloponnes mit Ausnahme der großen Städte sowie Teilen des Parnon und der Máni.
1204–1348 n.Chr.: *Zeit der fränkischen Herrschaft.* Nach der Einnahme Konstantinopels durch die Kreuzfahrer im Jahre 1204 erobern Guillaume de Champlitte und Geoffroy de Villehardouin die damals Moréa genannte Halbinsel. Bis zum Jahr 1212 war der ganze Peloponnes in die Hände der Franken gefallen, mit Ausnahme von Methóni und Koróni, das die Venezianer in Besitz nahmen.
1249 n.Chr.: Villehardouin erobert Lakonien und Monemvasía und errichtet die Festung Mistrás.
1262 n.Chr.: Gefangennahme Villehardouins in der Schlacht von Pelagonía. Für seine Freilassung muß er die Burgen in Großmaina, Mistrás und Monemvasía an Byzanz übergeben. Wiedererstarken der byzantinischen Macht auf dem Peloponnes.
1278 n.Chr.: Nach dem Übergang der Macht an die Herrscher von Anjou vermischen sich mit der Zeit die fränkischen Familien mit den Griechen.
1348–1460 n.Chr.: *Byzantinische Zeit.* Mistrás wird Despotat des byzantinischen Kaiserhauses, das seinen Besitz auf dem Peloponnes stark ausweiten kann. Florenz übernimmt vorübergehend die Herrschaft in Korinth. Kulturelle Blüte in Mistrás.
1397 n.Chr.: Eroberung von Argos durch die Türken.
1446 n.Chr.: Konstantin Palaiologos unterliegt bei Patras den Türken unter Murad II.
1460–1830 n.Chr.: *Türkische Herrschaft.* Der Peloponnes wird endgültig türkisch; die venezianischen Festungen Methóni und Koróni fallen im Jahre 1500, die Festungen Nauplia und Monemvasía 1540 an die Türken.
1571 n.Chr.: Niederlage der Türken gegen die abendländischen Flotten in der Seeschlacht von Lepanto.
17. Jh. n.Chr.: *Venezianische Epoche.*
1684–1685 n.Chr.: Die Venezianer erobern unter Morosini Koróni, Kalamáta und Passavás.
1686 n.Chr.: Königsmark erobert Navaríno, Methóni und Nauplia. Der Peloponnes heißt nun Königreich »Moréa«.
1715 n.Chr.: Rückeroberung des Peloponnes durch die Türken.
Freiheitskriege und Staatsgründung:
1821: Erzbischof Germanós ruft die Griechen zum Aufstand gegen die Türken auf.
1822: Unabhängigkeitserklärung von Epidauros. Kolokotrónis wird Führer im Widerstandskampf gegen die Türken, der jedoch durch die mangelhafte Unterstützung der Großmächte zunächst scheitert.
1824: Rachefeldzug und Verwüstung des Peloponnes durch die ägyptische Armee des Ibrahim Pascha.
1827: Vernichtung der türkisch-ägyptischen Flotte durch die alliierte Seestreitmacht von Engländern, Franzosen und Russen in der Schlacht von Navarino.
1828: Nauplia wird Sitz der ersten griechischen Regierung (bis 1834, dann Athen).
1833–1863: Die Großmächte setzen Otto von Wittelsbach als König von Griechenland ein, der 1862 nach einem Aufstand abdanken muß. Sein Nachfolger wird der dänische Prinz Wilhelm, der als Georg I. zum König gewählt wird.
1893: Eröffnung des Kanals von Korinth.
1896–1897: Niederlage Griechenlands im Krieg mit der Türkei.
1909–1911: Militärrevolte in Athen. Übernahme der Regierung durch Venizelos und Durchführung der Verfassungsreform 1911.
1912–1913: Balkankriege gegen die Türken. Erweiterung des griechischen Staatsgebietes um fast das Doppelte. Anschluß Kretas.
1914–1918: Am Ersten Weltkrieg nahm Griechenland nicht teil.
1921–1922: Sogenannter »Kleinasiatischer

Das sogenannte Menelaion am östlichen Rand von Sparta. Hier soll König Menelaos zusammen mit seiner Frau Helena – ihretwegen entbrannte der trojanische Krieg – kultisch verehrt worden sein.

Feldzug« gegen die Türken, der mit der Niederlage Griechenlands endet und bei dem es zu einem massenhaften Bevölkerungsaustausch zwischen beiden Staaten kam. Abdankung des Königs.
1924–1935: Griechenland wird Republik. Erstarken der Royalisten im Gefolge der Weltwirtschaftskrise und Ausrufung der Monarchie. 1935 Rückkehr König Georgs II.
1940–1944: Griechenland sagt nein zu dem italienischen Ultimatum, bedingungslos zu kapitulieren und wird 1941 von deutschen Truppen besetzt. Widerstandsoperationen führen zu Massenerschießungen und Abbrennen ganzer Dörfer durch die Besatzungstruppen (Kalávrita).
1946–1949: Bürgerkrieg gegen die Kommunisten.
1967–1974: Militärputsch und Diktatur unter Papadopoulus. Absetzung König Konstantins. Nach dem gescheiterten Putsch der Militärs auf Zypern werden die Obristen gestürzt. In einem Referendum sprechen sich 70 Prozent der Griechen für die Republik als Staatsform aus.
1981: Griechenland wird Mitglied der Europäischen Gemeinschaft.

Sprache und Verständigung

Die griechische Sprache ist die älteste Europas; sie läßt sich fast 3000 Jahre zurückverfolgen. Das heutige Neugriechisch hat aber mit dem antiken Altgriechisch nur mehr wenig gemeinsam. Durchgesetzt hat sich die sogenannte »Volkssprache«.
Der Reisende, der der griechischen Sprache nicht mächtig ist, sollte sich trotzdem bemühen, der Bevölkerung näherzukommen. Mit ein paar erlernten Ausdrücken und der entsprechenden Gestik und Freundlichkeit wird dies sicher gelingen. Die meisten Verkehrs- und Ortsschilder sind glücklicherweise in griechischer wie in lateinischer Schreibweise, z.T. auch in Englisch angebracht. Mit Englisch kann man sich im allgemeinen dort, wo viele Touristen sind, gut verständigen. Ein erster Schritt zum Verstehen der Sprache ist das Einprägen des griechischen Alphabets und der Kauf eines Wörterbuches oder Sprachführers. Obwohl sich in der griechischen Sprache in letzter Zeit immer häufiger die Tendenz durchsetzt, das Betonungszeichen fallenzulassen, erleichtert es dem Fremden die Betonung der richtigen Silbe eines Wortes. Aus diesem Grund verwenden wir es bei der Schreibweise der griechischen Orte und Namen in diesem Buch weiterhin. Einige für den Wanderer wichtige Ausdrücke und Begriffe haben wir im Anhang des Buches zusammengestellt.
Bei der Schreibweise von Ortsnamen sind wir der Freytag-&-Berndt-Karte Peloponnes – Korinth 1:300000 gefolgt.

Eine Unterhaltung im Kafeníon. Das Wort »Dialog« stammt nicht von ungefähr aus dem Griechischen. Denn seit alters ist das engagierte Gespräch mit ausdrucksstarken Gesten die Lieblingsbeschäftigung der Griechen schlechthin.

Folgende Abbildung:
Blick vom Gipfel des Klókos auf das Massiv des Killíni.

ΕΛΑΣ
BRANDY
ΛΑΜΑΤΑ

Der Norden: Wanderungen in Achaia und Korinth

1 In den Bergen über Patras
Von Pournarókastro auf den Panahaïkon

Beste Jahreszeit: Frühjahr bis Herbst; im Winter Skilauf möglich; im Sommer sehr heiß.
Gehzeit: 6 Stunden.
Rote Wegmarkierung bis zur Hütte des EOS.
Aussichtsreiche Wanderung mit schönen Tiefblicken auf Patras und den Golf von Patras.

Für alle Reisenden, die mit den Fährschiffen von Italien eintreffen, ist Patras das Tor zum Peloponnes. Mit 120000 Einwohnern ist es die größte Stadt, das größte Handels- und Industriezentrum des Peloponnes. Besondere Sehenswürdigkeiten hat die Stadt nicht aufzuweisen, doch sollte man das römische Odeion an der Platía Agíou Geórgiou nennen sowie die Burg von Patras, von der man einen schönen Blick auf die Stadt hat.
Wer etwas Zeit in Patras erübrigen kann, für den lohnt sich auch ein Besuch der »Achaia-Clauss-Weinkellerei« am südlichen Stadtrand an der Straße nach Saraváli. Sie wurde vor mehr als 125 Jahren von dem Bayern Gustav Clauss gegründet, der im Gefolge König Ottos nach Griechenland kam und den Musterbetrieb der modernen griechischen Weinwirtschaft gründete. Zu den bekanntesten Besuchern gehörte die Kaiserin Sissi von Österreich, heute sind es mehr als 100000 Touristen jährlich, die den Weg hierher finden. Seit 1920 ist das Gut im Besitz der Familie Antonópoulos. Die Weine von Achaia Clauss wachsen überwiegend in der Gegend südlich von Patras. Bei uns ist vor allem der von Achaia Clauss vertriebene Demestika bekannt.
Ausgangsort für unsere Wanderung ist der Ort Pournarókastro, zu dem wir über die Ortschaften Romanós und Elikístra, die östlich über Patras liegen, gelangen. Bis Elikístra fährt viermal täglich ein Bus; wer ein eigenes Fahrzeug hat, kann bis Pournarókastro fahren.

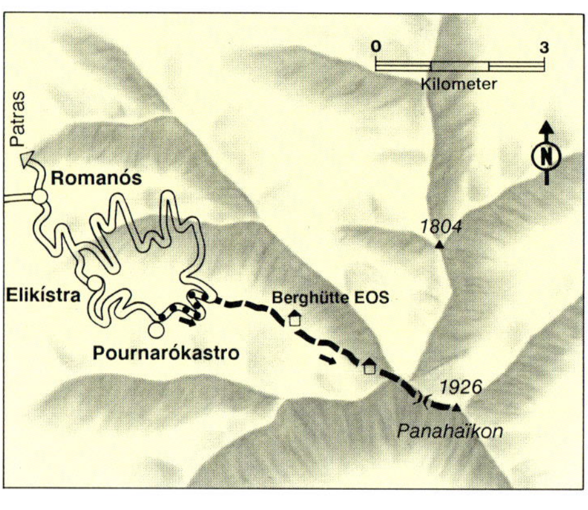

Der Wegverlauf

Wer den Bus bis Elikístra genommen hat, muß die Straße bis *Pournarókastro* laufen (5 km). In Pournarókastro gehen wir am Brunnen vorbei zunächst nördlich entlang einer *Wässerrinne* und dann in östlicher Richtung. Wir überqueren ein reguliertes Flußbett. Auf der anderen Seite zeigt ein roter Pfeil auf einem großen *Felsblock* nach rechts. Diesen Weg, der von hier an rot markiert ist, schlagen wir ein.
Es geht zwischen einigen Platanen hindurch auf einem Schotterweg links aufwärts. Die Markierungen sind groß und deutlich angebracht. Verlassen Sie sich auf sie und weichen Sie nicht vom Weg ab! Während des Aufstiegs fällt unser Blick ständig auf das unter uns liegende Häusermeer der Stadt Patras und die flache Küstenlinie. Wir sind froh, daß wir die Wanderung bei Tagesanbruch begonnen haben, denn im Aufstieg kommen wir tüchtig ins Schwitzen, obwohl wir noch den Monat April schreiben. Der Hafen von Patras wirkt wie ausgestorben, wir können keines der großen Fährschiffe erkennen.
In einer *Kurve,* nach der wir die Stadt im Rücken haben, zweigt von der Straße eine *Abkürzung* nach oben ab. Wie schon erwähnt, die Markierung ist deutlich, und wir haben uns bei der Beschreibung des Wegs auf sie gestützt, ohne vorher genaueren Bescheid über den Aufstieg eingeholt zu haben.

Beim Aufstieg auf den Panahaïkon kann der Wanderer ausgiebig den Blick auf das Häusermeer der Stadt Patras und die sanfte Küstenlinie genießen.

Über großzügige Treppenanlagen gelangt man zum Burggarten, von dem man eine gute Übersicht über die Stadt Patras hat.

Falls Sie die Markierung aber einmal mehr als 50 Meter aus den Augen verlieren, gehen Sie lieber bis zur letzten gekennzeichneten Stelle zurück und orientieren Sie sich neu.
Vor uns liegt gut sichtbar der westliche Gipfelrücken des Panahaïkon. Nur noch wenige Schneeflecken hat er im April vorzuzeigen. Wenig später können wir auch schon die zwei am Horizont sich abzeichnenden Giebeldächer der Hütte des Alpinen Clubs von Patras erkennen.
Die Vegetation ist hier oben sehr karg. Zumeist ist es Steineichengestrüpp, das zwischen dem Geröll hervorwächst. Eidechsen sonnen sich auf den stachligen Blättern, da ihnen das Gestein noch zu kalt ist. Weiter oben gibt es dann einige Tannen und Kiefern.
Bei einer kleinen *Feldterrasse* dürfen wir nicht blindlings weiter dem Schotterweg folgen; hier weist die Markierung einwärts. Eine Quelle bietet uns die erste und letzte Erfrischungsmöglichkeit auf dem Weg zur Hütte. Auf einem bewaldeten Höhenzug, der sich bis zur Hütte hochzieht, geht es dann weiter aufwärts. Nach 2¼ Stunden sind wir oben. Dies ist der schönste Teil des Wegs, und eigentlich erübrigt sich der weitere Aufstieg, da man von weiter oben keine bessere Aussicht dazugewinnt. Jetzt können wir links im Westen das vorspringende Kap Áraxos erkennen, wo bei Kalogriá einer der schönsten Pinienwälder des Peloponnes hinter dem Sandstrand liegt. Bis zum Kap Killínis und weiter südwärts zieht sich das äußerst fruchtbare und intensiv genutzte Tiefland von Achaia und Elis. Weiter rechts im Norden überblikken wir die Meeresenge bei Río, von wo die Fährschiffe zum Festland übersetzen.
Von der *Hütte* an gibt es keine weitere Markierung auf den Gipfel. Scheinbar wird davon ausgegangen, daß das weitere Gelände aufwärts einsichtig ist. Am besten geht man hinter der Hütte am linken Rand einer Rinne hoch, etwa in der Richtung, wo eine *kleine Hütte* sichtbar ist. Wie so viele griechische Berge ist auch der Panahaïkon in seiner Gipfelregion nur ein mit Grasnarben überzogener Geröllkegel. Zwischen letzten Schneefeldern blühen Hunderte von Krokussen. Eine Stunde braucht man nochmals von der Hütte aus.
Wir befinden uns am westlichen Rand der Gipfelregion, doch der Hauptgipfel liegt etwa eine Stunde entfernt in südöstlicher Richtung. Wir verzichten darauf aus Zeitgründen, aber auch weil er uns nicht lohnend erscheint, und kehren zurück zur Hütte.

Touristische Angaben

Ausgangspunkt: Pournarókastro; 15 km oberhalb von Patras, nach den Ortschaften Romanós und Elikístra (Wanderung führt zum Ausgangspunkt zurück).
Gehzeiten: 6 Stunden (Elikístra bis Hütte und zurück).
Elikístra–Pournarókastro: 1 Stunde.
Pournarókastro–Quelle: 1 Stunde.
Quelle–Hütte EOS: 1¼ Stunden.
Hütte EOS–westliche Gipfelregion: 1 Stunde.
Westliche Gipfelregion–Hauptgipfel: 1 Stunde.
Rückweg: Hütte EOS–Elikístra: 2¼ Stunden.
Verkehrsverbindungen: Straße bis Pournarókastro (eigenes Fahrzeug oder Taxi); Bus von Patras viermal täglich (ab 6.25 Uhr) nach Elikístra; Taxis und Leihautos in Patras.
Busverbindung nach Athen und allen wichti-

gen Städten auf dem Peloponnes. Schiffsverbindung nach Brindisi, Bari, Otranto, Ancona (Italien) sowie den Ionischen Inseln; Eisenbahnverbindungen nach Athen sowie Ringbahn Pírgos–Kalamáta–Argos–Korinth.
Übernachtungsmöglichkeiten: Hotels, Jugendherberge, Campingplatz in Patras.
Verpflegung: Restaurants und Einkaufsmöglichkeiten in Patras, Kafeníon in Elikístra.
Sehenswürdigkeiten: Römisches Odeion aus dem 2. Jahrhundert n. Chr.; Burggarten über der Stadt; Achaia-Clauss-Weinkellereien.
Sonstiges: Sektion des griechischen Bergsteigervereins in Patras (s. Anhang).

2 Auf den Olenós (2221 m) – höchster Gipfel des Erímanthos

Beste Jahreszeit: Mai bis Oktober.
Gehzeit: 7 Stunden.
Mangelhafte Markierung.
Gute Kondition und Ausdauer erfordernde Bergtour.

Neben Hélmos und Killíni gehört der Erímanthos zu jenen Gebirgen des nördlichen Peloponnes, die weithin über das Land sichtbar sind. Er besteht im wesentlichen aus zwei fast parallel liegenden Gebirgsketten, die von Nordosten nach Südwesten verlaufen. Das Erímanthos-Gebirge ist von einer wilden Schönheit, und so nimmt es kein Wunder, daß schon unser peloponnesischer Freund Herakles hier eine seiner ersten Aufgaben zu erledigen hatte. In den Bergen des Erímanthos hauste nämlich damals ein Eber, der die Menschen am Rande des Gebirges in Angst und Schrecken versetzte. Das Tier stürzte oft aus den Wäldern, verwüstete die Felder und tötete die Menschen. Herakles sollte den Eber lebendig fangen und ihn zu Eurystheus nach Mykene bringen. Nach einem Kampf mit den Kentauren hetzte er das Tier durch die Wälder bis auf den Gipfel des höchsten Berges, wo es im Schnee steckenblieb. Herakles fesselte das Tier und schleppte es nach Mykene, wo sich sein Vetter entsetzt in einem Faß versteckte.

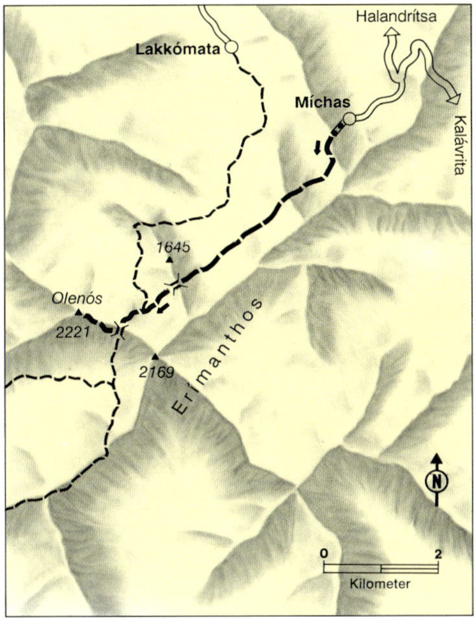

Dank der ordentlichen Arbeit des Helden ist das Erímanthos-Gebirge heute frei von der mörderischen Wildsau und den Kentauren, so daß wir auf unserer Wanderung ohne Schrecken die wilde Schönheit der erimanthischen Berge genießen können. Wenn Sie sich aber allzu früh im Jahr aufmachen, kann es Ihnen durchaus passieren, daß auch Sie im Schnee steckenbleiben.

Der Wegverlauf

Der Weg beginnt am oberen Ortsrand der Sommersiedlung *Míchas* und ist am Anfang durch ein gelbes Blechschild markiert: »Erimanthos 4.30 h.« Am Waldrand weist ein roter Markierungspfeil nach rechts, der bald auf die aufwärts führende *Schotterstraße* trifft. Diese können wir bis zu ihrem Ende aufwärts gehen. Eine Markierung weist zwar kurz nach Beginn auf einen Nebenpfad, der Aufwand lohnt sich aber nicht. Wir bewegen uns in bewaldeter Region aufwärts, die Kronen der Fichten sind verwittert, manche vom Sturm geknickt. Misteln sitzen zwischen den Ästen, und Baumbart weht an den Stämmen. Gänseblümchen und Vergißmeinnicht am Wegrand erinnern an unsere heimatlichen Wälder.

Wasserfall auf dem Weg zum Olenós.

Die Generalrichtung von Míchas auf den Olenós ist Südwesten. Der Forstweg endet nach einer Dreiviertelstunde, rechts darunter beginnt der *Fußpfad,* der kurz darauf auf einen Bergrücken führt. Über diesen geht es geradeaus darüber hinweg und im Wald leicht abwärts. Dann verläuft der Weg auf gleicher Höhe, und wir kommen wenig später an einem imposanten *Wasserfall* vorbei. Wilde Stachelbeersträucher wachsen hier, jedenfalls sehen sie so aus. Zwei Rebhühner werden in ihrer Eintracht gestört und ergreifen die Flucht. Auf die Markierung brauchen Sie nicht zu achten, erst wenn Sie am Ziel sind, taucht sie wieder auf. Zwei steinerne *Almhütten* liegen unterhalb des Paßübergangs, der zum großen Kampos, nordöstlich unterhalb des Olenós führt.

Wir gehen an den Almhütten vorbei nach Westen aufwärts auf der rechten Seite des *Geröllfeldes.* Der Paßübergang, von dem wir direkt auf die große Hochweide (Kampos) blicken können, ist mit einer trigonometrischen *Vermessungssäule* markiert. Von hier führt der Weg über den Kampos nach Südwesten zu einem weiteren Paßübergang am linken Bergfuß. Kurz unterhalb des Passes ist eine *Quellfassung* am Weg; auf dem Paß eine mit rotem Eternit gedeckte *Steinhütte* und zwei steinerne Schäferhütten.

Von hier geht es auf den Gipfel des Olenós (2221 m), der westlich davon liegt, rechts aufwärts. Der links gegenüberliegende Gipfel (Moungíla, 2169 m) ist nicht minder hoch und der Beginn einer der schönsten Gratwanderungen der peloponnesischen Berge, fast durchwegs auf einer Linie von 2000 Metern Höhe und mehreren Kilometern Länge. Vom Grat kann man über das Dorf Kaléndzi absteigen.

Für unseren Aufstieg auf den Olenós läßt sich kein eigentlicher Weg beschreiben. Es geht über Geröll und grasdurchsetzte Steinbrokken aufwärts, der eigenen Nase nach. Die Hände werden nur selten gebraucht. Weiter oben schlängelt sich dann sogar etwas wie ein Weg aufwärts. Bei klarem Wetter hat man vom Gipfel aus eine weitumspannende Sicht. Wir mußten darauf allerdings verzichten. Ein Föhnsturm, genauer, heißer Wind aus Afrika, fegte über die Gipfel mit Geschwindigkeiten von über 100 Kilometern in der Stunde hinweg. Doch wenn bei uns in den Alpen Föhn eine Fernsicht von mehr als 100 Kilometern bedeutet, so ist die Luft hier durch die mitgetragenen Staubpartikel verhältnismäßig trüb. Es kostet uns einige Mühe, gegen den Wind hochzusteigen, doch nach 4½ Stunden sind wir auf dem Gipfel angelangt.

Touristische Angaben

Ausgangspunkt: Míchas, auf der Straße von Kalávrita nach Patras (Wanderung führt zum Ausgangspunkt zurück).
Gehzeiten: 7 Stunden hin und zurück.
Míchas–Bergrücken: 1 Stunde.
Bergrücken–Erster Paß: 1½ Stunden.
Erster Paß über Kampos zu zweitem Paß: 1 Stunde.

In der rauhen Bergwelt des Erímanthos mußte Herakles eine seiner Heldentaten erfüllen. Der freistehende Olenós ist mit 2221 Metern der höchste Berg des Erímanthos-Gebirges.

Zweiter Paß–Gipfel: 1 Stunde.
Rückweg: 2½ Stunden.
Verkehrsverbindungen: Bus von Patras nach Kalávrita; Taxis in Patras und Kalávrita; Leihautos in Patras.
Übernachtungsmöglichkeiten: Hotels in Míchas (nur Sommer), Kalávrita, sonst Zelt.
Verpflegung: Einkaufsmöglichkeiten am besten bereits in Patras, Halandrítsa oder Kalávrita nutzen.
Sehenswürdigkeiten: Kloster Makelariás.

3 Rund um Egion
Auf den Klókos und zum Kloster Moni Taxiarhón im Selinoús-Tal

Beste Jahreszeit: März bis Oktober.
Gehzeit: 3¼ Stunden.
Rote Markierung (wird erneuert).
Über Gratrücken hochziehende Wanderung mit genußvollen Ausblicken auf Meer und Berge.

Die lebhafte Kleinstadt Egion liegt 33 Kilometer östlich von Patras. Gegenüber, auf der anderen Seite des Golfs von Korinth, ahnt man das sagenhafte Delphi, zu dessen Hafen Itéa eine Fährverbindung besteht. In Delphi endet das festländische Teilstück des Europäischen Fernwanderwegs E4, in Egion beginnt die peloponnesische Strecke. So wird der eine oder andere Wanderer in Egion zum erstenmal den Peloponnes betreten. Der »Hausberg« von Egion ist der Klókos. Seine Besteigung ist unschwierig und lohnenswert. In der Nähe von Egion befindet sich auch das Kloster Taxiarhón, das einen Besuch lohnt. Ausgangsort für die Besteigung des Klókos ist das Dorf Ftéri, das mit dem Bus von Egion erreichbar ist (24 km).

Blick auf die Berge des Erímanthos, der aus zwei parallel laufenden Gebirgsketten im nördlichen Peloponnes besteht. Im Hintergrund leuchten Moungila (links) und Olenós (rechts).

Der Wegverlauf

Vom *Dorfplatz* mit der großen Platane in Ftéri geht es geradeaus, an einem *Brunnen* vorbei, über einige Treppenstufen bis zu einer Betonpiste, die als Schotterstraße weiter zu einer *Kapelle* führt. Von dort eine Schotterstraße weiter rechts hinauf; jetzt kann man

Ein unschwieriger Weg führt über einen Gratrükken auf den Gipfel des Klókos, von dem man einen herrlichen Rundblick auf die Gebirge des nördlichen Peloponnes hat.

schon gut einen Sendemast am unteren bewaldeten Ende des vom Klókos herabziehenden Ostgrats erkennen. Dort ist unser Ziel.

Der Weg führt zu einem zementierten *Wasserspeicher,* bei dem zwischen zwei großen Steinblöcken hindurch ein Abkürzungspfad hochführt bis zu einer Schotterstraße. Wir zweigen aber nach etwa 100 Metern auf einen *Erdweg* ab, der in scharfem Winkel in entgegengesetzter Richtung hochführt und in einer großen Wendung genau auf den *Sendemast* zuläuft. Vom Sendemast verläuft auf dem Gratrücken westwärts unser Weg. Er ist gut ausgeprägt und vom Wegverlauf her eindeutig. Häufig ist noch die alte *rote Markierung* erkennbar, die demnächst erneuert werden soll. Der Weg zeichnet sich aus durch die hervorragende Übersicht in alle Himmelsrichtungen. Der gut gespurte Pfad führt zumeist direkt auf dem Gratrücken über Wiesen, an Wacholdern und Tannen vorbei. Da der Klókos ein einzeln stehender Berg ist, ist der letzte Schnee meist im März schon geschwunden. Um so schöner ist dann der Blick auf das Panorama der umliegenden schneebedeckten Gebirge. Der Golf von Korinth schrumpft auf die Größe des Genfer Sees.

Der Aufstieg ist bequem, das letzte Stück hat Ähnlichkeit mit einer Almweide. Das Spektrum unseres Blickfeldes erweitert sich: der kamelsattelförmige Rücken des Erímanthos taucht auf, wie die anderen höheren Gipfel noch schneegekrönt. Dann erreichen wir die *Kapelle* oben auf dem *Gipfel.* In einem 360-

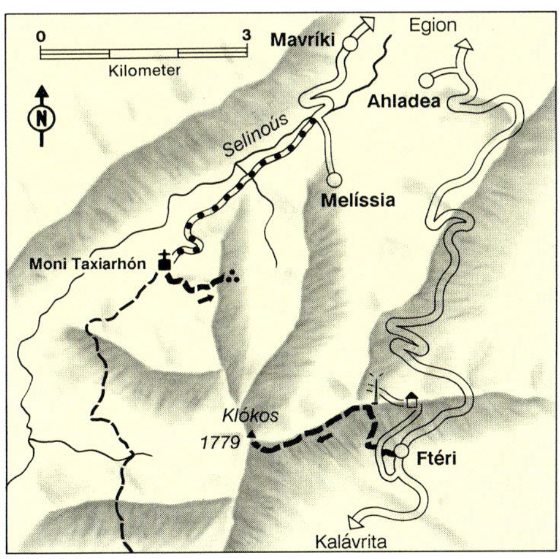

Grad-Spektrum liegen fast alle wichtigen Berge des nördlichen Peloponnes einschließlich des Parnássos im Blickfeld. Im Uhrzeigersinn sind das: Hinter dem Golf von Korinth der Parnássos, auf dem Peloponnes der Killíni, Helmos (Aroánia), Erímanthos und der Panahaïkon. Sicher läßt sich sagen, daß der Klókos zu den schönsten Aussichtsbergen des Peloponnes zählt.

Touristische Angaben

Ausgangspunkt: Platía in Ftéri; 24 km südlich von Egion; Wanderung führt zum Ausgangspunkt zurück.
Gehzeiten: 3¼ Stunden hin und zurück.
Ftéri–Sendemast: ½ Stunde.
Sendemast–Gipfel: 1½ Stunden.
Rückweg: 1¼ Stunden.
Verkehrsverbindungen: Busverbindung von Egion über Ftéri nach Kalávrita; Egion liegt an der Bahnlinie Patras–Korinth; Schiffsverbindung von Egion nach Itéa (Delphi).

Ruinen des ersten Taxiarhón-Klosters, das 1450 von dem hl. Leontios aus Monemvasía gegründet wurde.

Übernachtungsmöglichkeiten: Hotels und Campingplatz in Egion, zwei Hotels in Ftéri (nur Sommer).
Verpflegung: Taverne/Kafeníon in Ftéri.
Sehenswürdigkeiten: Klöster Taxiarhón und Pepelenítsas im Selinoús-Tal.
Sonstiges: Sektion des griechischen Bergsteigervereins in Egion (s. Anhang).

Ausflug zum Taxiarhón-Kloster bei Egion

Ein lohnender Abstecher für Reisende, die sich in Egion aufhalten, ist der Besuch des Klosters Moní Taxiarhón im Selinoús-Tal. Man nimmt in Egion den Bus nach Mellíssia und steigt bei der Abzweigung zum Kloster aus. Von hier aus sind es noch drei Kilometer zu laufen. Während der Wanderung hat man einen wundervollen Blick ins Selinoús-Tal, das von kiefernbewachsenen Felshängen eingerahmt ist. Vor dem Kloster stehen große, geradlinige Zypressen.
Zypressen waren es auch, die 1772 dem Kloster zum Verhängnis wurden. Damals erhoben sich große Teile Messeniens und Achaias gegen die Türken. Ermuntert wurden sie dazu durch den russischen Admiral Orloff, der im russisch-türkischen Krieg Verbündete gegen die Türken gewinnen wollte. Obwohl sich Orloff bald zurückzog, konnten die Griechen weitere Erfolge verbuchen, bis die Türken große Kontingente albanischer Söldner zur Unterstützung heranzogen. 6000 Albaner wurden für die Belagerung von Egion zusammengezogen. Nach erbittertem Widerstand gegen die moslemische Übermacht gelang es den Griechen, den Belagerungsring zu durchbrechen. Einige Hundert verschanzten sich in dem zwei Wegstunden entfernten Kloster Taxiarhón. Sie konnten sich einige Tage erfolgreich gegen die nachgerückten Albaner wehren, bis diese auf eine verhängnisvolle List kamen. Sie sägten die mächtigen Zypressen um, die das Kloster umgaben. Die starken Bäume zerschlugen im Fallen die Mauern des Klosters, und über die Stämme konnten die Feinde ins Innere

Oberhalb des heutigen Taxiarhón-Klosters liegt in den Felsen verborgen das ursprüngliche Kloster des hl. Leontios. Im Vordergrund ein blühender Judasbaum.

gelangen. Lediglich drei Mönchen und dem Abt gelang es zu fliehen. Zehn Jahre vergingen, bis sie mit dem Wiederaufbau beginnen konnten.
Im Jahre 1821 drohte dem Kloster ein ähnliches Schicksal. Bei einer Beratung der Führer des Widerstandskampfes in Egion war auch der Abt des Klosters mit dabei. Es wurde beschlossen, das Kloster zum Waffen- und Nachschublager für den Aufstand einzurichten. Nach der Ausrufung des griechischen Freiheitskampfes im März 1821 durch den Abt des Klosters Ágias Lávras erfuhren die Türken bald, daß dem Kloster eine wichtige Rolle zugedacht war und rückten gegen es vor. Doch die Griechen leisteten entschiedenen Widerstand und zwangen die Türken zum Abzug. So blieb das Kloster erhalten und entspricht noch heute dem Bauzustand von 1782.
Oberhalb des Klosters, am steilen Westabhang des Klókos, befinden sich die Reste des Vorgängerklosters der Taxiarchen (d.h. die Erzengel Michael und Gabriel). Es ist in den Felsen kaum erkennbar, der rötliche Stein wirkt wie der Fels selbst. Eine halbe bis dreiviertel Stunde brauchen wir zu Fuß aufwärts.

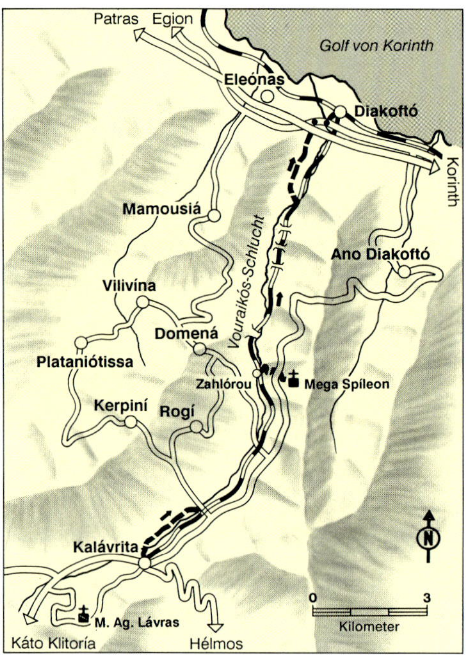

Das Kloster wurde 1450 vom heiligen Leontios, der einer einflußreichen Aristokratenfamilie aus Monemvasía entstammte, gegründet und mit Unterstützung der Paläologen reich ausgestattet. Nachdem es zweimal durch die Albaner (1500 und 1630) zerstört wurde, wurde es aufgegeben und später weiter unten neu errichtet. Am 11. Dezember eines jeden Jahres ist es das Ziel vieler Wallfahrer. Leider ist ein offenliegendes Fresko dermaßen mit Graffiti zerkratzt, daß außer den Namen der Verewigten nicht mehr viel zu erkennen ist.

Gehzeiten: 2½ Stunden hin und zurück.
Straßenabzweigung–Neues Taxiarhón-Kloster: ½ Stunde.
Neues Taxiarhón-Kloster–Altes Taxiarhón-Kloster: ¾ Stunde.

4 Mit der Zahnradbahn nach Kalávrita und zurück durch die Vouraikós-Schlucht nach Diakoftó (E4)

Beste Jahreszeit: während des ganzen Jahres möglich; im Sommer sehr heiß.
Gehzeit: 6 Stunden.
Einfache Wanderung, zumeist auf dem Schienenweg, durch die besonders eindrucksvolle Vouraikós-Schlucht.

Die folgende Wanderung ist das erste Teilstück des Europäischen Fernwanderweges E4 auf dem Peloponnes, wenn man einmal davon absieht, daß man den Schienenweg von Egion nach Diakoftó auch zu Fuß bewältigen kann. Dieser bedarf aber keiner Beschreibung. Im Rahmen des Fernwanderwegs E4 verläuft die Strecke durch die Vouraikós-Schlucht bergauf bis Kalávrita. Man beginnt die Wanderung einfach im Bahnhof in Diakoftó und folgt dem Schienenstrang der Zahnradbahn ohne Abweichung bis zum Bahnhof in Kalávrita. Als Einzeltour empfeh-

Mächtige Felsentürme erheben sich gleich zu Anfang der Wanderung durch die eindrucksvolle Vouraikós-Schlucht.

Die Bahnstation Mega Spíleon unter dem gleichnamigen Kloster ist ein einladendes Plätzchen.

len wir dagegen die Wanderung in umgekehrter Richtung, in der wir sie auch beschreiben.
Ausgangspunkt unserer Tour ist der Bahnhof von Diakoftó, 50 Kilometer östlich von Patras. Auch für den, der wenig Interesse an Wanderungen aufbringt, ist die Fahrt mit der Zahnradbahn durch die Vouraikós-Schlucht ein Erlebnis, auf das man auf einer Reise durch den Peloponnes nicht verzichten sollte.
Der erste Zug fährt morgens um 8.00 Uhr hoch nach Kalávrita. Die Fahrkarte 2. Klasse kostet umgerechnet ca. 2 DM. Es gibt auch eine erste Klasse, wobei sich aber außer der Farbe der Sitze kein Unterschied feststellen läßt, allerhöchstens die Trennung der ersten von der zweiten Klasse durch eine Glasscheibe. Nach 1¼ Stunden sind wir in Kalávrita angekommen und haben auf der Fahrt schon einen ersten Eindruck von der landschaftlich besonders reizvollen Szenerie, durch die unser Weg führt, bekommen.
Kalávrita ist eine bei den Griechen beliebte Sommerfrische, 1100 Meter hoch gelegen, mit einigen Cafés und Andenkenläden, im Sommer angenehm und schattig, im Winter Ausgangspunkt für den im Ausbau befindlichen Skizirkus auf dem Hélmos. Von Kalávrita führt auch ein zwanzigminütiger Weg zu einem großen Mahnmal über der Stadt, welches an die Vergeltungsaktion der Deutschen im Zweiten Weltkrieg erinnert. Die Stadt Kalávrita wurde dem Erdboden gleichgemacht, und von einem Felsen beim Kloster Mega Spíleon stieß man selbst Kinder und alte Männer in die Tiefe. Als sogenannte Wiedergutmachung steuerten die Deutschen jetzt Mittel zur Erschließung des Hélmos als Skigebiet bei.

Der Wegverlauf

Wir beginnen unsere Wanderung am *Bahnhof* einige hundert Meter auf der Straße nach Diakoftó und biegen bei der ersten Abzweigung nach links ab. Nach ca. 10 Minuten überqueren wir auf einer Brücke den *Fluß Vouraikós* und gehen auf dem Fahrweg entlang der linken Talseite weiter. Der Fluß bzw. Bach ist dicht eingewachsen mit Pappeln, Platanen und Weiden. Der Fahrweg führt vorbei an Äckern und Feldern mit Obstbäumen, insbesondere Kirschbäumen. Aber auch die typisch griechische Wildnis, bestehend aus Brombeerhecken, Steineichengesträuch, Disteln und Anis, säumt den Weg.
Nach ca. 35 Minuten schiebt sich das Tal zusammen, wir kommen der Autostraße und dem Schienenweg wieder näher. Nach einer guten Dreiviertelstunde führt unser Weg über eine *Brücke* und wir beschließen nun entlang der Schienen weiterzugehen.
An dieser Stelle des Weges sind wir bei einem Abstecher an den Fluß auf Schildkröten gestoßen. Beim Aufheben verspritzten sie ein Sekret, wahrscheinlich zur Abwehr, so daß wir sie gleich wieder freigaben. Unterhalb des Schienenwegs hat in einem Wald von schattigen Platanen eine Ziegenherde ihre Mittagsrast eingelegt. Gleich darauf bekommen wir Gesellschaft auf unserem Weg. Welcher Grieche geht in der glühenden Mittagshitze diesen Weg? Wenig später erfahren wir die Antwort: der Streckengeher. Seit 30 Jahren macht er diesen Job, sagt er, aber nur noch ein Jahr, dann wird er pensioniert. Täglich begeht er die Strecke und begutachtet,

Die Fahrt mit der Zahnradbahn bzw. die Wanderung durch die Vouraikós-Schlucht gehört zu den eindrucksvollsten Erlebnissen auf dem Peloponnes.

ob alles in Ordnung ist. Irgendwo drängen sich einem die Erzählungen Jack Londons auf, als wir längere Zeit zusammen entlang der Schienen laufen. Schon bald wird in der Ferne das an die Felsen gelehnte Kloster Mega Spíleon sichtbar. Wir bleiben auf dem Schienenweg; der Fluß fließt weiter unten, nur die Wipfel der Platanen reichen herauf.

Nach 2½ Stunden kommen wir zur *Bahnstation* unter dem Kloster Mega Spíleon. Wer hinaufsteigen möchte, muß eine Dreiviertelstunde in Kauf nehmen. Aber die Bahnstation ist zuerst einmal ein einladendes Plätzchen, an dem sich verweilen läßt. Jetzt ist Halbzeit unserer Wanderung. Unter schattigen Bäumen gruppieren sich Tische und Stühle neben den Schienen, es wird fleißig gegessen und getrunken. Beim Nahen des Zuges müssen die spielenden Kinder wegspringen; dieser fährt dann mitten durch die Taverne! Wir legen erst einmal die wohlverdiente Rast ein.

Unterhalb der Bahnstation gruppieren sich die Häuschen des Dorfes Zahlórou. Nach ca. 10 Minuten sehen wir das erste, bzw. das letzte Teilstück der Zahnradtrasse. Nach einer halben Stunde erreichen wir eine originelle *Quelle,* für die ein Rohrstück mitten durch einen Baumstamm getrieben wurde. Fünf Minuten später wiederholt sich diese Quellfassung. Etwa eine Stunde von der Station Mega Spíleon/Zahlórou entfernt beginnt der schönste Teil der Strecke. Die Schluchtwände werden steiler. Die Bahn überquert Brücken, geht durch Tunnels. Man sollte sich vorher überzeugen, daß kein Zug naht, da der Raum für beide »sehr eng« werden kann. Die Felshänge sind zumeist mit Kiefern bewachsen. Dann führt die Trasse durch einen steilwandigen, cañonartigen Teil, ähnlich einer Caldera, dessen Talboden mit Olivenbäumen bedeckt ist. Hier fängt links ein *Fahrweg* an, der etwas unterhalb der Schienen verläuft und auf dem wir weitergehen. Die aufragenden, leicht rötlichen Sandsteinfelsen weisen bizarre Zeichnungen auf. Der Eindruck ist fast wie in einer gotischen Kathedrale.

Der Fahrweg führt jetzt nah am Flußbett – das ist die Chance, ein Bad zu nehmen. Jetzt wird es auch etwas bunter. Rosa Oleander und blauer Sommerflieder blühen am Wegrand.

Bald darauf öffnet sich das Tal. In einiger Entfernung erscheint das Meer mit der Nationalstraße Patras–Athen davor. Der Fahrweg macht einen großen Bogen und endet auf der Landstraße, auf der wir noch 15 Minuten bis *Diakoftó* laufen. Nach 5½ bis 6 Stunden endet unsere Wanderung. (Für die Weiterführung des E4 s. Tour 6.)

Ausflug von der Bahnstation zum Kloster Mega Spíleon (2 Stunden):

Gleich hinter der *Bahnstation Mega Spíleon* führt ein Weg aufwärts, auf dem man in 40 Minuten das Kloster erreicht. Das *Kloster* ist ein achtstöckiges, nicht gerade schönes Gebäude mit einer großen Höhle im Inneren, wie der Name es sagt. In der Höhle sind einige lebensgroße Sperrholzikonen als Krippenfiguren aufgestellt, die von einer Mischung aus Riesenschlange und Drachen bedroht werden. Diese Schlangendarstellung scheint mit der Geschichte des Klosters verwachsen zu sein, da sie auf einigen älteren Abbildungen ebenfalls auftritt. Für den Besuch des Klosters ist angemessene Kleidung Vorschrift. Entsprechende Kleidungsstücke für das männliche und weibliche Geschlecht liegen bereit. Vom Kloster kann man in etwa 10 Minuten zu der Stelle gehen, wo die Deutschen 1943 22 Menschen in die Tiefe gestoßen haben, als Vergeltung dafür, daß das Kloster versteckte Partisanen nicht herausgab. Ein weißes Kreuz und eine Gedenktafel markieren heute diesen denkwürdigen Punkt.

Touristische Angaben

Ausgangspunkt: Diakoftó, 50 km nach Patras an der Bahnlinie Patras–Korinth (Wanderung führt zum Ausgangspunkt zurück).
Gehzeiten: 5½–6 Stunden.
Kalávrita–Bahnstation Mega Spíleon/Zahlórou: 2½ Stunden.
Bahnstation Mega Spíleon–Diakoftó: 2½ Stunden.
Alternative: Mit der Bahn bis Mega Spíleon, Aufstieg zum Kloster und Wanderung zurück bis Diakoftó. Gehzeit ca. 5 Stunden.
Verkehrsverbindungen: Bahnlinie Patras–Diakoftó–Korinth; Zahnradbahn Diakoftó–Kalávrita; Bus Diakoftó–Kalávrita.
Übernachtungsmöglichkeiten: Hotels in Diakoftó, Bahnstation Mega Spíleon, Kalávrita.
Verpflegung: Einkaufsmöglichkeiten und Restaurants in Diakoftó, Bahnstation Mega Spíleon, Taverne an der Straße unterhalb des Klosters Mega Spíleon, Kalávrita.
Sehenswürdigkeiten: Kalávrita: Mahnmal; Kloster Mega Spíleon; Kloster Moni Ágias Lavras.
Sonstiges: Sektion des griechischen Bergsteigervereins in Egion und Kalávrita (s. Anhang).
Kalávrita ist Ausgangspunkt für die Besteigung des Hélmos, man kann allerdings auch von dort auf breiter Asphaltstraße fast bis auf den Gipfel fahren.

5 Von Káto Lousí auf den Hélmos (2355 m)

Beste Jahreszeit: Mai bis Oktober.
Gehzeit: 7 bis 8 Stunden.
Wegmarkierung bis zur Hütte.
Unschwierige, aber Kondition erfordernde Bergtour.

Um es gleich vorwegzunehmen: Wer lieber mit dem Auto bis fast in Gipfelnähe fahren möchte, kann dies bequem tun, seit man begonnen hat, auf dem Hélmos-Plateau ein Skicenter zu erschließen. Über den Sinn des Ganzen braucht man kein Wort zu verlieren. Man sagt aber, daß der Bürgermeister von Kalávrita das Geld, das er von der Bundesrepublik Deutschland als Wiedergutmachung für die Zerstörung des Dorfes und die Ermordung seiner Bewohner im Zweiten Weltkrieg bekommen hat, in dieses ehrgeizige Projekt gesteckt hat. Tatsache ist auch, daß das am besten frequentierte Skigebiet Griechenlands auf dem Parnássos ein Zuschußunternehmen ist. Es scheint nicht jedem klar zu sein, daß die Existenz von Schnee nicht gleich Skifahren bedeutet.
Vor all dem brauchen Sie aber bei dieser Bergtour keine Angst zu haben. Kein Rummel erwartet Sie oben, es ist selten, daß sich ein Grieche im Sommer auf den Berggipfel

Blick vom Hélmos auf die Ebene von Soudéna, wo das antike Lousoi gelegen haben soll.

Blick vom Gipfel des Neraidórachni auf den Gipfel des Psilí Korfí Anfang Mai. Von hier ist es nicht weit hinab zu den geheimnisvollen Wassern des Styx.

Die Straße, die hinauf zur Mándra *(Hirtenunterstand) auf dem Hélmos führt, wird erst im Juni für Fahrzeuge passierbar.*

verirrt. Eher machen Sie mit den Schäfern Bekanntschaft, die ihre Schafe bis in Gipfelnähe weiden lassen.
Das Dorf Káto Lousí liegt an der zweiten Teilstrecke des Europäischen Fernwanderweges E4 auf dem Peloponnes. Für Wanderer, die auf diesem Weg unterwegs sind, ist die Besteigung des Hélmos eine zusätzliche lohnenswerte Bergtour. Mit dem Auto kommt man nach Káto Lousí, indem man in Kalávrita die Straße zum Skicenter nimmt, von der eine Abzweigung nach Lousí und Kastriá führt.

Der Wegverlauf

In *Káto Lousí* gehen wir vom *Dorfplatz* die Straße aufwärts, wo eine schon reichlich in Mitleidenschaft gezogene *Blechtafel* mit der Aufschrift »Pros Katafigio« (Zur Hütte), die Richtung weist. Im Abstand von ca. 500 Metern tauchen noch einige dieser Hinweisschilder auf. Der Forstweg führt durch Wacholdergesträuch und Tannenwald, und die großen blechernen Hinweisschilder werden bald darauf durch kleinere gelbe abgelöst – soweit die Farbe noch erkennbar ist, da der Lack schon reichlich abgeblättert ist. Nach dem letzten gelben Markierungsschild überquert der Forstweg ein *Schotterbett* (kurz darauf endet die Straße). Leider ist jetzt, wo es notwendig wäre, von einer Markierung nichts mehr zu sehen. Es geht im Wald links von dem Schotterbett aufwärts oder direkt in diesem, wie wir es getan haben. Die Generalrichtung ist genau nach Osten aufwärts. Diese Richtung halten wir kompromißlos bis zur Hütte ein.
Die Rinne, in der wir hochsteigen, wird immer enger. Zuweilen werden zwar die Hände gebraucht, dafür gewinnen wir aber rasch an Höhe. Nachdem wir gut eine halbe Stunde gegangen sind, quert bei einigen schwierigeren Felsen ein Weg die *Rinne.* Wir verlassen diese jetzt nach links oben und gehen auf der linken Seite parallel zur hochziehenden Rinne einen Bergrücken genau nach Osten aufwärts, das Dorf Káto Lousí in unserem Rücken. Wir bewegen uns auf dem Scheitel des Rückens nach oben und treffen dabei wieder auf ein verwittertes *Markierungsschild.* Es geht steil aufwärts, immer noch

links parallel der Rinne, die jetzt wieder breiter ist. Die Markierungsschilder tauchen nun reichlicher auf. Dann lichten sich die Bäume. Die Rinne schwenkt etwas nach rechts ab, unser Weg führt hinauf zur Baumreihe, die am linken Hang hochzieht und an deren unterem Ende ein nackter *Baumstumpf* in den Himmel ragt.
Von diesem dann geht es auf dem Scheitel des Rückens weiter aufwärts, bis der Pfad nach den letzten Bäumen auf eine Felsenkrone zuführt und an dieser vorbei die vom Skicenter kommende Schotterstraße (5 km) an einer *Quellenfassung* (Tränke) unterhalb der Hütte erreicht. Von der Quelle sind es noch fünf Minuten hinauf zur Hütte.
Die *Hütte* des Alpinen Clubs von Griechenland (EOS) liegt genau unter einem Gipfel, von dem ein Grat zum Neraidórachni (2341 m) führt, dessen Gipfel selbst nicht sichtbar ist. Der Gipfel des Neraidórachni scheint von hier oben fast bedeutungslos, einer wie viele andere. Von Peristéri oder Sólos aus gesehen ist er mit seinen steil abfallenden Wänden eine imposante Felspyramide. Von der Hütte steigen wir das Felsgelände direkt aufwärts und gelangen nach links in einem halbkreisförmigen Bogen in einer knappen Stunde auf den *Gipfel.* Dieser ist durch eine trigonometrische *Säule* markiert.

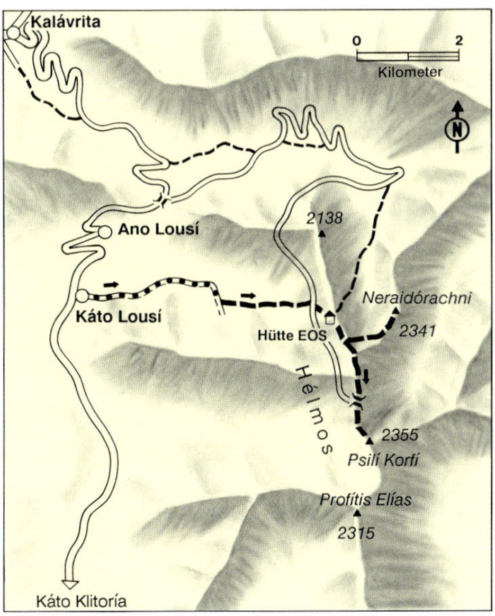

Für Wanderer, die im Winter oder Frühjahr aufsteigen, sei angemerkt, daß sie sich nicht von der Gipfelmarkierung auf die Schneewächte vorwagen sollen, da der Berg hier steil in die Tiefe stürzt (Absturzgefahr!).
Zum Gipfel des *Psilí Korfí* (2355 m) gelangen wir auf der Höhe der Gratlinie, die zu diesem hinüberführt. Die Gipfelregion des Hélmos ist Weideland, im Sommer durchbricht das Gebimmel der Ziegenherden die Stille, die Schäfer haben sich einen Unterstand *(Mándra)* eingerichtet. Auf dem Weg zum Psilí Korfí kommen wir an einer Paßstelle mit der Mándra darunter vorbei. Vom Neraidórachni sind es 1¼ Stunden bis auf den Psilí Korfí (Hoher Gipfel); der Weg führt über die Weidefläche (Eso Kampos). Der Psilí Korfí liegt in Nord-Süd-Richtung genau in der Mitte zwischen Neraidórachni und dem Profítis Elías (2315 m). Die anderen Höhen überragt der Psilí Korfí nur um wenige Meter. Zurück zur Hütte gehen wir auf der Schotterstraße, die von der *Mándra* (Paß) abwärts führt.

Touristische Angaben

Ausgangspunkt: Káto Lousí, ca. 15 km nach Kalávrita auf der Straße nach Kastría (Wanderung führt zum Ausgangspunkt zurück).
Gehzeiten: 7 bis 8 Stunden (Auf- und Abstieg).
Káto Lousí–Ende des Forstwegs: 1 Stunde.
Aufstieg zur Hütte: 1½ Stunden.
Aufstieg zum Neraidórachni: 1 Stunde.
Neraidórachni–Psilí Korfí: 1¼ Stunden.
Rückweg zur Hütte: 40 Minuten.
Abstieg bis Káto Lousí: 2 Stunden.
Verkehrsverbindungen: Bus oder Taxi von Kalávrita nach Káto Lousí (auf der Wegstrecke des Europäischen Fernwanderweges E4).
Übernachtungsmöglichkeiten: Hotels in Kalávrita; sonst Zelt und Schlafsack.
Verpflegung: Restaurants, Cafés und größere Einkaufsmöglichkeiten nur in Kalávrita oder Káto Klitoría.
Sehenswürdigkeiten: Kalávrita: Mahnmal; Klöster Ágias Lavras und Mega Spíleon; Seehöhle bei Kastría; Ausgrabung eines Artemisheiligtums (antikes Lousoi) beim Dorf Lousikón.
Sonstiges: Sektion des griechischen Bergsteigervereins in Kalávrita (s. Anhang).

6 Von Kalávrita nach Planitéro (E4)

Beste Jahreszeit: März bis Oktober; sofern es das Wetter erlaubt, auch im Winter.
Gehzeit: 5 Stunden.
Markierung geplant.
Einfache Wanderung unterhalb des Hélmos-Massivs.

Kalávrita ist der Hauptort der nördlichen Bergregionen des Peloponnes. Mit seinen schattigen Restaurants und Cafés unter den großen Platanen am Dorfplatz ist es dem Ansturm der Touristen, wenn wir für die griechischen Ausflügler auch einmal diesen Ausdruck gebrauchen dürfen, gewachsen. Nicht wenige von ihnen kommen mit der Zahnradbahn von Diakoftó heraufgepilgert. Für den Busverkehr in dieser Region ist es von zentraler Bedeutung. Wer sich für die folgenden Etappen des Europäischen Fernwanderweges noch mit Proviant versorgen muß, findet hier die besten Einkaufsmöglichkeiten, denn auf den weiteren Wegstrecken bis Tripolis gibt es

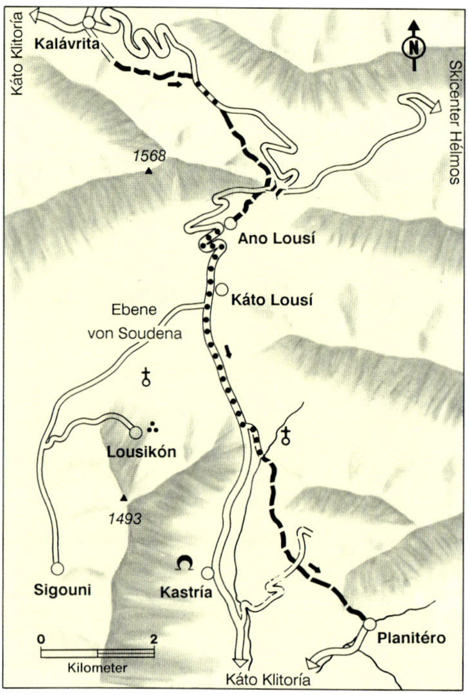

nur noch bescheidene Kramerläden. Seinen Namen verdankt der Ort dem guten Wasser (*Kalés vrísses* = gute Quellen).

Der Wegverlauf

Von der schattigen Platía gehen wir die Straße *»25 Martiou«* südlich aufwärts bis zu einem Kreisverkehr und darauffolgendem Spielplatz. Hier angekommen, nehmen wir die zweite Straße links neben dem *Spielplatz* (»Filikis Eterias«) weiter aufwärts. Bei einem *Heiligenbild* in einer Zementmauer führt unser Weg die Betonstraße links hinauf bis zu den letzten Häusern am südlichen Rand. Von hier beginnt ein Fußweg über einige Weiden, der dann auf die Straße zum Hélmos trifft. Wenige Meter vor uns schleppt ein älterer Mann eine schwere Autobatterie. Wohin will er damit auf der Schafweide? Des Rätsels Lösung findet sich schnell. Er befördert die Batterie mit einem gewaltigen Schwung eine Rinne hinunter, so daß sie bis in das Bachbett kollert. Das gute Wasser, das dem Ort seinen Namen verliehen hat, wird wohl etwas schwermetallhaltiger werden mit der Zeit. Aber was antwortet einem der Grieche darauf: »Die Winterregen werden alles wegwaschen!«
Rechts von einem *Bildstock* treffen wir auf die *Fahrstraße,* auf der wir ca. 20 Minuten bis zu einem weiteren eisernen Bildstock gehen. Von diesem führt ein Weg abwärts, unter zwei *Stromleitungen* hindurch, überquert eine *Bachrinne* und verläuft auf der gegenüberliegenden Seite durch Fichtenwald aufwärts. Nachdem wir von der Bachrinne vielleicht eine Viertelstunde aufwärts gestiegen sind, müssen wir darauf achten, daß wir bei einer Wegverästelung die Richtung nach *Süden* nehmen und nicht in der Nähe der Fahrstraße bleiben. Ein *Steinblock* liegt hier: es geht gerade an ihm vorbei aufwärts. Auch auf diesem Wegabschnitt wird die geplante Markierung eine große Hilfe sein!
Wir bewegen uns nun am linken Rand einer bewaldeten *Senke* aufwärts, bis der Weg auf eine kleine Weide trifft und rechts an ihr vor-

Auf dem Weg von Káto Lousí nach Planitéro: Versteckt in der Langáda-Schlucht liegt die Análipsis-Kapelle.

In einer Käserei in Planitéro wird der frische Käse an der Luft getrocknet.

beiführt. Jetzt fällt unser Blick genau auf einen *Steinbruch,* der rechts neben der Asphaltstraße liegt. In der Richtung des Steinbruchs verläuft parallel der Pfad, von dem wir aber durch eine Einsenkung getrennt bleiben. Nahe dem Steinbruch unterqueren wir eine *Stromleitung* und kommen parallel zu ihr auf die Fahrstraße, die sich kurz davor zum Skicenter bzw. nach Áno Lousí teilt. Eine *Kapelle* markiert den Paßübergang. Von der Kapelle geht es rund 100 Meter die Straße hinab. Dann führt ein breiter Weg hinunter nach *Áno Lousí.* Wir steigen durchs Dorf abwärts bis zu den untersten Häusern und gehen weiter bis zum nächsten Ort *Káto Lousí.*

Von jetzt an läuft man am einfachsten parallel der Asphaltstraße auf der Weidefläche bis zum südlichen Ende der Ebene von Soudéna. Wenn man den Weg einschlägt, der nach Westen in die Ebene in Richtung Sigoúni abzweigt, erreicht man unterhalb des Dorfes Lousikón eine der Panagía geweihte *Kapelle,* die inmitten des ehemaligen Artemis-Tempels aus antikem Material errichtet wurde. Das Tempelgelände wurde 1898 freigelegt. Nicht weit davon entdeckte man am Fuß des Kamakeikón-Berges die 100 Meter lange Tropfsteinhöhle Kaliakoudotroupa.

Auf der Straße nach Kastría beginnt dort, wo sich die Straße talwärts senkt, aus der Weidefläche heraus ein breiter Schotterweg. Jenseits einer Schlucht führt er links parallel der Fahrstraße zu einem *Haus mit grünen Türen und Fenstern.* Bei diesem steigen wir ab auf den Flußgrund. In der Schlucht hat sich die *Kapelle Análipsis* versteckt. Über den Flußkies gelangen wir auf die andere Seite, wo etwas oberhalb des Flusses am Hang ein Weg nach Südosten verläuft. An einem *Brunnen* (Tränke) vorbei bringt uns ein breiter Feldweg leicht bergab nach Südosten. Das Dorf zur Rechten heißt *Kastría.* Hier gibt es eine zwei Kilometer lange Höhle, die aus Seen und einem unterirdischen Fluß besteht. Im Moment ist sie allerdings wegen Erschließungsarbeiten geschlossen. Man glaubt, daß es sich um die Höhle der Proitiden handelt, jener Töchter des Königs Proitos von Tiryns, die sich rühmten, schöner als Hera zu sein

In den Bergdörfern, durch die unser Weg führt, ist die Weidewirtschaft die wichtigste Erwerbsquelle der Bevölkerung.

und zur Bestrafung von der Göttin in wahnsinnige Kühe verwandelt wurden. Erst der Seher Melampus konnte sie in dieser Höhle heilen.

Auf einer Kuppe mit einem halben Dutzend *Steineichenbäumen* zweigt ein kleinerer Weg *nach links* ab, der recht steinig etwas abwärts führt, aber im großen und ganzen seine Höhe behält, so daß wir jetzt das Dorf Kastría im Rücken haben. Einige Birnbäume zieren den Weg, die Weideflächen sind leicht terrassiert, und Steinmauern am Wegrand zeigen an, daß wir uns in der Nähe eines Dorfes befinden. Und mit einem Mal erscheint es auch unter uns, am Zusammenlauf zweier Täler, die von Platanen beschattet werden.

Das Dorf liegt unterhalb des Profítis Elías, einer der markantesten Spitzen des Hélmos-Massivs. Wasser fließt hier überaus reichlich; am unteren Ende des Dorfes, wo die Straße nach *Káto Klitoría* beginnt, gibt es ein regelrechtes Durcheinander von kreuz und quer aus allen Richtungen vorbeischießendem Wasser. *Planitéro* ist weithin für seine Forellen bekannt. Im Dorf gibt es zwei oder drei Kafeníons, wo man etwas trinken kann und auch kleine Gerichte zubereitet werden. Eine Übernachtungsmöglichkeit für Wanderer soll demnächst fertiggestellt werden.

Touristische Angaben

Ausgangspunkt: Platía in Kalávrita (Wanderung führt nicht zum Ausgangspunkt zurück).
Gehzeiten: ca. 5 Stunden.
Kalávrita–Paßhöhe/Kapelle: 1¾ Stunden.
Paßhöhe/Kapelle–Áno Lousí: 20 Minuten.
Áno Lousí–Káto Lousí: 10 Minuten.
Káto Lousí–südliches Ende der Ebene: 1 Stunde.
Ende der Ebene–Planitéro: 1½ Stunden.
Verkehrsverbindungen: Busverbindung von Kalávrita nach Patras, Egion, Káto Klitoría, Dáfni, Tripolis; Zahnradbahn von Kalávrita nach Diakoftó; Taxis in Kalávrita und Káto Klitoría.
Übernachtungsmöglichkeiten: Einfache und mittlere Hotels in Kalávrita; Herberge in Planitéro geplant (für den Weiterweg auf

dem E4 nur Übernachtung mit Zelt und Schlafsack möglich!).
Verpflegung: Kalávrita: Restaurants, Cafés und größere Einkaufsmöglichkeit; Planitéro: Kafeníon und bescheidene Einkaufsmöglichkeit; Káto Klitoría: Restaurant, Kafeníon und größere Einkaufsmöglichkeit.
Sehenswürdigkeiten: Kalávrita: Mahnmal; Klöster Mega Spíleon und Ágia Lavras. Lousí: antikes Lousoi beim Dorf Lousikón. Seehöhle bei Kastría; Káto Klitoría: Rest der antiken Stadt Kleitor.
Sonstiges: Sektion des griechischen Bergsteigervereins in Kalávrita (s. Anhang).

7 Bergdörfer zwischen Achaia und Arkadien

Von Planitéro nach Likouría (E4)

Beste Jahreszeit: März bis Oktober; sofern es das Wetter erlaubt, auch im Winter.
Gehzeit: 6 Stunden.
Markierung geplant.
Einfache Wanderung zwischen abgelegenen Bergdörfern des nördlichen Peloponnes.

Griechenland bedeutet Sonne und Meer, aber es besteht auch zu zwei Dritteln aus Gebirgen. Wer das Leben und die Ausgelassenheit an den Stränden und in den Tavernen seiner Küsten erlebt hat, hat nur einen Teil des Landes erlebt. Im Innern des Landes sind die Lebensverhältnisse bescheidener geblieben. Auf den folgenden Wanderungen werden Sie nicht mehr das Gefühl haben, »vom Meer umspült« zu sein, Sie werden das »Land« kennenlernen.

Der Wegverlauf

In Planitéro gehen wir auf der Asphaltstraße nach *Klitoría* abwärts, bis diese unten am Fluß den Ort verläßt (oder nach der Kirche abwärts). Unten am Fluß zweigt eine Straße nach Aroania und Pestrofio (Forellenzucht) ab. Hier befindet sich eine *Käserei.* Die Käseballen sind in Netzsäckchen auf der Dachterrasse zum Trocknen aufgehängt. Aus dem Innern kommt warmer, feuchter Dampf heraus. Die Leute waren sehr freundlich und ließen uns einen Blick ins Innere werfen, waren aber gerade sehr beschäftigt, so daß wir uns nicht lange aufhielten.
Bei einem Steg mit dem Schild *»Eísodos Pestrofio«* (Eingang zur Forellenzucht) wird zweimal der Bachlauf überquert. Es geht durch einen herrlichen Platanenwald. Ungefähr nach 200 Metern beginnt der Weg ins Dorf Árbouna (hier beginnt auch der Aufstieg, wenn man direkt vom Ortszentrum kommt). Gleich rechts, nachdem der Aufstieg nach Árbouna beginnt, liegt die Kapelle Ágios Dimítrios. Dann geht es, der Markierung folgend, den Hang hinauf bis Árbouna, im Rücken Planitéro unter dem Gipfel des Profítis Elías.
Im Ort kommen wir an der Kirche und dem Gemeindebüro (zwei Türen mit Kreuzen) vorbei. Die Markierung weist uns den Weg durch den Ort aufwärts bis zum *letzten Haus,* dessen Veranda schmiedeeiserne Herzchen hat. Bei einer neuerbauten *Kapelle* zweigen nach Südwesten zwei Wege ab, einer führt leicht aufwärts, der andere leicht abwärts. Wir nehmen den Weg nach oben, der steinig, aber gut erkennbar ist.
Der Weg führt auf einer Höhe von ca. 1000 Metern rund um den Hang zum Dorf *Ágios Nikólaos.* Schon nach einer halben Stunde können wir die beiden Dörfer Ágios Nikólaos und Tourláda vor uns sehen. Eine Schildkröte macht durch Rascheln im Gebüsch auf sich aufmerksam. Bis in welche Höhen gehen sie eigentlich hinauf?
Unten im Tal liegen die Felder von Káto Klitoría. Es gibt dort zwar Ausgrabungen, doch versäumt man nichts, wenn man die Stadt samt ihren Ruinen nur von unserem Höhenweg aus sieht. Nach nicht ganz einer Stunde seit Árbouna kommen wir dann in Ágios Nikólaos an. Als wir urplötzlich um eine Hausecke herum auftauchen, staunen uns die Menschen an, als wären wir soeben von einem anderen Stern gekommen.

Auf dem Weg von Planitéro nach Likouría.

Eine große *Brunnenanlage* bietet die Möglichkeit, die Feldflaschen aufzufüllen. Auf einer Schotterstraße und Betonpiste durch den Ort. Nach einem *Haus mit einem Briefkasten* führt ein Weg geradeaus zwischen Kirschbäumen hindurch. Wir folgen einer Betonstraße links aufwärts und kommen noch innerhalb des Ortes an einer weiteren *Brunnenanlage* vorbei. Hier gehen wir nicht den Fahrweg um diese herum, sondern an ihr vorbei den Schotterweg, der zwischen den letzten Häusern hindurch verläuft. Etwa auf gleicher Höhe queren wir dann auf der Erdstraße hinüber zum Dorf *Tourláda.* Bevor wir Tourláda erreichen, erkennen wir schon die weitere Wegführung, die am linken Ortsrand beginnt und sich schleifenförmig links vom Ort den Berg hinaufzieht, der zwischen Tourláda und Krinófita südöstlich davon liegt.

Vor dem Ort, bei einem Rastplatz unter großen *Platanen* (eine davon hat eine Wucherung, die einem Nashornkopf täuschend ähnlich sieht) quert 200 Meter weiter ein Pfad über den *Bacheinschnitt* auf die andere Seite. Gleich danach biegt in spitzem Winkel den Berg aufwärts der Pfad nach *Krinófita.* Es ist ein steiler und schweißtreibender Weg, doch nach einer halben Stunde sind wir oben auf dem *Paß,* von dem wir auch schon Krinófita sehen können.

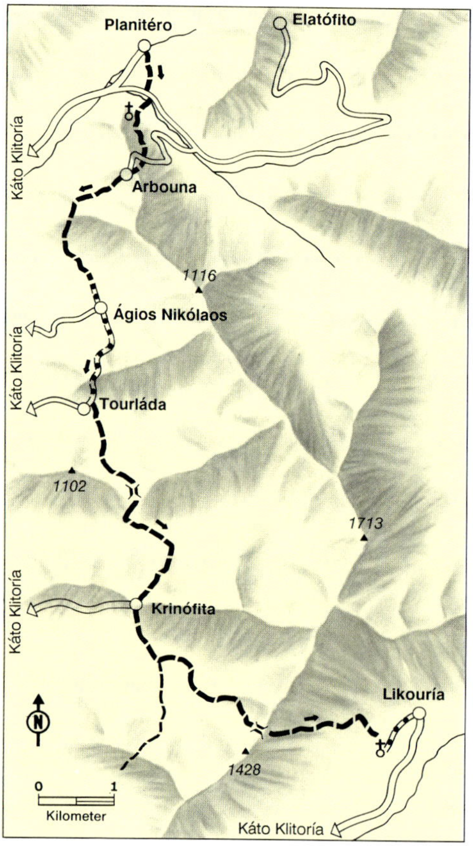

Von hier oben lohnt es sich wieder, das Gelände und die weitere Wegführung nach Krinófita einzusehen: Am oberen Ende von Krinófita beginnt ein Weg, der in dem Einschnitt hinter dem Bergkamm über einen Paß nach Likouría führt.

Jetzt müssen wir aber erst einmal vom *Paß* leicht links abwärts queren. Es macht uns einige Mühe, im Steineichendickicht den richtigen Ziegenpfad zu wählen. Wir queren den Hang, indem wir nur mäßig an Höhe verlieren und weben uns ein Strickmuster an Ziegenpfaden, bis wir anscheinend auf dem richtigen Weg sind, der uns in der Mitte des Hanges mäßig abfallend etwa in die Richtung führt, wo am Oberlauf des nach Krinófita ziehenden *Bachbettes* der Schotter endet. Da der Weg, wie uns versichert wurde, demnächst markiert werden soll, wird die Wegfindung in Zukunft sicher erleichtert. Aber das Dorf ist ja gut sichtbar, so daß man auch mit eigener Wegekomposition das Ziel erreicht. Von einer *Mándra* (Hirtenunterstand) führt dann ein unverwechselbarer Pfad direkt aufs Dorf zu. Beim Hineingehen hat man den Eindruck, daß der Abfall hier gleich aus dem Fenster geworfen wird – ein richtiges arkadisches Bauernnest, auch wenn es noch zu Achaia gehört. Die Grenze zu Arkadien liegt wenige Kilometer südlich davon. Auch der Kreis Korinth erstreckt sich fast bis hierher, so daß wir uns in einem »Dreiländereck« befinden.

Von der *Platía* geht es durch das Dorf bis zu

Üppiges Grün und Blumenwiesen gehören im Frühjahr zu den schönsten Eindrücken in dieser sonst kargen Landschaft.

Einfache Mándra *(Hirtenunterstand) vor dem Dorf Krinófita.*

den Häusern am rechten oberen Rand. Dort zweigt ein *Steinpfad* nach rechts ab (ein anderer führt weiter nach oben). In ungefähr 20 Minuten erreichen wir eine *Kapelle* bei einer großen Eiche. Hier gabelt sich der Weg: wir gehen links aufwärts. Der Weg ist gut ersichtlich und eindeutig. Er quert den Hang südöstlich bis zu einem *Paß* auf ca. 1000 Meter Höhe. Zwei *Ikonostasen* (Bildstöcke), die man schon von weitem erkennen kann, markieren den Paß. Kurz vorher ist er ziemlich mit Steineichengesträuch verwachsen, zur Freude derer, die mit kurzen Hosen unterwegs sind. Aber nach fünf Minuten ist auch das vorbei. 1¼ Stunden haben wir von Krinófita hier herauf gebraucht.

Vom Paß geht es fast direkt abwärts, anfangs wieder durch Steineichengebüsch, auf *Likouría* zu, das kurz nach der Überschreitung sichtbar wird. Der Weg wird bald breiter, er ist gut ausgetreten und führt wiederum an einer *Mándra* (Hirtenunterkunft) vorbei. Bald darauf säumen *Steinmauern* den Weg. Das Land ist hier terrassiert, und auf den Terrassen wird noch mühevoll Getreide angebaut. Im großen und ganzen leben diese Dörfer aber von der Weidewirtschaft. Von einer *Kapelle* kommt man dann auf gutem Fahrweg in zehn Minuten ins Dorf. Zum Verweilen ist Likouría unattraktiv.

(Weiter auf dem E4 s. Tour 16.)

Touristische Angaben

Ausgangspunkt: Planitéro, 8 km oberhalb von Káto Klitoría (Wanderung führt nicht zum Ausgangspunkt zurück).
Gehzeiten: 6¼ Stunden.
Planitéro–Árbouna: 50 Minuten.
Árbouna–Ágios Nikólaos: 50 Minuten.
Ágios Nikólaos–Tourláda: 1 Stunde.
Tourláda–Krinófita: 1½ Stunden.
Krinófita–Likouría: 2 Stunden.
Verkehrsverbindungen: Bus von Káto Klitoría nach Kalávrita bzw. Tripolis; Taxi in Káto Klitoría.
Übernachtungsmöglichkeiten: Nur mit Zelt/Schlafsack.
Verpflegung: Kafeníon und Einkaufsmöglichkeit in Planitéro und Likouría.
Sehenswürdigkeiten: Káto Klitoría: Reste der antiken Stadt Kleitor.

8 Auf der Suche nach dem Fluß der Unterwelt

Zu den Wassern des Styx

> Beste Jahreszeit: Mai bis Oktober.
> Gehzeit: 6 Stunden.
> Landschaftlich eindrucksvolle Wanderung. Trittsicherheit und Orientierungssinn erforderlich.

Ausgangspunkt für unsere Wanderung ist das Dorf Sólos, 39 Kilometer landeinwärts von Akráta.

Obwohl Sólos wunderschön gelegen ist, zog es doch seit alter Zeit Neugierige und Fremde aus einem ganz anderen Grunde an. Denn hier in der abgeschiedenen und bizarren Felsenwelt des Hélmos verbirgt sich der sagenumwogene Styx, jener Fluß der Unterwelt, der die Erde umschloß. Wer von seinem Wasser trank, der fand den Eingang zum Hades, und der Fährmann Charon half ihm dabei. Nach Hesiod war Styx die älteste Tochter des Okeanos. Styx und ihre Kinder halfen Zeus bei einem Streit mit den Titanen, in dessen Folge Styx hochgeehrt wurde. Hierher kamen die Götter, um zu schwören, und ein Eid beim Styx war unverletzlich. Er kam aus

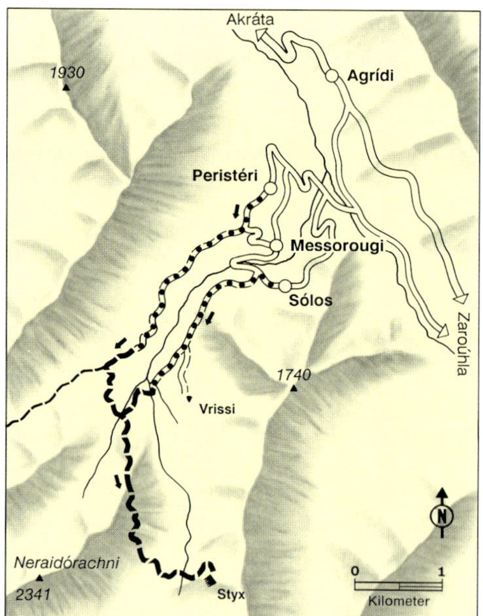

dem Reich des Todes und kehrte auch dorthin zurück. Bei den Einheimischen wird er schlichtweg Mávro Neró genannt (schwarzes Wasser), denn die 200 Meter hohe Felswand, an der sein Wasser zerstäubt, hat Strähnen schwarz wie Pech, als wäre es dereinst über die Felsen geronnen.
Dem Wasser des Styx wurde nachgesagt, es sei giftig. Angeblich ist Alexander der Große damit vergiftet worden. Antípatros gab es ihm in einem skythischen Eselshuf, denn das Wasser hatte die Eigenschaft, alle anderen Gefäße, selbst goldene oder gläserne, zu zerfressen.
Bei der Wiederentdeckung Griechenlands im 19. Jahrhundert war der Styx auch das Ziel der ersten Deutschen, die auf Entdeckungsfahrt gingen. Einen schönen Bericht gibt uns Fürst von Pückler-Muskau in seinem Buch »Südöstlicher Bildersaal«. Aber auch Otto Magnus von Stackelberg hinterließ in seinem Tagebuch von 1812 eine eingehende Schilderung.

Wie ein feiner Staubfaden fällt das Wasser des Styx an der senkrechten schwarzen Wand herab.

Der Wegverlauf

Nach Sólos gelangen wir, wenn wir von der Nationalstraße Patras–Korinth beim Ort *Akráta* abbiegen. Nach dem schier endlosen Akráta führt die Straße alsbald in engen Kurven bergauf. Da es keine Wegweiser gibt, frage man im Zweifelsfall nach dem Ort *Sólos*. Rechts unterhalb sieht man den *Taleinschnitt* des Kráthis. Abwechselnd verläuft die Straße jetzt zwischen Kiefern, aber auch durch Olivenhaine. Ginstersträucher mehren sich; das Bild der Küstenlandschaft hat sich verändert. Der Zustand der Straße verschlechtert sich zunehmend. Anfangs noch asphaltiert, führt sie nach 14 Kilometern als Schotterstraße weiter. Der Gipfel des Hélmos ist von hier aus noch nicht sichtbar. Man durchfährt das Dorf *Valimí*. Ein letzter Blick zum Meer, denn bald darauf, je mehr man von den Bergen umhüllt wird, verliert sich der Eindruck vom Land der meerumspülten Küsten, und es überwiegt das Gefühl, in einem Bergland zu reisen. Die Straße staubt fürchterlich, und das Auto bedeckt sich Millimeter um Millimeter mit einer feinen Staubschicht. Aber um zu den geheimnisvollen Wassern des Styx zu kommen, soll es einem das schon wert sein. Schnell überquert vor uns ein Wiesel die Straße.
Vom Dorf Agrídi sind es noch 2½ Kilometer, bis die Straße nach rechts unten Richtung Sólos abzweigt. In Sólos gibt es zwei Tavernen, die erste ist die von Jorgis, der uns erzählt, daß eben sein Bruder, der in München arbeitet, zurückgefahren ist. Ob es einen Bus hierher gibt, wollen wir wissen, und Jorgis verneint. Bis letztes Jahr fuhr einer, doch dann ging er kaputt, er steht irgendwo auf der Strecke, ob wir ihn nicht gesehen haben? Nein, jetzt gibt es keinen Bus mehr. Die Leute wohnen nur im Sommer hier oben, im Winter wohnt hier keiner, sagt Jorgis, zu verschneit, sie sind alle unten in Akráta.
Der Ort Sólos, 1100 Meter hoch gelegen, verdankt seinen Namen dem Partisanenführer Solítis, der in dieser Gegend den Widerstand gegen die Türken anführte. Einige der Häuser wurden wehrhaft angelegt, mit Schießlöchern versehen, so daß man die türkischen Steuereintreiber gleich gebührend

empfangen konnte. Die Häuser von Solítis und dessen Bruder sind noch erhalten, sehenswert ist auch die Kirche, deren Schlüssel der Lehrer hat. Darin findet sich ein Bild des Partisanenführers, und man zeigt dem Fremden auch gerne jene Ikonen, welche die Türken aus Wut mit Säbelhieben zerkratzten. Doch dann brennt es uns unter den Nägeln, den Weg zum Styx zu erfahren. Es gibt zwei Ausgangspunkte für den Weg zum Styx oder Stygos, wie er hier auch genannt wird.

Weg von Peristéri: Der einfachere, anfangs markierte Weg beginnt im Nachbarort Peristéri an der Taverne. Ab hier hat der EOS Egion gelbe *Markierungsschildchen* angebracht, die den Weg zum Styx beschreiben. Er führt zuerst einige Kilometer auf dem *Fahrweg,* vorbei an einem von weitem sichtbaren Neubau mit Giebeldach und überdachter Veranda bis zu einer *Quelle* (Tränke). Hier geht der Fußpfad nach links und führt nach wenigen hundert Metern hinab in das Bachbett *(Steinmänner)* und gleich auf der gegenüberliegenden Seite wieder aufwärts *(Markierung).* Bis hierher müssen wir auch, wenn wir den anderen Weg von Sólos nehmen.

Weg von Sólos: Wir verlassen Sólos auf dem Fahrweg. Eine Abzweigung führt hinunter nach Messorougi und Peristéri. Wir gehen geradeaus weiter und kommen nach knapp zwei Kilometern zu einem Schild, das links nach »Vrissi« (Quelle) und rechts zum *»Stygos«* weist. Von hier hat man einen überwältigenden Blick auf die imposante Felswand des Neraidórachni. Bei der Abzweigung geht es ca. 900 Meter die Straße hinab bis zu einem *Flußbett.* Nach der Durchquerung erscheint eine marmorne Stele auf der anderen Seite. An der *Marmorsäule* steigen wir, im rechten Winkel zur Straße, rechts hinab zu einem anderen Flußbett, queren dieses und steigen einen Pfad hoch über Geröll, bis wir zu einem weiteren *Flußbett* kommen. Dieses laufen wir aufwärts. Der Bachlauf ist bald darauf versiegt. Es geht weiter aufwärts, vorbei an einer *Wasserleitung,* die das Bachbett quert. Relativ zügig geht es über kleineres Blockgestein. Bei zwei markanten *Steinmännern* (ca. ½ Stunde ab Marmorstele) heißt es aufpassen! Hier ist die Schlüsselstelle, wo auch der Fußweg vom Ort Peristéri von rechts herab kommt, der das Bachbett quert, um links auf der anderen Seite wieder hochzugehen. Hier beginnt der eigentliche Fußpfad zum Styx. Der Weg windet sich nun in Kehren hangaufwärts durch einen Fichtenwald und überquert einen Bergrücken. Weiter am rechten Rand eines steilwandigen und schroffen Felskessels. Der Weg wurde mit Stützmauern angelegt. Gleich darauf wechseln wir auf die andere Seite des Einschnittes und befinden uns wieder am rechten Rand einer Schlucht. Über aschgraue Felsblöcke queren wir auch diese, über uns die wilde Szenerie der Felsen. Eine Dreiviertelstunde ab der Schlüsselstelle übersteigen wir wieder einen *Sattel.* Oberhalb zeigt sich noch im August ein Feld schmutzigen Altschnees. Vor einer hohen, trapezförmigen Felswand zieht der Weg aufwärts. Nach Erreichen eines weiteren Sattels ist uns ein Tiefblick zurück auf das Tal von Sólos vergönnt. An der Felswand geht es jetzt leicht abwärts. Unter uns liegt eine abenteuerliche *Schlucht,* wie man sie sich in den besten Karl-May-Romanen nicht schöner vorstellen kann. Der Weg verläuft nun rechts auf einem schmalen Band entlang einer Felswand. Bei einigen *Steinmännern* und einer lose verankerten *Eisenstange* steigt man in einfacher Kletterei bis auf den Schluchtgrund, wo ein erfrischendes Bächlein fließt, an dem wir unseren Durst stillen können. Auf der anderen Seite erobern wir über steile Schrofen abermals einen *Bergrükken.* Hier offenbart sich zum erstenmal die schwarze Bergwand des Styx. Mühsam ist das letzte Stück aufwärts. An der schwarzen Wand angelangt, genießen wir endlich das erfrischende Wasser der Unterwelt, das in feinen Schleiern über die 200 Meter hohe Wand fällt. Wind und Sonne treiben ihr Spiel damit, wir sind berauscht und froh, den Weg hierher gefunden zu haben.
Erfahrene Bergsteiger können von den Wassern des Styx weiter aufsteigen und kommen zwischen Psilí Korfí und Neraidórachni in die Gipfelregion des Hélmos.

Der Ort Peristéri vor der beeindruckenden Felskulisse des Neraidórachni. Von hier führt ein markierter Weg zum Styx.

Landschaft um den Ort Sólos. Im Hintergrund das Tal des Kráthis.

Erhart Kästner, der 1943 den Peloponnes bereiste, fand den Weg zum Styx vom Hélmos herab. In »Ölberge, Weinberge« schreibt er: »Der junge Hirt führte mich gut, ich hätte allein den Weg kaum gefunden. Wir schlängelten uns durch Klüfte und Felsen und zwängten uns auf kaum kenntlichem Pfade hinab. Da verhielt mein Begleiter mit einer bedeutenden Geste: wir waren am Ziel. Die Felswand zur Linken stieg zweihundert Meter senkrecht empor. Sie war rotglühend, die Sonne hämmerte auf sie ihr Licht. Zwei Staubwasserfäden rannen von oben über die Kimmung, verteilten sich über die runden abgeschliffenen Steine, sickerten, tropften, sprangen und sprühten herab. Es war das Styxwasser, von dem Hesiodos sagt, Iris schöpfe mit goldener Kanne aus ihm.
Am Fuß, da wo wir standen, wölbte sich die Felswand zurück. Es ergab sich ein Vorhang triefenden, eiskalten Wassers, der das Sonnenlicht tausendfältig auffing. Ich trat hinter ihn. Der Bergwind nahm sich von Mal zu Mal einen Armvoll Zersprühtes von dem Gewände, das er zu lichtstiebenden Schleiern verblies.«
Später, als wir uns längst auf dem Rückweg nach Sólos befanden, war ein Gefühl in uns ähnlich dem, das wohl ein Fürst Pückler, von Stackelberg oder Kästner hatte. Es sollte noch lange anhalten und ist bis heute eine unvergeßliche Erinnerung an den Mythos der griechischen Bergwelt.

Touristische Angaben

Ausgangspunkt: Sólos oder Peristéri, 40 Kilometer von Akráta (Straße Patras–Korinth) entfernt (Wanderung führt zum Ausgangspunkt zurück).
Gehzeiten: 6 Stunden.
Peristéri (Taverne)–Bachbett/Steinmänner: 1½ Stunden.
Oder Sólos–Bachbett/Steinmänner: 1 Stunde.
Bachbett/Steinmänner–Styx: 1½ bis 2 Stunden.
Verkehrsverbindungen: Sólos im Moment nur mit dem PKW von Akráta aus erreichbar.
Übernachtungsmöglichkeiten: In Sólos.
Verpflegung: Laden von Jannis in Sólos (geringe Auswahl); zwei Tavernen in Sólos, Taverne in Messorougi, Taverne in Peristéri.
Sehenswürdigkeiten: Kirche in Sólos.
Sonstiges: Sektion des griechischen Bergsteigervereins EOS in Egion (s. Anhang).

9 Hoch über dem Golf von Korinth
Auf den Killíni (2376 m)

Beste Jahreszeit: Mai bis Oktober.
Gehzeit: 5–6 Stunden.
Rote Markierung.
Unschwierige, etwas Kondition erfordernde Bergtour mit lohnenswerter Rundsicht vom Gipfel.

Ausgangsort für unsere Wanderung auf den zweithöchsten Gipfel des Peloponnes ist das Seebad Xilókastro, 34 Kilometer westlich von Korinth. Von hier führt eine Asphaltstraße stetig ansteigend landeinwärts bis zu dem in 1000 Meter Höhe gelegenen Gebirgsort Áno Tríkala. Bis hierher kann man auch mit dem Bus von Xilókastro fahren. Áno Tríkala hat einige Hotels und Restaurants, so daß es der eigentliche Ausgangsort für eine Besteigung des Killíni ist. Es ist ein beliebter Ort für Hitzeflüchtlinge im Sommer, aber auch Ausgangspunkt für Skitouren im Gebiet des Killíni. Von Áno Tríkala führt eine breite Schotterstraße bis zur ersten Berghütte (Katafígi) des Alpinen Clubs von Griechenland (EOS). Die Straße erreicht nach zehn Kilometern ein Plateau, an dessen Anfang gleich nach links ein Fahrweg zur Hütte abzweigt. Sie ist Ausgangspunkt des markierten Wegs.

Der Wegverlauf

Der rot markierte Weg führt zuerst südwestlich über eine *Hochweide* und erreicht nach einer knappen Stunde die *zweite Berghütte des EOS,* die am Fuß des Killíni liegt. Unserer Meinung nach ist die Besteigung des Killíni im Mai am schönsten, wenn es noch nicht so heiß ist, der meiste Schnee abgetaut ist, aber einige Schneefelder noch Akzente auf dem sonst nackten Geröllrücken setzen. Allerdings ist die Markierung dann oft verdeckt.

Die Besteigung des Killíni ist im Frühjahr am schönsten, wenn letzte Schneefelder den baumlosen Berg bedecken.

Der Killíni oder Zíria, wie er auch genannt wird, ist eigentlich ein Zwillingsgebirge. Sein östlicher Bruder, der immerhin fünf bis sechs Kilometer entfernt liegt, ist nur um wenige Meter niedriger.
Von der zweiten Berghütte führt ein markierter Weg auf der rechten Seite einer *Rinne* bis auf die Höhe eines *Rückens,* von dem wir, durch ein Tal getrennt, auf die gegenüberliegende Flanke des Killíni blicken können. Hier stoßen wir auf zwei wellblechgedeckte *Almhütten,* die vom gegenüberliegenden Tal mit dem Fahrzeug erreichbar sind. Selbst bis hier herauf ist der Straßenbau schon fortgeschritten.
Dann macht die Route einen Bogen von Westen nach Norden, der Gipfel läßt sich schon erkennen. Nach zweieinhalb Stunden ab der zweiten Berghütte stehen wir auf dem *Gipfel,* der durch eine *Zementsäule* gekennzeichnet ist. Diese wird aber erst auf den letzten Metern sichtbar. Die letzte Stunde unseres Aufstiegs waren wir ohne Markierung unterwegs, da es Anfang Mai hier oben noch reichlich Schnee hatte und die Markierung verdeckt war. Für unseren Abstieg war dies günstig, denn es dauerte nicht viel mehr als eine halbe Stunde, und wir waren bei der oberen Berghütte zurück. Zu unserem Glück! Denn binnen einer Stunde hatten sich aus heiterem Himmel die Quellwolken so schnell vermehrt, daß nun graue Wolkenbänke über dem Killíni lagen und es zu tröpfeln begann. Bei den ersten Anzeichen einer Wetterverschlechterung sollte man in diesen Bergen immer an Rückzug denken.

Von der zweiten Berghütte des griechischen Bergsteigervereins führt ein markierter Weg auf den Kíllíni hinauf.

Auf dem Gipfel des Kíllíni (2376 m).

Touristische Angaben

Ausgangspunkt: Erste Berghütte des griechischen Alpenvereins, zu erreichen von Áno Tríkala auf breiter Schotterstraße (10 km; Tour führt zum Ausgangspunkt zurück).
Gehzeiten: 5 bis 6 Stunden.
Erste Berghütte–zweite Berghütte: 1 Stunde.
Zweite Berghütte–Bergrücken: 1¼ Stunden.
Bergrücken–Gipfel: 1¼ Stunden.
Rückweg: 2½ Stunden.
Verkehrsverbindungen: Am günstigsten mit dem eigenen Fahrzeug bis zur ersten Berghütte; ansonsten mit dem Bus von Xilókastro bis Áno Tríkala, von dort Mitfahrgelegenheit oder zu Fuß bis zur ersten Berghütte (10 km).
Übernachtungsmöglichkeiten: Hotels und Campingplatz in Xilókastro; Hotels in Áno Tríkala.
Verpflegung: Restaurants, Kafeníons und Einkaufsmöglichkeit in Xilókastro und Áno Tríkala.
Sehenswürdigkeiten in der Umgebung: Antikes Sikíón bei Kiáto; Stymphalischer See auf der Südseite des Kíllíni-Massivs.
Sonstiges: Sektion des griechischen Bergsteigervereins in Xilókastro (s. Anhang).

10 Durch die Weinberge des Ásopos-Tales
Von Neméa nach Sikíón

> Beste Jahreszeit: Frühjahr und Herbst; das ganze Jahr über möglich; im Sommer sehr heiß.
> Gehzeit: 8 Stunden.
> Lange und anstrengende Wanderung durch eine berühmte Weinbaugegend.

Unsere Wanderung beginnt in der Gegend, wo Herakles die erste seiner Heldentaten erledigte: Ein ungeheurer Löwe, der von dem feuerspeienden Ungeheuer Typhon und der Riesenschlange Echidna abstammte, trieb im Talgrund und in den Wäldern sein Wesen. Herakles suchte den Löwen viele Tage lang in den Wäldern. Als er ihn endlich fand, spannte er Pfeil und Bogen. Doch der Löwe war unverwundbar, der Pfeil prallte von ihm ab, als hätte er auf einen Stein getroffen. Jetzt packte Herakles seine überschüssigen Kräfte und hetzte dem Tier mit der Keule nach. Der Löwe bekam es mit der Angst zu tun und verkroch sich in einer Höhle. Doch Herakles verrammelte einen der beiden Ausgänge der Höhle und stürzte durch den anderen hinein. Der Löwe hatte nun keine Wahl mehr, er griff den Muskelprotz an, doch dieser würgte ihn zu Tode. Auf seinen Schultern trug er das Untier nach Mykene. Als Eurystheus den toten Löwen sah, erschrak er so vor dem fürchterlichen Tier und der Stärke seines Bezwingers, daß er dem Helden fortan nicht mehr erlaubte, die Beweise seiner Taten innerhalb der Tore Mykenes zu zeigen.
Wahrscheinlich konnten die Bauern dieser Gegend nun ernsthaft an die Kultivierung der Weinrebe denken, denn um Neméa und an den Hängen des Ásopos-Tales reift einer der besten griechischen Weine. Der Ort Neméa selbst ist ein eher schmuckloses Weinbauernnest im Zentrum dieses Gebiets.

Der Wegverlauf

Wir verlassen *Neméa* auf der Asphaltstraße (nach Dáfni) in nördlicher Richtung. Nach rechts zweigt nach kurzer Zeit die Straße nach Koútsi ab, die uns nicht berührt. Nach einer halben Stunde (2½ km) beginnt bei einem weißen *Bildstock* ein Feldweg, auf dem einige hundert Meter weiter an dem Hang unterhalb einer Kapelle die Reste des antiken *Flioús* zu sehen sind. Außer den Fundamenten und Säulensockeln sowie einer Sitzreihe des Theaters ist aber nicht mehr viel übrig. Bei einem weiteren Bildstock gabelt sich der Feldweg, wir gehen nach *links* und treffen auf den *Fluß Ásopos.* Dieses Aufeinandertreffen von Straßen und Flüssen scheint in Griechenland immer die Möglichkeit zu bieten, den Müll loszuwerden; der Fluß sorgt dann schon für gute Verteilung.
Wir kommen durch eine sanfte, leicht hüge-

lige Landschaft, in der wie Teppiche die Weinfelder liegen. Dazwischen schlanke Zypressen, welche die vertikalen Akzente in diesem Fleckenteppich einer Kulturlandschaft setzen. Der Flußlauf ist eingewachsen mit Platanen und Pappeln. Die milde Landschaft und die gleißende griechische Sonne müssen einen exquisiten Wein hier reifen lassen.

Bei einer *Ikonostási* (Bildstock), die wie ein Vogelhäuschen anmutet, gehen wir geradeaus weiter. Wir befinden uns jetzt dicht über dem rechten Ufer des Flusses, der sich, von Zypressen verhüllt, nur durch sein Rauschen bemerkbar macht. Eine Kapelle auf der anderen Seite des Ufers schimmert durch das grüne Aquarell der Platanen. Der Boden ist lehmig und schwer. Bei einer stimmgabelförmig nach oben verlaufenden Wegabzweigung gehen wir den linken Ast aufwärts und bleiben dabei immer in Flußnähe. Verglichen mit anderen Teilen des Peloponnes, wo Macchia und Phrygana vorherrschen, oder den rauhen Berglandschaften, überwiegt hier eindeutig der lieblich-malerische Charakter der griechischen Landschaft. Dann führt die Feldstraße ein kurzes Stück steil aufwärts und gabelt sich: rechts geht es aufwärts, links abwärts zum Fluß. Ungefähr eine Stunde nach dem ersten Zusammentreffen mit dem Fluß verzweigt sich abermals der Weg. Jetzt überqueren wir den Fluß auf einem Fahrweg aufwärts und umgehen einen *Abbruch.* Nach einer Viertelstunde gabelt sich der Weg, und wir laufen nun in Flußrichtung. Zweimal können die Windungen des wieder abwärts führenden Schotterwegs durch Abkürzungen abgeschnitten werden. Dann sind wir unten am Fluß und erreichen über eine Brücke die *rechte Uferseite.*

Überall wurden die Bergrücken geglättet für den Weinanbau. Teilweise sind die Reben mit blauen, roten oder weißen Baststreifen hochgebunden, und einige Felder werden mit Schlauchsystemen künstlich bewässert. Dann endet unser Weg an einer großen Schlucht. Der Fahrweg zieht sich weiter östlich hinauf. Wir nehmen eine Abzweigung nach links unten in Richtung auf einige Häuschen und kommen wieder zu einer *Brücke* über den Fluß, diesmal sogar ein solides Bauwerk mit Geländer. Wir bleiben auf dem unteren Weg über dem linken Flußufer, Abzweigungen nach links oben berücksichtigen wir nicht. Auch wenn es öfter bergauf geht, wir gelangen doch immer wieder nach unten, wo uns der Fluß Gesellschaft leistet. Dann ist der Feldweg über dem Fluß etwas verwachsen, teilweise geht es durch Schilf, bis wir auf ein *Zypressenwäldchen* stoßen. Rechts an diesem vorbei führt parallel zum Fluß ein unscheinbarer Pfad weiter, auf dem wir zum Teil gebückt unter Weidenbäumen 10 bis 15 Minuten laufen, bis wir auf einen Weg stoßen, der nach links aufwärts weist. An einem wellblechgedeckten *Lehmziegelhäuschen* vorbei gelangen wir auf eine Schotterstraße, die von der anderen Flußseite herkommt. Aber dafür erwartet uns auch das

Landschaft am Ausgang des Ásopos-Tales.

Das Amphitheater von Sikión stammt aus hellenistischer Zeit und wurde von den Römern erweitert.

Das obere Tal des Ásopos ist eine berühmte Weinbaugegend.

»Paradísi«, so heißt nämlich der Ort über uns. Ungefähr nach einer Viertelstunde zweigt nach rechts ein anderer *Fahrweg ab,* der uns steil nach oben bringt und den bisherigen Weg abkürzt. Nach ungefähr einer Dreiviertelstunde ständigen Aufwärtsgehens folgen wir rechts einem Feldweg, der sich gleich wieder verzweigt. Der untere Ast stößt bald darauf auf die Schotterstraße nach *Paradísi.* Wenn man das erste Haus des Dorfes erblickt, biegt ein Abkürzungsweg an einem *Weinberg* zum Dorf ab.

Wer nicht ins Dorf hinein will, kann unterhalb des Ortes den Hang nach Nordosten queren und kommt dann auf einen Feldweg, der uns weiterbringt. Wer die Wanderung hier beenden möchte, findet auf der Asphaltstraße oberhalb des Ortes eine *Bushaltestelle.*

Vom *Dorfplatz* bei der Kirche führt eine Zementpiste abwärts, die sich nach 20 Minuten

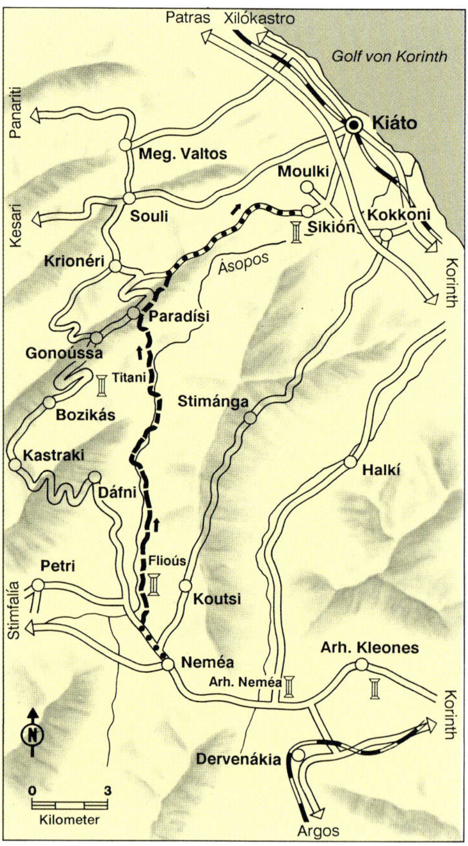

teilt. Wir nehmen den *Zementweg nach links,* bis dieser in einen Feldweg übergeht, der in ein Seitental abwärts und am gegenüberliegenden Hang wieder aufwärts führt. Oben stoßen wir auf die alte *Feldstraße,* in die wir rechts einbiegen und in deren weiterem Verlauf wir bis nach *Sikión* gelangen. Die Straße führt einen Bergrücken abwärts, der zwei Flußtäler trennt. Bei einer Gabelung an einer *Wasserrinne* gehen wir nach links. Rechts würden wir wieder ins Tal des Ásopos kommen. Bei der nächsten Wegkreuzung geht es geradeaus weiter, immer den *Hauptfahrweg* entlang. Er wird allerdings nicht mehr befahren, seitdem es die Asphaltstraße gibt. Es läuft sich fortan bequem bergab, und das wird dem einen oder andern zum Trost bis Sikión auch so bleiben.

Die Weinberge verlieren sich langsam, das Bild unseres Höhenwegs ist von schattenspendenden Kiefern bestimmt. Nach fast zwei Stunden seit Paradísi zweigt bei einem Abbruch ins Ásopos-Tal links eine *Erdstraße* nach unten ab. Wir gehen aber die Straße, die etwas aufwärts führt, geradeaus weiter und bleiben auf dem *Bergrücken.* Kurz vor Sikión haben wir dann wieder einen schönen Blick aus der Vogelperspektive ins Nachbartal, das genau auf Kiáto zuläuft. Das Meer rückt immer näher ins Blickfeld, der Golf von Korinth wird überschaubar bis zum Felsenklotz von Ákrokorinth.

Das antike *Sikión* ist ein Überbleibsel aus hellenistischer und römischer Epoche. Die Römer scheinen es sich hier gemütlich gemacht zu haben, das Amphitheater behagte ihnen und sie haben es weitergebaut, ihre typischen Eingangsschleusen hinzugefügt. Wir setzen uns in eine der Reihen und stellen uns einen lauen Abend vor, wenn die Akteure im letzten Schein der Dämmerung eintraten, im Hintergrund silbern das Meer und die blauschimmernde Silhouette der gegenüberliegenden Berge. Die Römer bauten auch gleich noch eine Badeanlage dazu, denn wer wollte schon im Schweiß des Tages dem Schauspiel lauschen! In dieser Stimmung war uns nach einem Gläschen Wein zumute, am liebsten einem aus der Gegend von Neméa, dessen gepflegte Weingärten wir durchwandert hatten.

Von Sikión bis *Kiáto* braucht man noch eine

knappe Stunde zu Fuß, doch vielleicht findet sich eine Mitfahrgelegenheit oder ein Taxi.

Touristische Angaben

Ausgangspunkt: Neméa (Wanderung führt nicht zum Ausgangspunkt zurück).
Gehzeiten: 8 Stunden.
Neméa–Ásopos-Fluß: 1 Stunde.
Den Fluß entlang: 3½ Stunden.
Nach Paradísi: 1½ Stunden.
Paradísi–Sikión: 2¼ Stunden.
Verkehrsverbindungen: Busverbindungen Neméa–Korinth–Athen; mehrmals täglich Kiáto–Neméa. Zugverbindung Neméa/Dervenákia–Argos/Korinth; Neméa: Taxi.
Übernachtungsmöglichkeiten: Hotels in Neméa und Kiáto; unterwegs Zelt/Schlafsack.
Verpflegung: Restaurants, Tavernen und Einkaufsmöglichkeit in Neméa und Kiáto.
Sehenswürdigkeiten: Antike Ausgrabungen in Kleónes, Alt-Neméa, Flioús, Titáni, Sikión; Stymphalischer See und Stimfalía.

11 Auf der Festung Akrokorinth

Beste Jahreszeit: das ganze Jahr über möglich.
Gehzeit: 1½ Stunden.
Überaus lohnenswerter Spaziergang mit guter Fernsicht.

Das Gebiet um Korinth ist einer der ältesten Kulturräume Griechenlands. Die Siedlungsgeschichte reicht bis ins 5. Jahrhundert v. Chr. zurück. Die alte Stadt Korinth lag damals nicht am Meer, sondern am Fuß des gewaltigen Felsens von Akrokorinth, von dessen uneinnehmbarer Festung die Landwege auf den Peloponnes übersehen werden konnten. Etwa um 1000 v. Chr. wurde Korinth von dorischen Siedlern gegründet. Man nimmt an, daß Akrokorinth als erstes besiedelt wurde. Der Sage nach war Sisyphos der Gründer von Korinth: Homer hat ihn als Sinnbild des vergeblichen Handelns unsterblich gemacht. Und man kann sich gerade angesichts dieses gewaltigen Felsens gut die Qualen vorstellen, die der Frevler in der Unterwelt erdulden mußte.
Korinth entwickelte sich schon bald zu einer der bedeutendsten Städte Griechenlands; hochwertige Tonvorkommen ließen eine weithin bekannte Keramikindustrie erblühen, Bildhauerei und Erzgießerei erlangten Berühmtheit, die Fruchtbarkeit der Küstenebene und der Handel trugen zum Wohlstand der Stadt bei. Zusammen mit Euböa

Römisches Mosaik im Museum von Alt-Korinth.

und den Kykladen nahm Korinth an der zweiten griechischen Kolonisation teil und gründete unter anderem Siedlungen auf Ithaka, Korfu und Syrakus auf Sizilien. Der erste bekannte europäische Schiffsbaumeister war der Korinther Ameinokles, der 704 v. Chr. für Samos Schiffe auf Bestellung baute. Die Kolonien im Westen und die Produkte des Orients machten Korinth zu einem Zentrum des Handels. Periander (627 bis 585 v. Chr.), einer der sieben Weisen Griechenlands, hatte schon damals die geniale Idee, den Isthmus zu durchstechen, damit die Schiffe direkt vom Saronischen in den Korinthischen

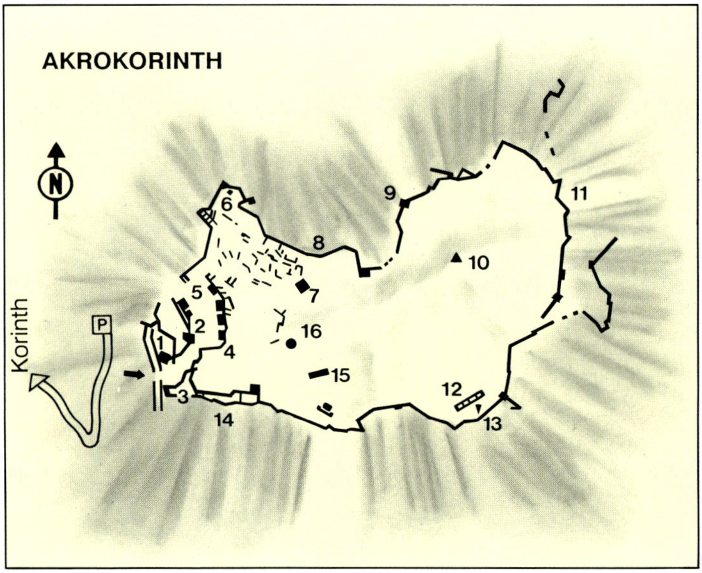

1 *Erstes Tor*
2 *Zweites Tor*
3 *Bastion*
4 *Dritter Mauerring*
5 *Hellenistischer Turm*
6 *Venezianische Batteriestellung*
7 *Türkische Moschee*
8 *Pforte zur Unterstadt*
9 *Höchster Punkt der Mauer*
10 *Ostgipfel*
11 *Ostmauer*
12 *Gebäude des türkischen Festungskommandanten*
13 *Obere Peirene-Quelle*
14 *Frankenburg*
15 *Venezianisches Magazin*
16 *Türkisches Minarett*

Golf fahren könnten. Da die technischen Hilfsmittel seiner Zeit dafür nicht ausreichten, dachte er sich eine andere Lösung aus, den *Diolkos.* Auf einer Art Schienenweg wurden in parallelen Spurrillen Fahrzeuge auf Rädern über den Isthmus gezogen, auf die man die entladenen Schiffe gehievt hatte. Der Aufstieg Athens und die Perserkriege wirkten sich für Korinth verhängnisvoll aus; Piräus entwickelte sich zum bedeutenden Hafen. Im Peloponnesischen Krieg (431 bis 404 v. Chr.) und im Korinthischen Krieg (395 bis 387 v. Chr.) stand Korinth im Spannungsfeld zwischen Athen und Sparta. Unter den Makedoniern gelangte es erneut zu wirtschaftlicher Blüte, versuchte aber wiederholt, sich von ihrer Herrschaft zu befreien. Es wurde Mitglied des Achäischen Städtebunds, hinter den sich die Römer stellten. Der Konflikt mit Rom wurde unausweichlich, am Isthmus wurde die letzte griechische Schlacht ausgetragen, die Stadt Korinth dem Erdboden gleichgemacht. Unter der Herrschaft der Römer gelangte auch das Christentum nach Griechenland; bekannt sind die Reisen des Apostels Paulus und die Briefe an die Korinther. Schwere Erdbeben in den Jahren 375 und 551 n. Chr. und die Eroberung durch Heruler und Goten erschütterten die Stadt. Auf dem Felsen Akrokorinth, aber auch in der Ebene gab es jedoch weiterhin Siedlungen, die den alten Namen weitertrugen.

Der Wegverlauf

Von *Alt-Korinth,* vorbei an Ausgrabungsgelände und Museum, schwingt sich eine Straße (2 km) hinauf zur Festung Akrokorinth. Dort wo der Fahrweg endet, bietet sich uns ein schöner Blick auf die hintereinander gestaffelten Festungsmauern. Über einen von den Venezianern angelegten Graben geht es durch das *erste Tor.* Die Festungsmauern spiegeln Eroberung und Beherrschung des Peloponnes über tausend Jahre wider. Die heute noch sichtbaren antiken Quader aus hellenistischer Zeit stammen aus dem 4. Jahrhundert v. Chr. und bilden die Grundlage der weiteren Aufbauten. Ende des 6. Jahrhunderts n. Chr. wurde die Festungsanlage von Justinian wiederhergestellt. Im 10. Jahrhundert erneuerten sie die Byzantiner und verteidigten sie erfolgreich gegen den Ansturm der Bulgaren. Zweihundert Jahre später fiel sie an die Franken, kehrt wieder in die Hände der Byzantiner zurück, ist zeitweise

Reste einer römischen Ladenstraße in der Unterstadt von Korinth. Die schönste Zeit für Blumenfreunde sind die Monate März bis Mai, wenn auch die steinigsten Böden Blüten treiben.

in den Händen der Florentiner und Johanniter und wird 1458 von den Türken erobert. 1687 kommen die Venezianer, die die Befestigung bis 1715 vor den Türken verteidigen können. In griechische Hände kehrt Akrokorinth endgültig im Jahre 1822 zurück.
Wir durchschreiten das *zweite Tor,* dessen Fundamente byzantinisch sind. Die dritte Umfassungsmauer war der Befestigungsring der Antike, zu erkennen an den großen Steinquadern am Sockel der Fundamente. Wir beginnen unseren Rundgang links bei einer *türkischen Moschee* aus dem 16. Jahrhundert. Auf dem steilen Felsen gegenüber liegen die Reste der 1210 vom fränkischen Geschlecht der Villehardouins erbauten *Frankenburg.* Es lohnt sich, möglichst frühzeitig auf den Berg zu gehen, denn wenn nach Öffnung der Pforten auf dem Ausgrabungsgelände in Alt-Korinth die Touristen in Schwärmen über verwitterte Steinblöcke kraxeln, ist man oben auf der weiten Festungsanlage noch mutterseelenallein. Frühestens mit Öffnung der Pforten (werktags 8.30 Uhr; sonntags 9.30 Uhr) rücken die Buskolonnen in Alt-Korinth an, doch nur wenige wagen es, anschließend noch Akrokorinth ans Programm zu hängen.
Wir haben den Berg zweimal besucht: einmal in der trockenen Jahreszeit, wo Brauntöne, dürre Gräser und Disteln überwogen, und einmal an einem wunderschönen Frühlingstag Ende März, wo alles grünte, Traubenhyazinthen und Kamille blühten und sich in den gelben Blütenständen der Euphorbien das milde Sonnenlicht brach. Wer die griechische Natur mit ihrem Artenreichtum nie im Frühjahr erlebt hat, hat eines der Wunder dieses Landes versäumt.
Beim Aufstieg auf den höchsten Punkt des Berges hat man einen schönen Tiefblick auf die dichtbesiedelte Küste am Golf von Korinth, auf die schneebedeckten Berge des Kilíni im Westen, auf Korinth und den gut erkennbaren Isthmus. Den Kanal selbst wird man aber nicht sehen können, da er tief eingeschnitten ist. Vom *höchsten Punkt* (575 m, Zementsäule) können wir weitergehen zur östlichen Befestigungsmauer und abwärts zum südlichen Umgrenzungsring. Hier treffen wir auf das langgestreckte Gebäude des türkischen Festungskommandanten. Darunter befindet sich die sogenannte *obere Peiréne-Quelle,* eine Zisterne, die wahrscheinlich Anfang des 3. Jahrhunderts v. Chr. von den Makedoniern angelegt wurde. Vom oberen südlichen Becken, das als Zisterne diente, führen 25 Stufen hinab auf den Grund des nördlichen Beckens, in welches drei Quellen fließen.
Am westlichen Ende steht die schon erwähnte *Frankenburg.* Wenn wir etwas auf dem Bergsattel zurückgehen und dann absteigen, kommen wir an einem *venezianischen Magazin* und etwas weiter abwärts am Stumpf eines *türkischen Minaretts* vorbei. Neben diesem befindet sich eine byzantinische Zisterne aus der Zeit Justinians. Als wir nach dem Durchschreiten der Tore wieder außen am Parkplatz angekommen sind, werfen wir noch einmal einen Blick zurück auf die Festung, wo wir in weniger als zwei Stunden dreitausend Jahre griechische Geschichte erfahren haben.

Touristische Angaben

Ausgangspunkt: Alt-Korinth (Wanderung führt zum Ausgangspunkt zurück). Vom Ausgrabungsgelände in Alt-Korinth eine halbe Stunde bis Akrokorinth oder besser mit Taxi.
Gehzeiten: Ca. 1½ Stunden.
Verkehrsverbindungen: Busverbindung von Korinth nach Alt-Korinth; Bus von Korinth nach Patras, Athen, Argos, Neméa; Zugverbindung von Korinth nach Patras, Athen, Argos und weiter; Taxis in Korinth und Alt-Korinth.
Übernachtungsmöglichkeiten: Hotels in Korinth; Zimmer in Alt-Korinth; Campingplatz in Korinth.
Verpflegung: Mehrere Restaurants, Tavernen und Cafés sowie Einkaufsmöglichkeit in Alt-Korinth.
Sehenswürdigkeiten: Akrokorinth; Ausgrabungen und Museum in Alt-Korinth; Kanal von Korinth; Ausgrabungen in Íreo bei Peraхóra, Isthmía, Kehriés (alter Hafen von Korinth), Sikión, Loutráki.
Sonstiges: Sektion des griechischen Bergsteigervereins in Korinth (s. Anhang).

Blick über die Festungsmauern von Akrokorinth auf den dicht besiedelten Küstenstreifen am Golf von Korinth.

Der Westen, die Mitte und der Osten: Wanderungen in Elis, Arkadien und der Argolis

12 Von Lála nach Olympia

Beste Jahreszeit: Frühjahr bis Herbst (im Winter ist der Bach, der sich mit der Straße teilweise das Bett teilt, nicht passierbar).
Gehzeit: 3 Stunden.
Einfache, stetig abwärts führende Wanderung in hügeliger Landschaft.

Zu unserem Ausgangsort Lála gelangt man am besten mit dem Taxi von Olympia aus (ca. 10 DM) oder mit dem Bus über Lámbia.

Der Wegverlauf

Kurz vor dem südlichen Ortsende von *Lála,* wo ein Wegweiser nach *»Krionéro/Helidóni«* weist, führt ein Weg zwischen der Asphaltstraße nach Olympia und der Schotterstraße nach Krionéro eine in südöstlicher Richtung verlaufende Senke abwärts. Die Wanderstrecke verläuft fast durchweg in dieser Richtung. Nach einer Viertelstunde erscheinen links hintereinander zwei *Pumpenhäuschen.* Rechts von uns fließt ein *Bächlein.* Wir stoßen auf die Schleife einer Schotterstraße und entscheiden uns für die linke Seite. Etwa fünf Minuten später kommt wieder eine Schleife des Fahrwegs, bei der wir uns für die rechte Seite entscheiden. Rechts, auf der anderen Seite des Tals, werden die Häuser des Dorfes *Pódo* sichtbar. Eine weitere Abzweigung des Fahrwegs nach rechts, die wahrscheinlich zu dem erwähnten Dorf hinaufführt, bleibt unberücksichtigt, und wir gehen leicht ansteigend geradeaus weiter.
Doch bald schon senkt sich der Weg. Die Landschaft um Olympia ist ziemlich hügelig mit relativ viel Kiefernbestand. Dort, wo das Erdreich hervortritt, erscheint es lehmartig fahl. Jetzt wieder eine *Weggabelung.* Links zieht ein Weg an einem Stacheldrahtzaun entlang zu einem Zitrushain. Wir gehen jedoch geradeaus weiter unter den Kiefern hindurch. Hier scheint es vor nicht allzu langer Zeit gebrannt zu haben, so daß ein Teil des Kiefernwaldes vernichtet wurde. Der Weg führt uns durch eine *Furt* und folgt dann dem Bach. Möglicherweise ist dieser im Sommer ausgetrocknet. Im Moment jedenfalls kreuzen sich Bach und Schotterweg noch des öfteren, und wir springen im Zickzack, so daß wir noch jedesmal trockenen Fußes hinüberkommen. Vor jedem Sprung rettet sich ein halbes Dutzend Frösche ins Wasser. Zu guter Letzt würde nur Schuheausziehen helfen, doch das ist nicht notwendig.
Nach gut zwei Stunden erscheinen links über uns die Häuser des Dorfes *Kládeos,* zu dem wir hochsteigen. Würden wir jetzt zur Gruppe eines Schweizer Wanderreiseveranstalters gehören, könnten wir bequem in den bereitstehenden Pullman steigen und Schusters Rappen bliebe uns erspart, denn das letzte Wegstück (3 km) besteht aus einer Asphaltstraße, allerdings mit wenig Verkehr.
Nach einer Viertelstunde erreichen wir das Dorf *Mágira,* nach einer weiteren halben Stunde *Koskina.* Jetzt gibt es zwei Möglichkeiten, nach Olympia zu kommen: entweder auf der Asphaltstraße und dann auf der von Pírgos kommenden Einfallstraße (ziemlich verkehrsreich). Oder man geht links an der Kirche vorbei die Zementstraße aufwärts, die durch Weinfelder führt und sich bei einem Häuschen gabelt. Der rechte Ast bringt uns an der Schule vorbei zu den schon in Reichweite liegenden Häusern von Olympia. Zeitlich sind die Varianten ziemlich gleich (20 Minuten).
Jetzt kehren wir erst einmal ein. Die Schwärme von Touristen treffen uns wie die Keule des Zeus, dem das Heiligtum von Olympia geweiht war. Der Verkehr stockt in der schmalen Durchgangsstraße, in der sich Souvenirladen an Souvenirladen reiht. Trotzdem hat der Ort etwas Einladendes an sich; viele

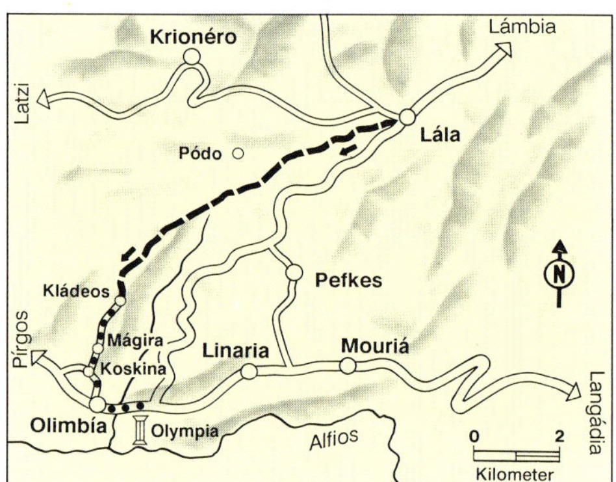

Vorhergehende Abbildung:
Um die Altis, den heiligen Kultbezirk in Olympia, gruppierten sich zahlreiche Bauten. Besonders gut erhalten sind die wiederaufgerichteten Säulen der Palästra.

Oben:
Der überwölbte Eingang in Olympia, durch den die Athleten ins Stadion einliefen.

Restaurants und Cafés sind von Maulbeerbäumen oder Weinranken überwachsen. Einen griechischen Kaffee bekommen wir nicht, weil daran nichts verdient wird, dafür einen Cappuccino zum entsprechenden Preis.
Das antike Ausgrabungsgelände und das Museum liegen östlich außerhalb des Dorfes. Olympia, das von einer meterhohen Schicht aus Sand und Ton bedeckt war, wurde durch französische und englische Reisende im 18. Jahrhundert entdeckt. Die Franzosen entsandten denn auch im Gefolge der Truppen, die die Griechen in ihrem Freiheitskampf unterstützten, Archäologen mit. Die entscheidenden Freilegungen begannen aber unter Leitung der deutschen Archäologen Ernst Curtius und Friedrich Adler in den Jahren 1875 und 1881. Seitdem standen die Ausgrabungen unter maßgeblicher Leitung des Deutschen Archäologischen Instituts.
Die Gegend um Olympia war schon seit frühester Zeit besiedelt und gehörte zum Gebiet der Pisaten, deren König Oinomaos als unbesiegbar galt. Pelops, der Sohn des lydischen Königs Tantalos und Liebling des Poseidon,

war ganz scharf auf die hübsche Tochter des gefürchteten Königs. Ihn zu besiegen fehlte ihm die Kraft, so blieben ihm nur List und Mord. Er bestach Myrtilos, den Wagenlenker des Königs, und trug ihm auf, die Splinte, die die Räder an den Naben hielten, durch Wachsstifte zu ersetzen. Während des Rennens lösten sich die Räder vom Wagen des Königs, und dieser wurde von seinen Pferden zu Tode geschleift. Den Mitwisser Myrtilos schaffte Pelops anschließend aus der Welt. Bevor jener starb, verfluchte er den Pelops mitsamt seinem ganzen Geschlecht (Atriden-Fluch). Pelops übernahm jetzt die Herrschaft über die Pisaten und dehnte sie bald auf den ganzen Peloponnes aus, der auch von ihm den Namen erhielt.

Der Zeuskult kam wahrscheinlich erst später durch Einwanderer aus dem Norden nach Olympia, die den Ort, in Anlehnung an den Wohnsitz des Gottes auf dem heiligen Berg Olymp, so benannten. Zum Zeuskult gehörte ein Aschenaltar, d.h. aus der Asche der Brandopfer wurde die Zukunft gedeutet. Die berühmten olympischen Wettkämpfe fanden zusammen mit den Feiern zu Ehren von Zeus statt, von dem die Sage berichtet, er habe die Spiele selbst gegründet. Am Anfang der Spiele standen die Wettbewerbe im Stadionlauf, später auch im Dauerlauf, im Fünfkampf (Laufen, Ringen, Springen, Speer- und Diskuswerfen), im Ringkampf und Wagenrennen. Verheirateten Frauen war die Anwesenheit bei den Olympischen Spielen nicht gestattet, nur Mädchen durften zuschauen.

Die systematische Aufzeichnung der Olympischen Spiele begann 776 v. Chr. Ab diesem Datum begann die Zeitrechnung in Olympiaden, und es wurde eine Liste sämtlicher Sieger der in vierjährigem Abstand stattfindenden Spiele geführt. Die Spiele dauerten jeweils fünf Tage, in den Sommermonaten August/September um die Zeit des Vollmonds. Im Jahre 676 v. Chr. bekamen die Spiele panhellenischen Charakter und 576 v. Chr. erlangten sie ihre größte Berühmtheit. Kurz vor Beginn der Spiele schwärmten Sonderboten überallhin aus, um den Beginn des heiligen Waffenstillstandes zu verkünden. Tausend Jahre lang fanden die Spiele ohne Unterbrechung statt. Unordnung in den olympischen Kalender brachte einst der römische Kaiser Nero, der voller Ungeduld die Spiele um zwei Jahre vorverlegen ließ, um sich selbst sechsmal zum Sieger ausrufen zu lassen. Seit der Einführung des Christentums wurden die Heiligtümer abgebaut, die Spiele aber fortgesetzt. Theodosius der Große räumte dann endgültig auf mit dem heidnischen Spektakel und ließ die Spiele verbieten. Im Jahr 426

1 Gymnasium
2 Östliche Stoa des Gymnasiums
3 Palästra
4 Theokoleon
5 Heroon
6 Werkstatt des Phidias
7 Frühchristliche Basilika
8 Leonidaion
9 Südliche Stoa
10 Bouleuterion
11 Stoa Echous
12 Stadion
13 Schatzhäuser
14 Nymphäon
15 Metroon
16 Tempel der Hera
17 Prytanion
18 Heratempel, Stützmauer
19 Philippeion
20 Pelopion
21 Tempel des Zeus
22 Basis der Nike des Päonios
23 Peribolos der Altis

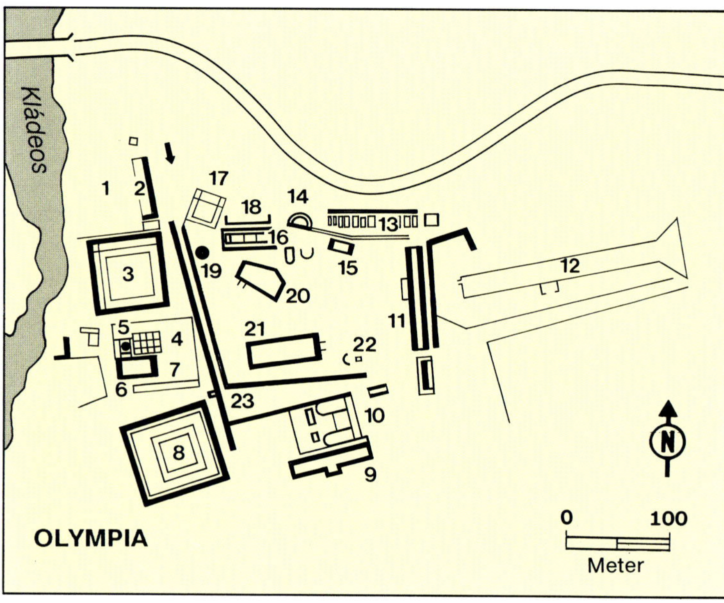

n. Chr. befahl sein Nachfolger Theodosius II. die vollständige Zerstörung der Götzentempel und des Heiligtums. Erdbeben und Überschwemmungen der Flüsse Kládeos und Alfíos taten ihr übriges und ließen die Reste der einstigen Stätten und den olympischen Gedanken versinken. Erst der Franzose Pierre de Coubertin hat ihn 1894 wieder ins Leben gerufen. 1896 fanden die ersten Olympischen Spiele der Neuzeit in Athen statt.

Touristische Angaben

Ausgangspunkt: Lála, ca. 16 km von Olympia entfernt (Wanderung führt nicht zum Ausgangspunkt zurück).
Gehzeiten: Ca. 3 Stunden.
Lála–Kládeos: 2 Stunden.
Kládeos–Olympia: 1 Stunde.
Verkehrsverbindungen: Bus oder Taxi von Olympia nach Lála; Bus von Patras über Pírgos nach Olympia oder Bus von Tripolis über Langádia nach Olympia; mit der Eisenbahn: Athen–Patras–Pírgos–Olympia; Taxis in Olympia.
Übernachtungsmöglichkeiten: Hotels in Olympia; Jugendherberge; Campingplatz.
Verpflegung: Mehrere Restaurants und Cafés sowie Einkaufsmöglichkeit in Olympia.
Sehenswürdigkeiten: Antikes Ausgrabungsgelände und Museum.

13 Von Andrítsena zum Apollotempel in Vásses

Beste Jahreszeit: Frühjahr bis Herbst; sofern es das Wetter zuläßt, auch im Winter; im Sommer sehr heiß.
Gehzeit: 3 Stunden.
Zum Teil markiert.
Unschwierige Wanderung in einsamer Landschaft zu einem der schönsten Tempel der klassischen Zeit.

Der Apollotempel von Vásses ist ohne Übertreibung eines der schönsten Zeugnisse hellenistischer Tempelbaukunst überhaupt. Er ist aus dem grauen Kalkstein der Gegend gebaut und überragt eindrucksvoll die karge Landschaft. Er gehört zu den antiken Bauwerken, die am besten erhalten sind, und er ist deshalb bemerkenswert, weil er alle drei Stile, den dorischen, ionischen und korinthischen, in sich vereint. Dieser abgelegene Tempel, der erst 1765 entdeckt wurde, ist ein Werk des Architekten Iktinos, der auch das Parthenon auf der Akropolis in Athen erbaute. Er wurde zu Ehren des Apollon Epikourios um 420 v. Chr. errichtet, zum Dank für die Errettung aus einer Choleraepidemie während des Peloponnesischen Krieges.
Nicht nur der griechische Schriftsteller Pausanias, der im 2. Jahrhundert n. Chr. seine Reiseberichte verfaßte, hat ihn aufgesucht, der Tempel gehörte auch zu den Reisezielen des Fürsten Pückler-Muskau im letzten Jahrhundert.
Es gibt zwei Möglichkeiten für die Wanderung: Man läßt sich mit dem Taxi zum Tempel fahren und läuft dann zurück bis Andrítsena, das etwas tiefer liegt, oder man beginnt die Wanderung in Andrítsena und stößt dann auf den Tempel. Wer nicht denselben Weg zurücklaufen will, kann sich ein Taxi dorthin bestellen. Wir beschreiben den Weg von Andrítsena zum Tempel von Vásses.

Der Wegverlauf

Unser Ausgangspunkt ist das *Postamt in Andrítsena.* Gegenüber beginnt eine Betonstra-

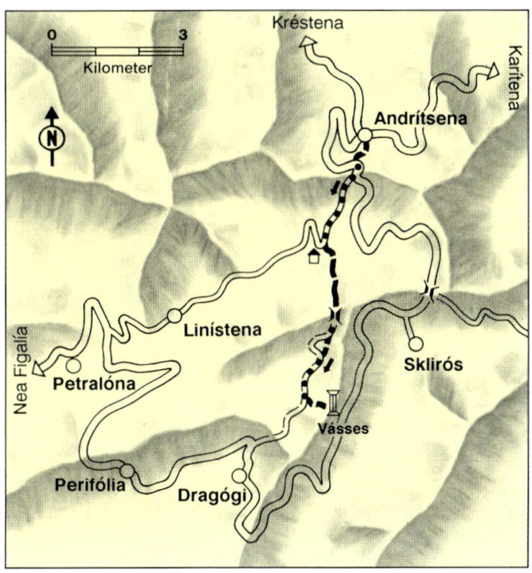

ße aufwärts zum Friedhof. Von hier verläuft ein Schotterweg unter der *Telefonleitung* weiter aufwärts bis zur Asphaltstraße (15 Minuten) nach Vásses. Wir gehen die Straße 100 Meter abwärts bis zum *Wegweiser nach Linístena.* Die Schotterstraße führt ein Stück aufwärts über einen Bergrücken, dann abwärts neben einem platanenbestandenen Bach. Von der Straße aus können wir schon bald ein ziegelgedecktes *Häuschen* erkennen, daneben ein Gehöft. Von hier zieht sich eine Talrinne links aufwärts zu einer Bergkuppe und einem Wäldchen.

Vor dem bereits erwähnten ziegelgedeckten Häuschen macht der Fahrweg eine große Kurve nach rechts unten. Am Beginn der Kurve läuft ein Fahrweg weiter geradeaus. Hier gehen wir hinab in den mit Platanen und Steineichen bewachsenen *Talgrund,* wo wir einen Bach überqueren und dann geradeaus auf einem Schotterweg aufwärts steigen. In das vordere Blickfeld sind jetzt die Bergkuppe und das danebenliegende Wäldchen gerückt. Unser Pfad führt auf der linken Seite des Taleinschnittes aufwärts. Zwischendurch geht es eine Zeitlang über Schieferkies weiter aufwärts bis kurz unterhalb des *Wäldchens.*

Vom Paß führt links ein Feldweg abwärts, um ein Eichenwäldchen herum, bis eine *Brücke* passiert wird, von der es dann wieder aufwärts geht. Etwa 150 Meter nach der Brücke biegen wir vom Feldweg nach links oben auf einen Weg ab, der gleich ziemlich steil wird, um eine große Schleife des Fahrwegs abzukürzen. Wir folgen dem Fahrweg immer weiter nach oben, bis links nach einiger Zeit eine *Quellfassung* mit einer Tränke kommt. In einem Linksbogen führt der Fahrweg auf die Höhe des Berges, an terrassierten Feldern mit Walnußbäumen vorbei, wobei wir auf eine Quelle treffen, die schon Pausanias erwähnt hat. Direkt bei der *Quelle* beginnt ein Weg, auf dem man in einer Viertelstunde hinauf zum *Apollotempel von Vásses* gelangt.

Leider blieb uns die Enttäuschung nicht erspart: Eines der schönsten Zeugnisse hellenistischer Tempelbaukunst war ganz und gar eingepackt und soll renoviert werden. Offenbar ist es die letzte Möglichkeit, den durch und durch von Rissen durchzogenen Tempel zu retten. Es wird wohl noch eine Weile dauern, bis diese Arbeiten abgeschlossen sind. Die Einsamkeit des Tempels über der abgelegenen Bergwelt scheint vorerst dahin. In der Hoffnung, daß dieses Buch die Restaurierungsarbeiten des Apollotempels überdauert, haben wir trotzdem diese Tour aufgenommen. Falls jemand den Weg in umgekehrter Richtung vom Apollotempel nach Andrítsena gehen möchte, geben wir kurz die wichtigsten Anhaltspunkte. Der Weg wurde in dieser Richtung von einem Wanderreiseveranstalter markiert.

Vom Tempel absteigend kommt man zu dem schon von Pausanias erwähnten Brunnen und trifft auf einen Feldweg, den man nach rechts unten einschlägt, bis er eine Brücke quert und dann leicht ansteigend auf der rechten Seite eines Eichenwäldchens wieder aufwärts führt bis zu einem Paßübergang. Vom Paß sieht man weit unten ein ziegelgedecktes Häuschen und direkt dahinter eine Schotterstraße zu einem anderen Paß, hinter dem Andrítsena liegt. Dies ist die Richtung des Wegverlaufes.

Der Apollotempel in Vásses ist eines der schönsten Zeugnisse hellenistischer Tempelbaukunst (Archivaufnahme). Wegen Restaurierungsarbeiten hat man ihn für einige Jahre »verpackt«.

Touristische Angaben

Ausgangspunkt: Postamt in Andrítsena (Wanderung führt zum Ausgangspunkt zurück, wenn man den gleichen Weg als Rückweg benutzt).

Gehzeiten: 3 Stunden.
Andrítsena–Paß (Bergkuppe/Wäldchen): 1½ Stunden.
Paß–Apollotempel: 1½ Stunden.
Rückweg: 2½ Stunden.

Verkehrsverbindungen: Bus von Megalópoli nach Karítena und Andrítsena; Taxi in Andrítsena.

Übernachtungsmöglichkeiten: Hotels in Andrítsena.

Verpflegung: Restaurants, Kafeníon und Einkaufsmöglichkeit in Andrítsena.

Sehenswürdigkeiten: Ausgrabungen in Vásses, Figália, Likósoura, Líkeo; Burg in Karítena; Klöster Filosófou und Prodrómou in der Loúsios-Schlucht.

14 Zwischen arkadischen Dörfern
Von Langádia nach Lefkochóri

Beste Jahreszeit: Frühjahr und Herbst; während des ganzen Jahres möglich.
Gehzeit: 1½ Stunden.
Unschwierige, über einen Bergrücken führende Wanderung in reizvoller Landschaft.

Von unserem Ausgangspunkt Olympia fahren wir zuerst im Tal des Alfíos nach Osten, überqueren dann den Fluß Erímanthos und fahren das Tal des Ládon-Flusses aufwärts. Die Bergstrecke durch Arkadien über die Dörfer Langádia, Dimitsána, Stemnítsa, Karítena, Andrítsena gehört zu den schönsten auf dem Peloponnes. 65 Kilometer nach Olympia kommen wir im Dorf Langádia an, dessen Häuser sich über und unterhalb der Straße an den Berg lehnen.
Entlang der engen Ortsdurchfahrt gibt es einige schattige Restaurants zum Verweilen. Da das Dorf auf 1040 Meter Höhe liegt, gehört unsere Wanderung zu den Touren, die auch im Sommer unter erträglichen Umständen zu machen sind. Im Frühjahr, wenn der Ginster blüht, dürfte sie noch schöner sein.

Der Wegverlauf

Wir beginnen unseren Weg an der *Kirche bzw. der Post* und gehen links davon die Stufen aufwärts, an einem *Pantopoleíon* (Kramerladen) vorbei und dann nach links. Wir passieren erneut eine Kirche, um dann an der *Odos Delijanni* ganz nach oben zu steigen. Dann biegen wir nach links und gelangen auf der obersten, horizontal verlaufenden Straße zu den letzten Häusern am westlichen oberen Rand von Langádia. Bis hierher sind es 20 Minuten über drei- bis vierhundert Treppenstufen. Der Weg führt an einem alten, mit einem schönen Rundbogengewölbe überzogenen *Brunnenhaus* vorbei und verläuft von nun an über einen nach *Lefkochóri* hinabziehenden Bergrücken, von dem wir eindrucksvolle Fernsichten haben. Obwohl es Sommer ist, weht ein leichter Wind; das Schrillen der Zikaden bildet den musikalischen Hintergrund.
Patrick Leigh Fermor beschrieb dieses betäubende Geschrill einmal als rhythmische, schabende, metallische Wellen, gleich dem Dröhnen wildgewordener Maschinen in einer riesigen Fabrik – das elektrische Gerassel unzähliger Starkstromdynamos, die alle in ziellosem Durcheinander zusammenstimmen. Auch Erhart Kästner widmet den Zikaden in seinem Buch »Ölberge, Weinberge« ein eigenes kleines Kapitel: »Man läuft über die hellheißen Fluren und ist umtost von Zikadengeschrill. Tausendfach kleine Freundschaft. Man gerät aus dem einen Schallbereich in den andern; manchmal weiß man nicht mehr, woher der Schall kommt. Das Zikadengeschrill ist Ohrensausen im Außersichsein der Landschaft, im Mittagsrausche des Lichts. Denn sie singen nicht wie die Grillen am Abend, sondern in den heißesten Stunden. Sie sind dem Apollon heilig, die Kleinen; als Anbeterinnen muß man sie sehen. Hingerissene sind sie, mittägliche Hymnikerinnen. Sie leben von Baumsäften, die sie sich erbohren. Aber der Saft hat sie scheints trunken gemacht. Wenn man so läuft, selbst außer sich vor Mittagshitze und Licht, wird es mit einem Mal still, wie auf den Schlag. Dann erzeugt das Ohr einen Nachhall aus sich. Und wie auf ein Zeichen schmettern sie wieder, von allen Seiten, ihren Sonnengesang in ergriffenen Chören.«
Nach einer knappen halben Stunde kommen wir zu einem schönen, neugefaßten *Brunnen* neben einer Platane. Wir entscheiden uns hier für eine Verschnaufpause, denn dies ist der höchste Punkt unserer Wanderung. Dann führt der breite Weg mäßig über den Bergrücken abwärts. Gegen Norden können wir über die weite Hügellandschaft hinweg auf die in der Ferne liegenden Gebirgsketten des Erímanthos blicken. Unser Weg folgt im wesentlichen der *Telegraphenleitung.* Nach ca. einer Stunde wird der Weg schmaler und führt durch Eichengehölz und Ginsterbüsche

Auf der Fahrt von Olympia nach Langádia überqueren wir das Flußtal des Erímanthos.

Über vierhundert Treppenstufen muß man bis zu den oberen Häusern von Langádia steigen.

Die über den Hang verteilten Häuser von Langádia.

weiter abwärts, bis er sich hohlwegartig eingräbt.
Nach 1½ Stunden sind wir bei einer *Kapelle* angelangt, an der wir geradeaus (wie die Telegraphenleitung) weitergehen und nach fünf Minuten bei den obersten Häusern von *Lefkochóri* ankommen.

Touristische Angaben

Ausgangspunkt: Langádia, auf schöner Bergstrecke, 65 km nordöstlich von Olympia (Wanderung führt nicht zum Ausgangspunkt zurück – aber gute Verkehrsverbindung).
Gehzeiten: 1½ Stunden.
Langádia/Straße–oberes Dorfende: 20 Minuten.
Weg bis Lefkochóri auf Bergrücken: 1¼ Stunden.
Verkehrsverbindungen: Bus von Pírgos/Olympia–Trípolis.
Übernachtungsmöglichkeiten: Hotels und Zimmer in Langádia.

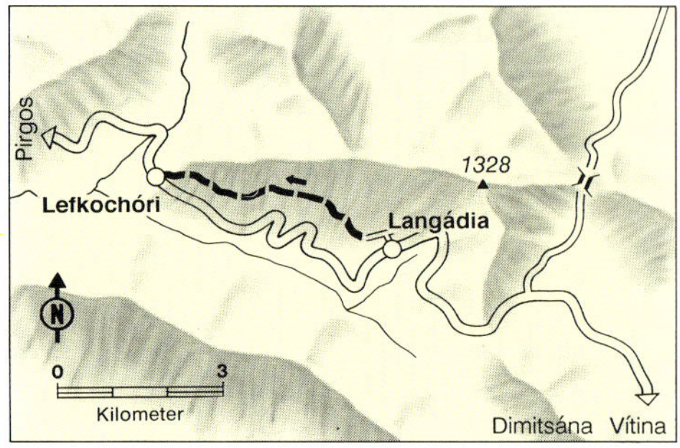

Verpflegung: Einkaufsmöglichkeit in Langádia; Tavernen und Restaurants in Langádia und Lefkochóri.
Sehenswürdigkeiten: Dörfer der Bergstrecke Langádia–Dimitsána–Andrítsena; Klöster Moni Filosófou und Moni Prodrómou; fränkische Festung in Karítena; Olympia; Apollotempel in Vásses.

15 Wo die Zeit stehenblieb: Von Dimitsána zu den Klöstern Moni Filosófou und Moni Prodrómou

Beste Jahreszeit: Frühjahr und Herbst; während des ganzen Jahres möglich; im Sommer sehr heiß.
Gehzeit: 4½ bis 6 Stunden.
Landschaftlich eindrucksvolle, nicht allzu schwierige, ein wenig Ausdauer verlangende Wanderung mit photogenen Punkten.

Wenn wir von Langádia kommen, erreichen wir nach 18 Kilometern das Bergdorf Dimitsána, unter dem der Loúsios fließt, der dann einige Kilometer später in einer atemberaubenden Schlucht unterhalb der Klöster Filosófou und Prodrómou seinen Weg zum Alfíos sucht.
Dimitsána ist ein Bergdorf, in dem die Zeit stehengeblieben zu sein scheint. Die alten Häuser, Läden und Kafeníons machen den

In dem Bergdorf Dimitsána über der wildromantischen Schlucht des Loúsios scheint die Zeit stehengeblieben zu sein. Nicht einmal den Türken gelang es, das Dorf zu erobern.

Eindruck, als ob es hier vor dreißig Jahren nicht anders ausgesehen habe. In einer Psistaria (Grill) sitzen Hirten, Bauern, schweigsame alte Männer und Frauen zusammen mit schwarzgekleideten Popen, deren Tisch schon eine Ansammlung von Bierflaschen aufweist. Eine beträchtliche Zahl Holzspießchen ist über den Tisch gestreut, man redet, trinkt und wartet auf den Wirt, um noch einmal soviele Souvlakispieße zu bekommen. Zum ersten Mal habe ich hier ein befremdliches Gefühl, nicht allein deshalb, weil meine Kleidung hier den einzigen Farbklecks in das Lokal bringt, nein, es ist nicht das Exotische, sondern das Gefühl, in einem anderen Zeitalter gelandet zu sein. Es dauert geraume Zeit, bis der Wirt mir meine Spießchen bringt, ich trinke mein Bier nicht zu Ende, es ist eiskalt, draußen fällt ein leichter Nieselregen, und eigentlich wäre mir ein Glas Wein lieber gewesen. Aber wie haben sich die Zeiten in Griechenland doch geändert! Und in Dimitsána blieb die Zeit stehen und auch wieder nicht.

Während der türkischen Herrschaft war Dimitsána ein geheimes griechisches Studierzentrum. Dank seiner Abgeschiedenheit konnte es sich rühmen, nie von Türken betreten worden zu sein. Im Ort gab es auch eine »Geheime Bibliothek«, von der noch ein Teil im Rathaus zu sehen ist. Bischof Germanos, der 1821 das Signal zum Aufstand gegen die Türken gab, hat hier studiert. Sein Haus kann man heute noch sehen.

Der Wegverlauf

Wir verlassen das Dorf, an dessen Ende ein Schild nach rechts zum Dorf *Paläochóri* (3 km) weist. Hier ist unser Ausgangspunkt. Wir durchschreiten das Dorf und gehen bei einer Abzweigung nicht hinab in die Schlucht, sondern um eine Steinmauer links herum, auf die mit roter Farbe ein *Pfeil* gemalt ist und *»E1«*. Zwischen Mais und Bohnen führt unter Walnußbäumen ein alter *Maultierweg* abwärts. Ein Stück weit teilt der Weg seinen Verlauf mit herabrinnendem Wasser, wird aber bald wieder gut begehbar. Wir kommen jetzt dem Flußbett des Loúsios näher und überqueren diesen am Flußgrund auf einer *Bogenbrücke.* Ab hier beginnt ein Fahrweg aufwärts, den wir jetzt einschlagen. Beim Hochgehen haben wir noch einmal einen herrlichen Blick auf die Häuser des Dorfes Dimitsána, die sich kaum von der Struktur des Berges abheben. Als wir um die Kurve biegen, bietet sich uns ein gewaltiger Anblick: das *Kloster Filosófou* am Rand einer mächtigen Schlucht. Gegenüber hängt das Kloster Moni Prodrómou wie ein Schwalbennest in den senkrechten Felsen. Obwohl die Schlucht steilwandig und eingeschnitten ist, ist sie üppig grün eingewachsen.

Irgendwie haben religiöse Stätten wie Klöster oder Heiligtümer, seien es nun hellenistische oder römische, Bauwerke der Tibeter, Inkas oder der Byzantiner, eines gemeinsam: sie liegen zumeist in einer landschaftlich umwerfenden Kulisse. Nach etwa einer halben bis dreiviertel Stunde ab der Brücke heißt es achtgeben, damit man die Abzweigung zum

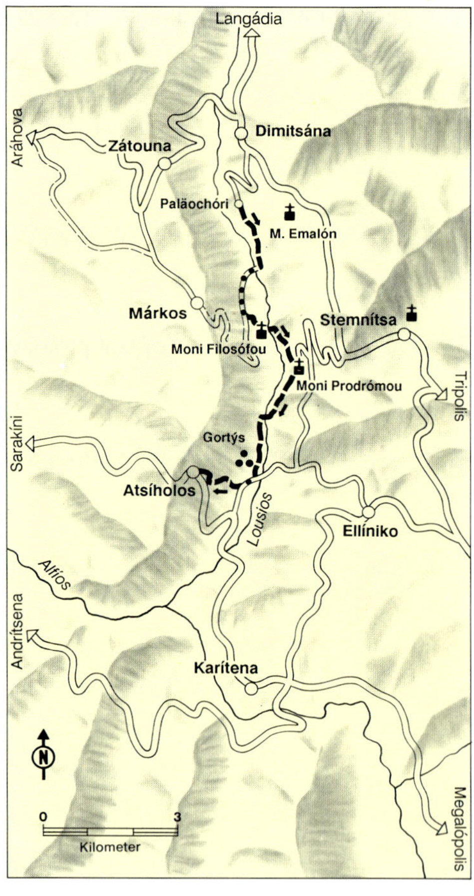

Das verlassene Filosófou-Kloster wurde 963 gegründet, aber im 17. Jahrhundert erneuert.

Kloster Filosófou nicht verpaßt! Vom Fahrweg biegt links ein Feldweg nach unten ab, von dem nach fünf Minuten gleich wieder ein Pfad nach links unten wegführt. Auf ihm kommen wir kurz darauf beim verlassenen *Kloster Moni Filosófou* an. Es heißt, daß das Kloster im Jahre 963 vom Kanzler des Kaisers Nikephóros Phokás, Johannes Lombardópoulos, mit dem Beinamen »der Philosoph«, gegründet wurde, gleichzeitig mit der Megiste Lávra, dem ältesten der Athos-Klöster. Im 17. Jahrhundert wurde es erneuert und erlangte durch seine Theologenschule Berühmtheit.

Der Hof des Klosters ist ein schöner Platz für eine Rast und wir genießen eine Weile die Einsamkeit dieses stillen Ortes. Dann verlassen wir das Kloster auf einem Pfad abwärts. Bei einer *Weggabelung* zweigt rechts aufwärts ein Pfad zu den unter Felshängen liegenden ursprünglichen Behausungen des Filosófou-Klosters ab. Nach diesem Abstecher kehren wir auf unseren Weg zurück und treffen bald auf eine kleine *Brücke* über einer tosenden Klamm, durch die sich der Loúsios zwängt. Dann führt ein schattiger Weg aufwärts zum *Täuferkloster,* das mehr den Eindruck eines Bauernhofes unter Felswänden macht. Da sind Gehege, in denen sich miteinander Geflügel und Kaninchen tummeln; Maultiere, Schafe und Ziegen laufen über den Weg.

Das *Kloster Moni Prodrómou* hängt eindrucksvoll und abenteuerlich zugleich, umgeben von dickstämmigen Zypressen, unter den senkrecht abfallenden Felsen dieser einmalig schönen Schlucht. Wohn- und Wirtschaftsgebäude des Klosters kleben wie Schwalbennester unter Felsüberhängen, wirken improvisiert zwischen die Felsen geklemmt, und man wundert sich, daß noch nichts heruntergekracht ist. Das »Täuferkloster« ist nicht so alt wie sein Gegenüber, das »Philosophenkloster«. Seine Gründung scheint erst im 16. Jahrhundert erfolgt zu sein, obwohl die Fresken im Innern zwischen dem 14. und 16. Jahrhundert datiert werden. Das Innere des Bauwerks wirkt in dem Maße geheimnisvoll, wie das Äußere abenteuerlich ist. Durch einen Felsengang gelangt man über aus dem Stein geschlagene Stufen ins Zentrum, zu der Felshöhlung, die anscheinend einst die Urzelle des Klosters war. Über dem davorliegenden Kirchenraum ist das Gebeinhaus zu besichtigen, in dem die Schädel der verstorbenen Mönche, mit Nummern versehen, aneinandergereiht sind. Nachdem wir der dumpfen Atmosphäre des Innern le-

Das Prodrómou-Kloster in den Felswänden der Loúsios-Schlucht.

dig sind, machen wir uns wieder auf den Weg. Jetzt müssen wir uns für den Weiterweg entscheiden:

1. Vom Prodrómou-Kloster über Atsíholos nach Karítena:

Vom *Tor* des Felsenklosters gehen wir ca. 50 Meter abwärts (in der Richtung des Weges zum Parkplatz), bis bei Zypressen ein breiter *Maultierweg* nach unten abbiegt. Dieser bringt uns hinab ins Flußbett des *Loúsios,* über den eine *Holzbrücke* führt. Auf der anderen Flußseite gehen wir weiter und stoßen ein wenig später auf eine andere *Brücke,* über die ein Fahrweg führt, der von Ellíniko herabkommt (4 km). Neben der Brücke liegt das alte byzantinische *Kirchlein Ágios Andréas,* dessen Datierung zwischen dem 10. und 14. Jahrhundert schwankt. Dahinter sind weit über das Gelände verstreut die Überreste der antiken Stadt Gortýs. Wenige Meter oberhalb der Brücke hat man die ehemalige Badeanlage ausgegraben.

Wir folgen dem Pfad, der von der Brücke flußabwärts den Loúsios entlang verläuft, queren die von rechts heraustretende *Nordschlucht* und wandern einen Weg aufwärts in südwestlicher Richtung. Nach einer Viertelstunde treffen wir auf einen breiteren *Fahrweg,* der in derselben Richtung bis zum Dorf Atsíholos führt. Bei einer Begrenzungsmauer, die rechts des Fahrweges kommt, zweigt dann nach oben ein *Maultierpfad* ab, der die Kehren der Straße abkürzt. Die Straße von

Brücke über den Lóusios bei der antiken Stadt Gortýs.

Atsíholos nach Karítena ist asphaltiert; es empfiehlt sich, nach einer Mitfahrgelegenheit zu schauen.

2. Vom Prodrómou-Kloster über Ellíniko nach Karítena:

Wir gehen denselben Weg wie in der vorhergehenden Beschreibung hinab ins Flußbett des Loúsios bis zur Brücke beim *Kirchlein Ágios Andréas.* Wir überqueren die *Brücke* und folgen dem Fahrweg aufwärts bis nach *Ellíniko* (4 km). Eine Abzweigung nach links zum Parkplatz des Klosters Prodrómou bleibt unberücksichtigt. Von Ellíniko führt eine gut befahrene Straße, die von Dimitsána und Stemnítsa kommt, nach *Karítena* (7 km). Für den Weiterweg nach Karítena empfiehlt es sich, nach einer Mitfahrgelegenheit Ausschau zu halten oder einen Bus zu nehmen.

3. Vom Prodrómou-Kloster nach Stemnítsa:

Vom Kloster gehen wir den Fußweg aufwärts bis zur *Kapelle beim Parkplatz* (Brunnen), von wo aus wir noch einmal einen wunderbaren Blick über eine der schönsten Landschaften des Peloponnes haben (15 Minuten). Der Fahrweg vom Parkplatz aufwärts ist qualvoll lang (7,7 Kilometer), und wir raten denen, die sich diesen Hatscher ersparen möchten, in Dimitsána oder Stemnítsa ein Taxi dorthin zu bestellen. Etliche Besucher des Klosters fahren aber auch mit ihrem PKW bis hinunter zum Parkplatz, und wer Glück hat, findet eine Mitfahrgelegenheit nach oben. Wenn alle Stricke reißen, müssen Sie zwei Stunden nach oben laufen. Rechts zweigt ein Fahrweg nach Gortýs und Ellíniko ab, der Sie in diesem Fall nicht kümmert. Ab der Hauptstraße sind es noch 800 Meter bis *Stemnítsa,* ein genauso malerisches Bergdorf wie die vorhergehenden, mit zumeist zweistöckigen Häusern, die an den Berghang geklebt scheinen.

Touristische Angaben

Ausgangspunkt: Dimitsána. Empfehlenswerte Bergstrecke über Olympia, Langádia, Dimitsána, Andrítsena (Wanderung führt nicht zum Ausgangspunkt zurück, aber gute Verkehrsverbindung).
Gehzeiten: 4½ bis 6 Stunden.
Dimitsána–Paläochóri: 30 Minuten.
Paläochóri–Brücke: 40 Minuten.

Brücke–Kloster Filosófou: 1 Stunde.
Kloster Filosófou–Kloster Prodrómou: 35 Minuten.

Varianten:

1. Kloster Prodrómou–Gortýs–Atsíholos (–Karítena):
   Kloster Prodrómou–Gortýs: 30 Minuten.
   Gortýs–Atsíholos: 50 Minuten.
2. Kloster Prodrómou–Gortýs–Ellíniko (–Karítena):
   Kloster Prodrómou–Gortýs: 30 Minuten.
   Gortýs–Ellíniko: 50 Minuten.
3. Kloster Prodrómou–Stemnítsa:
   Kloster Prodrómou–Parkplatz: 15 Minuten.
   Parkplatz–Hauptstraße/Stemnítsa: 2 Std.

Verkehrsverbindungen: Bus Tripolis–Dimitsána, Megalópoli–Dimitsána; Pírgos/Olympia–Langádia/Vitína–Dimitsána. Taxis in Langádia, Vitína, Dimitsána.
Übernachtungsmöglichkeiten: Hotels in Dimitsána und Stemnítsa.
Verpflegung: Tavernen, Kafeníons und Einkaufsmöglichkeiten in Dimitsána, Stemnítsa und Karítena. Bescheidene Einkaufsmöglichkeit in Ellíniko und Atsíholos.
Sehenswürdigkeiten: Klöster Moni Filosófou und Moni Prodrómou; Ausgrabungen des antiken Gortýs; byzantinisches Kirchlein Ágios Andréas in Gortýs; fränkische Festung und byzantinische Kirche in Karítena; Apollotempel in Vásses.

16 Vorbei am zweitausendjährigen Weinstock
Von Likouría nach Ágios Nikólaos (E4)

Beste Jahreszeit: März bis Oktober; sofern es das Wetter erlaubt, auch im Winter.
Gehzeit: 6¼ Stunden.
Markierung geplant.
Einfache Wanderung zu abgelegenen Bergdörfern Arkadiens.

Die folgenden drei Wanderungen im arkadischen Bergland, die uns bis nach Tripolis führen, sind die Fortsetzung des Europäischen Fernwanderweges E4, dem wir bisher von Diakoftó bis Likouría gefolgt sind. Spektakuläre Sehenswürdigkeiten gibt es keine, zuweilen wird die Landschaft recht einsam. Eine gewisse Attraktion stellt aber mit Sicherheit der zu Baumstärke herangewachsene Weinstock dar, von dem schon Pausanias sprach, und der kam immerhin vor mehr als 1800 Jahren daran vorbei. Darüber hinaus ist die folgende Wanderung ein weiterer Abschnitt der schönen Höhenwege durch das Bergland des nördlichen Peloponnes.

Der Wegverlauf

Von der *Kirche in Likouría* gehen wir auf der Asphaltstraße abwärts und biegen nach einer guten Dreiviertelstunde (4,5 Kilometer) beim *Schild »Piges-Ladona«* nach links ab zu einer *Brücke,* die wir überqueren. Das Haus vor der Brücke ist eine Käserei, und auch hier wird wie in Planitéro der frische Käse zum Trocknen an die Luft gehängt. Auf der linken Seite flußabwärts setzt sich unser Weg fort. Walnußbäume begrenzen die Ackerraine, und Pappeln werfen zuweilen ihren Schatten auf uns.
Bald erscheint links eine *Wassermühle.* Über einen Steg geht es rechts an dieser vorbei, dann führt der Weg am unteren Bergrand parallel zum Fluß weiter. Der Weg ist ausgetreten und wird offenbar seit alten Zeiten benutzt. Direkt am Weg kauert ein alter Mann, selig in Schlaf versunken. Wir wollen ihn nicht aufwecken und schleichen möglichst geräuschlos vorbei, wäre nicht da noch der Ziegenbock, der uns den Weg versperrt. Er verhält sich etwas unschlüssig, räumt dann aber den Platz. Jetzt erwarten wir noch einen hochschreckenden, bellenden Hund, aber es gibt ihn nicht. So sind wir ohne großes Aufheben vorbeigekommen, doch als wir uns noch einmal umdrehen, reckt der Alte den Kopf. Wir meinen uns entschuldigen zu müssen, daß wir so lautlos vorbeigeschlichen

Likouría ist eines von vielen Bergdörfern, durch die der Europäische Fernwanderweg E4 auf dem Peloponnes führt.

Blühende Blumenwiesen auf dem Weg nach Kamenítsa.

sind, aber dem Alten geht es genauso. »Du hast geschlafen«, rufen wir ihm zu, aber er erwidert sofort: »Es ist so heiß heute«, und wir sollen entschuldigen, daß er eingenickt war, klingt es stillschweigend nach.
Steineichensträucher schieben den Weg zusammen, beinahe zu einem Hohlweg, aber es ist gut durchzukommen. Zu beiden Seiten des Flusses sind feuchte Wiesen: gelbe Schwertlilien mit Zinnkraut ringsum, rotblühendes Knabenkraut *(orchis laxiflora)* und Schwärme von Libellen, die uns umschwirren. Der Weg taucht ab in die Niederung und führt in derselben Richtung weiter durch Wiesen. Am Fuß eines Hügels auf der linken Seite wird der Weg wieder breiter. Von Bäumen überschattet, ist er angenehm zu laufen. Das Geräusch der Autostraße dringt näher, doch noch sind wir zwischen schattigen Platanen.
Genau bei den Häusern der Ortschaft *Sellá*

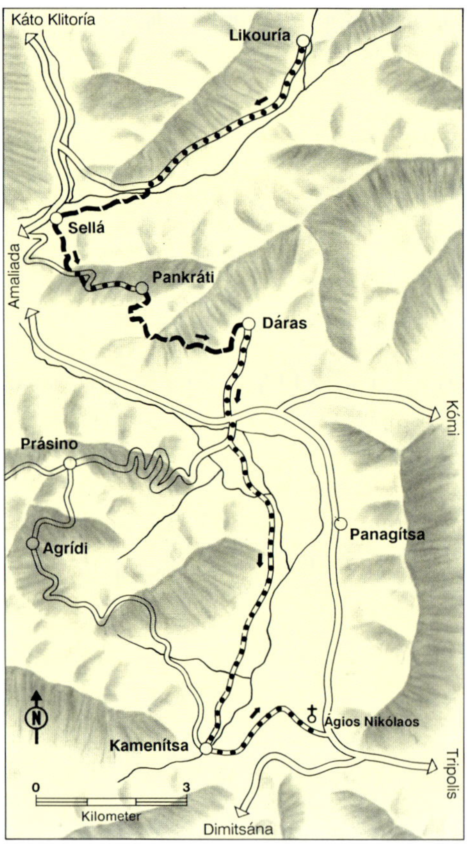

treffen wir dann auf die Asphaltstraße. Hier weist ein arg vom Rost angegriffenes Schild auf den bei Pausanias erwähnten *Weinstock* hin. Er liegt in einem eingefaßten Steineichenhain und ist tatsächlich mehr Baum als Rebstock. Schade, daß es nicht Herbst ist; wir hätten gar so gern von den Trauben gekostet, die schon die alten Griechen so lobten. Natürlich ist der Weinstock an seinem unteren Ansatz ziemlich ausgefasert, aber man würde beide Arme brauchen, wollte man ihn umfassen. Die Ranken haben sich längst über das Dach des ganzen Steineichenhaines geschlungen. Unterhalb ist eine Quelle, so daß man an diesem angenehmen Ort gut eine Rast einlegen kann.
Am Weinbaum vorbei rechts führt der Weg aufwärts. Jetzt heißt es wieder steigen, und im Gegensatz zum vorherigen Wegabschnitt sind wir der prallen Sonne ausgeliefert. Der Weg stößt auf einen von unten hochkommenden breiten *Feldweg,* dem wir links aufwärts folgen, der sich aber bald wieder auf die bisherige Weggröße verengt und dann auf die Asphaltstraße nach *Pankráti* stößt. Auf dieser gehen wir einige hundert Meter aufwärts, bis die Telegraphenleitung die Straße kreuzt. Hier biegt der alte Weg rechts ab und zieht sich breit hinauf, bis er abermals auf die *Asphaltstraße* trifft. Auf dieser geht es dann bis zum Ort Pankráti. Eine letzte Schleife wird beim hellblauen *Bildstock* durch einen Schotterweg abgekürzt, der uns direkt in den Ort bringt. Im Ort gehen wir rechts an der *Kirche* vorbei. Nach dem letzten Haus folgen wir 50 Meter einer Betonpiste bis zu einer Zementwand. Die Piste reicht bis zu den höher gelegenen Häusern, ein Weg führt geradeaus aufwärts und einer rechts davon leicht abwärts. Wir nehmen den *mittleren Weg* geradeaus aufwärts.
Der Weg von Pankráti nach Dáras ist ebenfalls ein alter Verbindungsweg und gut erkennbar. Schon bald sind wir auf einem Bergrücken, danach wird der Hang linker Hand auf fast gleicher Höhe gequert. Hier überschreiten wir die Grenze der Provinz Achaia zu Arkadien. Wenn wir jetzt hinunterblicken, erkennen wir einen fruchtbaren Talboden mit vielen Apfelbäumen. Im Tal verläuft die Straße von Klitoría nach Tripolis. Der Weg führt direkt auf den Ort *Dáras* zu.

In Dáras gehen wir die Straße an der *Kirche* abwärts zur Asphaltstraße und verlassen auf dieser den Ort. Wenige Meter links davon verläuft der alte Weg, doch auf der asphaltierten Straße läuft es sich bequemer. Nach zwei Kilometern kommen wir auf die Hauptverkehrsstraße *Patras–Tripolis*. Auf dieser gehen wir einige Meter nach links, über eine *Brücke,* bis gleich darauf nach dem *Schild »Prásino«* ein Weg rechts einbiegt, der nach 50 Metern auf die Teerstraße nach Prásino trifft. Nach ca. 600 Metern, wo ein Schild rechts nach Prásino weist, biegt eine Schotterstraße bei dem Schild *»Oikogeniki Taverna«* (= Familien-Taverne) *links ab,* auf der wir zum Dorf *Kamenítsa* gelangen. Die unasphaltierte Straße führt ziemlich gerade durch Obstplantagen, in der Hauptsache Apfelbäume. Aber auch hohe Walnußbäume und Platanen stehen zwischen Obstbaumreihen und Feldern. Es geht immer geradeaus ohne Abzweigung in südlicher Richtung, bis wir nach eineinhalb Stunden in *Kamenítsa* ankommen. (Hier die Wasservorräte für den nächsten Tag auffüllen!)
Eine asphaltierte Straße führt nach Osten aus dem Ort heraus und trifft nach einem Kilometer auf eine andere asphaltierte Straße. Wir gehen diese links hinauf und kommen nach weiteren 2,6 Kilometern zum Kirchlein *Ágios Nikólaos,* kurz vor der Kreuzung mit der Hauptstraße Patras–Tripolis. Die Eiche neben der Kirche ist übrigens auch nicht ganz ohne; welch ein Glück, daß Pausanias sie nicht gesehen hat, sonst müßten wir sie auch noch erwähnen! Übernachtungsmöglichkeiten in Hotels gibt es hier keine, sondern nur in der Natur nach freier Wahl.

Touristische Angaben

Ausgangspunkt: Likouría, 14 km von Káto Klitoría entfernt (Wanderung führt nicht zum Ausgangspunkt zurück).
Gehzeiten: 6¼ Stunden.
Likouría–Sellá: 1½ Stunden.
Sellá–Pankráti: 1 Stunde.
Pankráti–Dáras: 1 Stunde.
Dáras–Kamenítsa: 2 Stunden.
Kamenítsa–Kapelle Ágios Nikólaos: ¾ Stunde.
Verkehrsverbindungen: Hauptbuslinie Patras–Tripolis in der Nähe, ebenso Buslinie Kalávrita–Tripolis; Taxis in Káto Klitoría, Vitína, Levídi.
Übernachtungsmöglichkeiten: Nur mit Zelt und Schlafsack.
Verpflegung: Kafeníon in Sellá, Pankráti, Dáras, Kamenítsa, Likouría; bescheidene Einkaufsmöglichkeit in Likouría, Pankráti, Dáras, Kamenítsa.
Sehenswürdigkeiten: Zweitausendjähriger Weinstock in Sellá.

17 Vom Ágios-Nikólaos-Kirchlein über das Ménalo-Gebirge bis Kardáras (E 4)

Beste Jahreszeit: März bis Oktober.
Gehzeit: 6 bis 7 Stunden.
Markierung geplant.
Wanderung vorwiegend durch Waldlandschaft; anfangs teilweise weglos, so daß bis zur Fertigstellung der Markierung Orientierungssinn erforderlich ist.

Das Ménalo ist zwar ein Waldgebirge, aber fast ohne einen Tropfen Wasser. Unseren Flüssigkeitsbedarf für diesen Tag müssen wir deshalb in Kamenítsa eindecken. Der erste Teil des Weges bis hinauf zur großen Hochebene ist etwas schwierig zu finden, und wer einen Kompaß hat, wird ihn brauchen können. Es besteht aber die Hoffnung, daß dieses Stück bald markiert wird. Dann können sich leichte Änderungen zur beschriebenen Tour ergeben.

Der Wegverlauf

Links von der *Kirche* führt ein Weg undeutlich über Terrassen auf einen Taleinschnitt zu, an dem auch die Asphaltstraße vorbeiführt. Nach einer Viertelstunde sind wir über die *Terrassen* hinweg und kommen bei einem weißen, metallenen *Wegschrein* auf die Hauptstraße, vor dem besagten Taleinschnitt. Diesen gehen wir direkt einwärts, wie vorher über leicht terrassiertes Gelände. Jetzt heißt es aufpassen!

Der Einschnitt wird rechts von einem etwas höheren Kegel begrenzt gegenüber von einem kleineren. Wenn man mit dem Gesicht nach Süden steht, hat man genau vor sich eine Einsenkung. Zwischen dem kleineren Hügel links und der südlichen Einsenkung liegt *noch* ein Einschnitt nach Südosten. Nachdem wir seit der Überquerung der Teerstraße eine Viertelstunde nach Süden gelaufen sind, schwenken wir von Süden nach Südosten auf diesen *Einschnitt* zu. Daß Sie sich nur auf Ihren eigenen Orientierungssinn und diese Beschreibung gestützt durchs Gelände mühen müssen, läßt sich leider nicht vermeiden, solange der Weg noch nicht markiert ist. Der »Weg« verläuft dann ziemlich verwachsen über der rechten Seite des Einschnittes. Eine Schildkröte macht durch ihr typisches Geraschel, vergleichbar dem Scharren einer Amsel im Laub, auf sich aufmerksam. Spinnweben sind zwischen den Sträuchern verspannt und verkleben sich an der Kleidung; für den Rest des Tages werden die Tierchen damit beschäftigt sein, ihr zerstörtes Netzwerk zu reparieren. Im Wald läuft es sich einfacher, zwar immer noch weglos, aber befreit von dem stacheligen Steineichengestrüpp. Es ist weitgehend sich selbst überlassener Wald, umgestürzte und entwurzelte Bäume neben bejahrten Fichtenstämmen. Lichtbündel durchbrechen die Schatten. Wir lauschen nach den Flötenklängen des Waldgottes, aber Pan gibt sich nicht zu erkennen.

Als wir aus der Senke den linken Hang hinauf queren, treffen wir auf eine *Forststraße,* auf der es sich bequemer gehen läßt. Die Straße macht bald einen Bogen, ein Teil führt nach Südosten weiter aufwärts. Etwa nach 500 Metern biegen wir bei *rot-gelb markierten Bäumen* in einen Waldpfad nach Osten und folgen den markierten Baumstämmen aufwärts, bis wir nochmals den Fahrweg kreuzen und eine flache Einsenkung in südöstlicher Richtung aufwärts gehen. Die Bäume haben in gut sichtbaren Abständen immer noch rot-gelbe Banderolen. Es geht steil aufwärts, und wir gewinnen beachtlich an Höhe, bis wir die *Hochebene* (Kampos) erreichen, die immerhin auf einer Höhe von 1300 Metern liegt.

Wir überqueren den Kampos bis zu dessen südöstlichem Ende und gehen direkt über die *Weide* (guter Zeltplatz!), bis sich der Kampos nach Süden hin verengt. Wir entschließen uns, auf der in dieser Richtung verlaufenden *Forststraße* weiterzulaufen. Der Kampos schnürt sich zusammen und erweitert sich bald nochmals. An seinem nördlichen Ende zweigt ein *Fahrweg* nach links ab, der dann an der östlichen Begrenzung der Ebene entlang führt. Der Fahrweg schwenkt alsbald nach Osten ab und verläßt die Hochebene abwärts nach Levídi.

Ab hier verläuft ein relativ guter Weg den Hang leicht nach Süden abfallend durch den *Wald.* Geben Sie acht, daß Sie nicht achtlos an der tiefen *Höhle* bei einem zerfallenen Steingemäuer vorbeilaufen! Eine Leiter hängt hinab ins Dunkel. Der Weg führt zum äußersten südöstlichen Ende des Kampos und trifft dort auf einen von rechts kommenden *Feldweg,* den wir nach links (Südosten) nehmen. Er zieht sich langsam aufwärts zu einem *Paß,* den wir gut erkennen können. Hier tauchen an den Bäumen wieder die bekannten rotgelben Markierungsstreifen auf.

Auf dem Paß treffen wir wieder auf einen *Fahrweg,* auf dem wir Richtung Südosten weitergehen. Intensiver Kamillenduft umfängt uns hier oben. Es verschlägt uns die Stimme, als wir hier einen Skilift erblicken. Auch das ist möglich in Griechenland! Bald schon erhebt sich der nackte und vegetationslose *Ostrakína-Gipfel* (1980 m) vor uns, auf den der Fahrweg hinführt. Interessant wäre zu wissen, an wieviel Tagen im Winter es Wetter- und Schneeverhältnisse wirklich zulassen, hier Ski zu laufen. Vielleicht wäre ein Golfplatz eine rentablere Investition.

Dann erreichen wir die *Hütte der Sektion Tripolis* des griechischen Alpinen Clubs. Leider geschlossen, keine Menschenseele weit und breit. Wie mag es hier wohl im Winter sein? Wer auf den Ostrakína-Gipfel steigen will, braucht ab hier eine Dreiviertelstunde.

Von der Hütte führt nach Süden eine Straße abwärts bis zum Dorf *Kardáras,* auf der allerdings kein Verkehr ist. Der Weg auf dieser Straße wird monoton, Bäche und Quellen,

*Die Hochebene (*Kampos*), die wir auf unserer Wanderung über das Ménalo-Gebirge überqueren.*

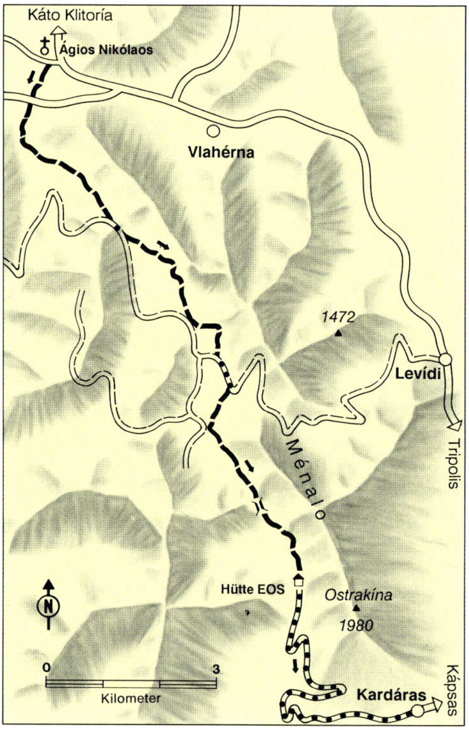

wie man sie sonst in Wäldern findet, vermissen wir. Dann erreichen wir endlich die Häuser von Kardáras. Ein Schild weist zwar auf eine Taverne hin, aber das Gebäude ist verschlossen. Überhaupt steht die Siedlung da wie ein Geisterdorf; die Hälfte der Häuser ist verlassen und abgedeckt.

Falls Sie knapp an Vorräten sind, lohnt sich der Weiterweg nach Kápsas, der in der nächsten Tour beschrieben wird. Denn auch während der folgenden Wanderung bis Tripolis besteht keine Versorgungsmöglichkeit an Lebensmitteln.

Touristische Angaben

Ausgangspunkt: Kirchlein Ágios Nikólaos an der Hauptstraße Tripolis–Patras, bei der Straßenabzweigung nach Kamenítsa; ca. 10 km von Levídi bzw. Vitína entfernt (Wanderung führt nicht zum Ausgangspunkt zurück).
Gehzeiten: 6 bis 7 Stunden.
Ágios Nikólaos–Beginn des Einschnitts: 30 Minuten.
Einschnitt aufwärts bis zum Kampos: 2 Stunden.
Überqueren des Kampos: 1 Stunde.
Aufstieg zum Paß: 45 Minuten.
Paß–Hütte: 30 Minuten.
Hütte–Kardáras: 1½ Stunden.
Verkehrsverbindungen: Hauptbuslinie Patras–Tripolis; Bus von Kamenítsa nach Levídi und Tripolis; Taxis in Levídi und Vitína.
Übernachtungsmöglichkeiten: Nur mit Zelt und Schlafsack.
Verpflegung: Letzte Versorgungsmöglichkeit: Kamenítsa, nächste in Kápsas; während der Wanderung keine!
Sehenswürdigkeiten: Ausgrabungen in Orhomenós und Mandínea.

18 Von Kardáras nach Tripolis (E4)

Beste Jahreszeit: März bis Oktober; sofern es das Wetter erlaubt, auch im Winter.
Gehzeit: 5½ Stunden.
Markierung geplant.
Unschwierige, allerdings landschaftlich wenig abwechslungsreiche Wanderung; etwas Orientierungssinn erforderlich.

Auf dem letzten Wegabschnitt unserer Fernwanderung durch den nördlichen Peloponnes werden wir Tripolis erreichen. Dort endet vorerst unsere Streckenbeschreibung des E4. Beim griechischen Alpinen Club in Athen ist man aber bereits eifrig darum bemüht, den E4 bis Gíthion voranzutreiben. Die Streckenführung haben wir auf der Übersichtskarte in diesem Buch bereits vermerkt. Über den weiteren Wegverlauf ab Tripolis sollten sich interessierte Wanderer daher beim Alpinen Club (EOS) in Athen erkundigen (s. Anhang).

In Tripolis endet vorläufig das peloponnesische Teilstück des Europäischen Fernwanderwegs E4.

Ziegenherden durchziehen das Hochland um Tripolis.

Der Wegverlauf

Etwa 500 Meter nach den Häusern von *Kardáras* zweigt von der Asphaltstraße nach rechts eine *Schotterstraße* zum Kirchlein *Profítis Elías* ab. Auf dem Sattel zu diesem queren wir geradeaus den *Hang* (nicht den Waldweg aufwärts!), eher weglos und dann leicht abfallend, parallel zu der unten verlaufenden Straße. Wem die Querung durchs Gelände zu mühselig ist, der soll einfach abwärts auf die Asphaltstraße zusteuern und auf dieser in Richtung *Kápsas* weitergehen. Wir hoffen aber, die geplante Markierung wird bis zum Erscheinen des Buchs angebracht sein und dem Wandernden bei der detaillierten Wegfindung behilflich sein.
Nach gut einer Stunde treffen wir auf die *Asphaltstraße,* wo diese einen Linksbogen macht, ungefähr einen Kilometer vor den Häusern von Kápsas. Wenn wir jetzt auf Kápsas blicken, sehen wir hinter dem Ort ein Tal, durch das die Asphaltstraße nach Tripolis führt und rechts davon einen *Berg,* bei dem sich wiederum rechts ein *Tal* hinaufzieht. Genau auf dieses Tal steuern wir zu. Selbstverständlich können Sie auch zuerst in Kápsas eine Kaffeepause einlegen oder den Proviant auffrischen.
Nach einer halben Stunde kommen wir nach Durchqueren einer Rinne an zwei kaputten *Steinhäusern* vorbei, bei denen der Weg jetzt leicht ansteigend genau nach Süden verläuft. Bald darauf erreichen wir eine große *Zisterne.* Der Sonne sind wir jetzt auf dieser nach Süden verlaufenden Strecke gnadenlos ausgeliefert. Dort, wo sich das Tal in einen rechten und linken Flügel hochzieht, gehen wir letzteren aufwärts, dahin, wo man in der Ferne das rote Ziegeldach der *Kapelle Ágios Geórgios* erblickt.
Bei der Kapelle haben sich Hirten ein Sommerlager eingerichtet. An der Eiche neben dem Kirchlein wurde ein großer Spiegel befestigt, ein junger Mann rasiert sich gerade. Seine nicht unattraktive Frau spricht uns gleich in fließendem Englisch an; die ganze Familie war in Amerika. Der Vater, der gerade vor Brot, Käse und Oliven sitzt, lädt uns zum Mittagessen ein und meint, nicht für Gold würde er unsere Strecke laufen. Seine Herde umfaßt mehrere hundert Tiere, die

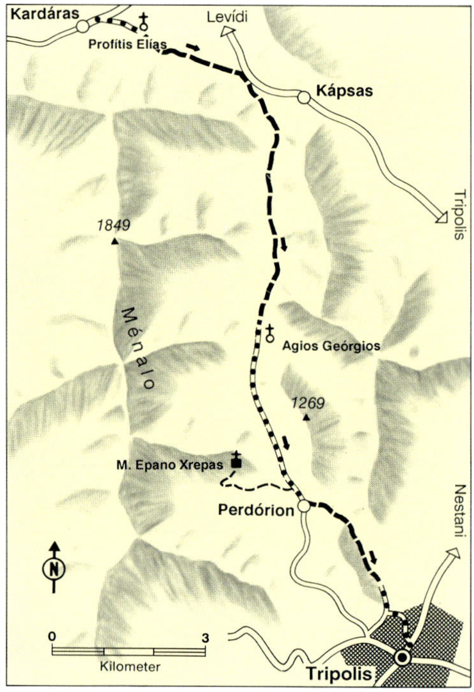

sich gerade wie ein strömender Fluß über die Weidefläche ergießen. Wir sind durstig und erkundigen uns nach einem Brunnen.
Auf dem Fahrweg von Ágios Geórgios kommt links eine große *Zisterne,* an der ein Abfüllhahn angebracht ist. Wir lassen uns mit Wasser vollaufen, dann geht es weiter. Nachdem wir noch einmal die Tausend-Meter-Höhenlinie überschritten haben, fällt das Gelände leicht ab. Eine spätere Abzweigung vom Fahrweg rechts hinauf zum Kloster Epano Xrepas bleibt unberücksichtigt. Wenig später erscheinen die ersten Häuser des Ortes *Perdórion.*
Nach dem neuerbauten *Gemeindezentrum* biegt ein Weg links ab, der sich nach 30 Metern bei einem *Laternenmast* gabelt. Hier geht es rechts den Feldweg nach Südosten abwärts. Rosenhecken säumen den Weg; wir wandern auf eine wellblechgedeckte *Stallung* zu, wo uns hysterisches Hundegekläff erwartet. Ein Tip noch am Rande: Die meisten griechischen Hunde bellen, aber sie beißen selten. Eine Handlung verstehen sie aber allesamt, nämlich, wenn sich jemand nach einem Stein bückt. Dann kneifen sie den Schwanz ein und erweitern ihren Radius.

Greifen Sie also zu Ihrer Beruhigung in Sichtweite der Kläffer nach einem Stein.
An der Stallung vorbei führt der Weg auf einen *Hochspannungsmast* zu und rechts an diesem vorbei, bis ein Weg zwischen Kalkfelsen und Wiesen leicht abwärts direkt auf die Häuser der Stadt *Tripolis* zuläuft. Die Stadt Tripolis ist eine lebhafte Handelsstadt und ein wichtiger Verkehrsknotenpunkt im zentralen Peloponnes. Sie ist die Hauptstadt des Kreises Arkadien und zählt etwas über 20000 Einwohner. Sehenswürdigkeiten gibt es keine, es sei denn, man besucht das acht Kilometer entfernte Mandínea, das schon Homer in der Ilias (II, 607) beschrieb. Das antike Mandínea war von einem elliptischen Mauerring umgeben und Schauplatz mehrerer großer Schlachten. Die bedeutendste fand im Jahre 362 v. Chr. statt, als das Heer der Thebaner die Spartaner schlug.
Wer die letzten Tage auf dem E4 unterwegs war und mit fortschreitender Etappe sich bescheiden mußte, dem wird das Angebot an Restaurants und Cafés einer »richtigen« Stadt gut tun. Eine Stadt, in der man es über die Befriedigung dieser Bedürfnisse hinaus aushält, ist Tripolis sicher nicht.

Touristische Angaben

Ausgangspunkt: Kardáras, 4 km von der Straßenabzweigung zum Ménalo-Ski-Center an der Hauptverkehrsstraße Tripolis–Levídi (Patras). (Wanderung führt nicht zum Ausgangspunkt zurück).
Gehzeiten: 5½ Stunden.
Kardáras–Profítis Elías: 20 Minuten.
Profítis Elías–Straße/Kápsas: 1 Stunde.
Straße/Kápsas–Ágios Geórgios: 1¾ Stunden.
Ágios Geórgios–Perdórion: 1 Stunde.
Perdórion–Tripolis: 1¼ Stunden.
Verkehrsverbindungen: Tripolis: Busverbindungen in alle Richtungen; Eisenbahn nach Kalamáta und Argos/Korinth; Taxis.
Übernachtungsmöglichkeiten: Hotels aller Kategorien in Tripolis.
Verpflegung: Kafeníon und bescheidene Einkaufsmöglichkeit in Kápsas; Restaurants, Tavernen, Cafés und Einkaufsmöglichkeiten in Tripolis.
Sehenswürdigkeiten: Antikes Mandínea und Tegéa.

19 Ein ganzes Kloster für eine Frau

Wanderung zum Prodrómos-Kloster bei Kastrí

Beste Jahreszeit: März bis Oktober; das ganze Jahr über möglich.
Gehzeit: 4 Stunden (hin und zurück).
Unkomplizierte Wanderung in landschaftlich beeindruckender Umgebung zu abseits gelegenem Felsenkloster.

Der Ort Kastrí liegt hoch über dem linken Ufer des oberen Tános-Tals. Einer der landschaftlich reizvollsten Streckenabschnitte ist die Fahrt von Ástros über Káto Dolianá im unteren Tános-Tal bis kurz vor Rízes, wo in einer spitzen Kehre die Straße nach Kastrí und Ágios Pétros abzweigt. Kürzer und unkomplizierter ist allerdings die Straße von Tripolis bis Kastrí, auf der auch eine gute Busverbindung besteht. Der Ort selbst liegt auf 950 Meter Höhe, und wenn im Frühjahr tagsüber die warmen Sonnenstrahlen die Landschaft aufheizen, dann scharen sich abends die Bewohner des Dorfes in den Tavernen am Dorfplatz um die Kanonenöfen, denn draußen kann es noch klirrend kalt sein.
Die Entscheidung, in welcher der fünf oder sechs Tavernen um den Dorfplatz wir unseren Abend verbringen sollten, fiel uns schwer. Denn bei einem Blick durch die Glastüren war schnell feststellbar, daß in jeder dasselbe Fernsehprogramm lief. So entschieden wir nach dem Kochtopf. Es gab Artischockengemüse und es schmeckte wunderbar, so daß wir gleich noch eine Anschlußportion bestellten. Dann hätten wir allerdings den Abend gerne ohne die Lärmkulisse des Fernsehers verbracht. Der Abendspaziergang war uns zu frostig, unser Hotelzimmer auch. Sommerzeit hatten wir im März noch keine, so daß es schon sehr früh dunkel war. Also ließen wir uns den Wein schmecken.
Bei der Gelegenheit sprachen wir mit dem Wirt auch über das Prodrómos-Kloster auf der anderen Seite des Tals. Wir waren uns nicht sicher, ob er dasselbe meinte wie wir,

denn er sprach immer von dem Frauenkloster. Bei der Beschreibung jedoch, die wir von Ekschmitt hatten, war von einem Männerkloster die Rede. Aber mit dem Geschlechterwechsel sollte es noch nicht getan sein, denn der Wirt riet uns, wir sollten zuerst anrufen: die Nonne, die es bewohnt, fürchtet sich und läßt niemand hinein. Nur noch eine Frau! Obwohl das Kloster im März 1834 im Zuge der Säkularisation, als es um Fortbestand oder Schließung der Klöster ging, mit 15 Insassen das bewohnteste Kloster auf dem ganzen Peloponnes war. Wir wollten es darauf ankommen lassen, ob uns Eintritt gewährt würde, und unterließen die telefonische Anmeldung.
Die Gründung des jetzigen Klosters geht auf das Jahr 1704 zurück. Als Ibrahim Pascha im Jahre 1826 mit seiner ägyptischen Armee einen Rachefeldzug auf dem Peloponnes begann, diente das Prodrómos-Kloster wie viele andere als Zufluchtsort für Frauen und Kinder. Es konnte erfolgreich gegen die Angreifer verteidigt werden. Das Täufer-Kloster von Kastrí – *prodrómos* ist das griechische Wort für den Vorläufer Christi, Johannes den Täufer – hat mit dem namensgleichen Kloster in Stemnitsa einiges gemeinsam: es ist wie ein Adlerhorst zwischen die Felsen gebaut und liegt in einer atemberaubend schönen Schlucht.

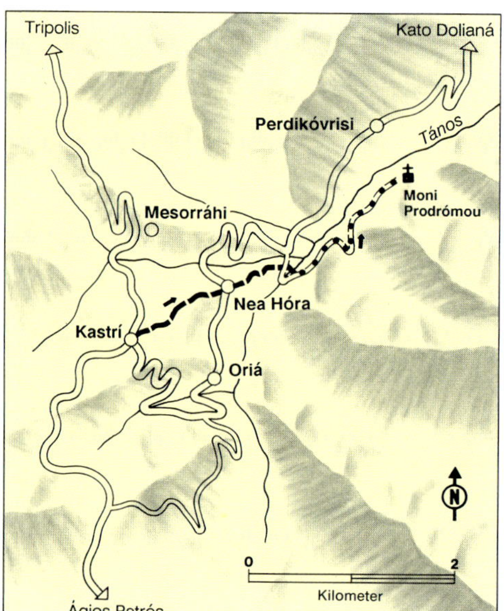

Der Wegverlauf

Beim *Hauptplatz in Kastrí,* um den sich Tavernen und Kafeníons gruppieren, beginnt dort, wo das Schild zum »Parking« weist, die *Straße Ágios Andréou.* Wir kommen bald an der buntscheckigen *Ágios-Andréas-Kapelle* vorbei, bei der sich der Weg gabelt und rechts abwärts führt. Vor uns sehen wir schon die tiefeingeschnittene *Schlucht,* in der der Tános fließt. Auf ihrer rechten Seite ist unser weiterer Weg zum Kloster gut sichtbar. Das Kloster selbst liegt aber noch im Verborgenen.
Bei einer Schleife des Feldwegs nach rechts gehen wir geradeaus den eingeschnittenen *Fußpfad* weiter. Nach gut zehn Minuten verzweigt sich der Weg, wir nehmen den rechten Arm abwärts. Bei den ersten Häusern von *Nea Hóra* stoßen wir auf eine betonierte Straße und gehen ca. 100 Meter nach rechts, bis nach dem Ortsschild scharf links ein Weg abwärts führt. Nach einem überdachten *Brunnen* führt in einer Wendung nach rechts der Pfad abwärts, rechts an Häusern vorbei bis zu einer Weggabelung an einer efeuumrankten *Pappel.* Hier gehen wir links vorbei, bis wir bei einem *Bildstock* ankommen. 50 Meter nach dem Bildstock geht es hinab zu einer *Brücke,* auf der wir den Tános trockenen Fußes überqueren können. Etwas oberhalb quert der Fahrweg den Fluß in einer Furt, wobei das Hinüberwechseln aber nicht immer ohne Schuheausziehen möglich ist. Eine Dreiviertelstunde haben wir bis hierher gebraucht. Auf der anderen Uferseite führt die Schotterstraße unter beeindruckenden, himmelwärts strebenden Felswänden und tief eingeschnittenen Schluchten mäßig ansteigend aufwärts. Jetzt erscheint das Dorf *Perdikóvrisi* (Rebhuhnquelle) am dem Felsenkloster gegenüberliegenden Berghang. Wer das Kloster fotografieren will, bekommt es von dort aus am besten ins Bild (siehe Busverbindung).
Jetzt nähern wir uns dem *Kloster.* Eine Nonne mit Sonnenbrille säubert vor dem Tor den Weg. Ob es jene besagte alleinige Insassin ist? Neben ihr grast ein Maultier. Als sie uns

Das Prodrómos-Kloster bei Kastrí in der steilen Tános-Schlucht.

Abstieg von Kastrí in das obere Tános-Tal.

beim Näherkommen bemerkt, läßt sie einen Moment von der Arbeit, um das Tor zu verschließen, sie selbst bleibt aber außerhalb. Wir nähern uns freundlich und tun so, als wenn wir von den neueren Gegebenheiten nichts wüßten. Denn bei Ekschmitt (»Fahrten auf dem Peloponnes«) war noch von zwei Mönchen die Rede, einem alten und einem jungen. Daraufhin angesprochen gab sie zur Antwort, der Alte sei verstorben und der Junge habe sein Zeug gepackt und sei gegangen. Wer kann es ihm verdenken in dieser Felseneinsamkeit! Wir wollten jetzt wissen, weshalb sie hierherkam und fragten sie, wer denn jetzt das Kloster bewohne, worauf sie uns antwortete, daß sieben Frauen darin seien. Über der tollen Lüge verschlug es uns fast die Sprache! Wir starteten einen letzten Versuch, in dem wir fragten, ob es nicht möglich sei, das Kloster zu betreten, aber sie gab entschlossen zur Antwort, das wäre nur Familien möglich. Ein Telefonanruf aus Kastrí hätte sich also doch gelohnt. Vergessen Sie dies bei Ihrem Besuch nicht. So machen wir uns also unverrichteter Dinge wieder auf den Rückweg. Als wir unsere Geschichte in Kastrí erzählen, lacht der Wirt und sagt, sie fürchtet sich. Ob wir ein Auto hätten – dann wäre er glatt nochmals mit uns hingefahren. Aber zuerst müßten wir telefonieren!

Touristische Angaben

Ausgangspunkt: Kastrí, ca. 30 km südöstlich von Tripolis (Wanderung führt zum Ausgangspunkt zurück).
Gehzeiten: 4 Stunden (hin und zurück).
Kastrí–Flußbett: 45 Minuten.
Flußbett–Kloster: 1 Stunde.
Rückweg: 2¼ Stunden.
Verkehrsverbindungen: Busverbindung von Tripolis nach Kastrí (und weiter bis Perdikóvrisi: Ankunft 7.30 Uhr und 14.30 Uhr); Taxi in Kastrí.
Übernachtungsmöglichkeiten: Hotel in Kastrí.
Verpflegung: Tavernen, Kafeníons und Einkaufsmöglichkeit in Kastrí.
Sehenswürdigkeiten: Klöster Loukoús, Prodrómou und Malevís.
Sonstiges: Bei Besuch des Klosters Moni Prodrómou telefonische Anmeldung erforderlich. Anruf von Kastrí aus.

20 Auf den Gipfel des Parnon (1935 m)

Beste Jahreszeit: Frühjahr bis Herbst.
Gehzeit: 2 bis 2½ Stunden hin und zurück.
Leichte Wanderung durch Nadelwald und über Schrofen auf die höchste Erhebung des Parnon-Gebirges.

Als wir uns an diesem letzten Augusttag in Sparta entschlossen, auf den Gipfel des Parnon zu steigen, hatte es zuvor heftig geregnet. Es war schon Abend, als wir mit dem Auto aufbrachen und über Vrésthena und Vamvákou zu den kilometerlangen Forststraßen des Parnon gelangten. Mittlerweile war es dunkel geworden, die schlechten Straßenverhältnisse ließen uns nur langsam vorwärts kommen. Irgendwo hofften wir im Wald ein Plätzchen zu finden, wo wir unsere Schlafsäcke ausbreiten könnten. Wohin sich der Scheinwerferkegel des Autos auch tastete, überall war es dampfend und naß und zudem kein ebenes Fleckchen auszumachen. So fuhren wir schier endlos weiter durch die Nacht, an einer plötzlich aus dem Dunkel tauchenden, dämonisch wirkenden, gleißend hellen Kalkbrennerei vorbei, den Wegweisern gehorchend, die den Weg zur Berghütte des griechischen Bergsteigervereins wiesen. Wir hatten zwar keine Hoffnung, daß die Hütte geöffnet wäre, aber zumindest könnten wir auf der Terrasse unser Lager aufschlagen. Mit einem Mal tauchte ein Lichtschein am Ende der Straße auf. Wir hatten die Hütte erreicht, deren sämtliche Fenster erleuchtet waren. Nichts wie hinein!
Drei Männer vom Bergsteigerverein in Sparta hatten es sich bequem gemacht. Sie überschlugen sich vor Freundlichkeit und wiesen uns eine ganze Etage des Matratzenlagers zu. Wir bekamen noch reichlich Essen aufgetischt und einer von ihnen, Orest, griff zur Gitarre. Wir waren überrascht, welch reichhaltiges internationales Repertoire er besaß. Zu unserer Schande konnten wir seine deutschen Interpretationen nicht einmal begleiten.
Schließlich wurden wir aber von Müdigkeit gepackt, es war auch schon spät geworden, so daß wir uns auf das Lager zurückzogen. Die drei Herren hielten es noch geraume Zeit unten aus. Am nächsten Morgen packten wir lautlos unsere Sachen, um auf den Gipfel des Parnon zu steigen. Als wir am Mittag zurückkamen, lagen die drei noch immer auf den Sitzbänken des Aufenthaltsraumes und schnarchten in lauten Intervallen. Nicht einmal das Motorengeräusch unseres Autos konnte sie wecken. Wir schrieben deshalb den Spartanern einen kleinen Abschiedsbrief.

Der Wegverlauf

Unterhalb der *Hütte* beginnt ein markierter Weg auf den Gipfel des Parnon, den aber unsere drei Bergsteiger nicht erwähnten. Sie brachten uns auf eine bequemere Variante, bei der wir das Fahrzeug bis zum Ende eines Waldweges benutzen können. Da die Hütte des EOS Sparta, die auf 1450 Meter Höhe liegt, kaum anders zu erreichen ist als mit dem eigenen Auto, haben wir uns nicht gescheut, dieses noch ein Stück weiter zu benutzen, obwohl eine Wanderung auf den Forstwegen des Parnon durch eines der schönsten Waldgebiete des Peloponnes führt. Wir fahren die Forststraße, die zur Hütte führt, zurück. Die erste Straße, die nach links abbiegt, führt nach Ágios Pétros. Es geht geradeaus und die *zweite linksabbiegende Straße* nach der Hütte bis zu deren Ende weiter. Am Ende dieser Straße beginnt der Weg,

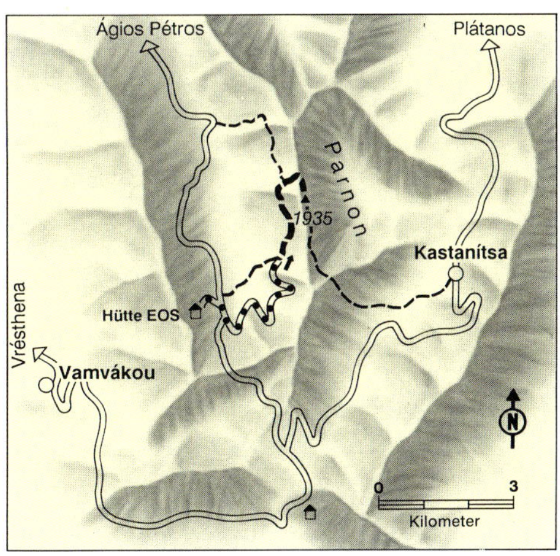

Der eher schmucklose Ort Ágios Pétros vor dem Hintergrund des Parnon-Gebirges.

der durch fast urwaldartigen Nadelholzwald in einer *Rinne* aufwärts führt, bis diese auf einer Hochebene endet. Von den Bäumen hängen Moose und Flechten, ein Zeichen, daß der Wald die Feuchtigkeit konserviert. Selbst Misteln finden wir vereinzelt im Geäst. Hauptsächlich wachsen in den Parnonwäldern Tannen, Fichten und Kiefern.

Ungefähr eine halbe Stunde sind wir bis zum Beginn der *Hochebene* bei einer *steinernen Hütte* unterwegs gewesen. Östlich über uns liegt der Gipfel, auf den wir steigen wollen. Das Gelände ist nicht schwierig, und so nehmen wir die Direttissima über verwittertes Gestein und Schrofen gegen Osten aufwärts. Das bringt uns zwar gewaltig zum Schnaufen, aber wir sind relativ schnell oben. Nur 1¼ Stunden hat unsere Wanderung hier herauf gedauert, fast zu kurz im Verhältnis zur langen Anfahrt.

Nach Südwesten haben wir einen wunderbaren Blick auf die gesamte Kette des Taýgetos-Gebirges, der argolische Golf im Osten verschwindet leider im Dunst. Das sanftwellige Parnon-Gebirge hat Ähnlichkeit mit den Höhen des Bayerischen Waldes, mit Ausnahme der nackten Gipfelkuppe. Doch wenn die Umweltzerstörung bei uns so weitergeht, mag in nicht allzu ferner Zeit eine Angleichung stattfinden.

Touristische Angaben

Ausgangspunkt: Hütte des Alpinen Clubs von Sparta (1450 m). (Wanderung führt zum Ausgangspunkt zurück).
Gehzeiten: 2 bis 2½ Stunden hin und zurück (ohne Forstweg).
Forstweg von der Hütte mit dem Auto: 8 km.
Aufstieg bis zur Hochebene: 30 Minuten.
Hochebene–Gipfel: 45 Minuten.
Verkehrsverbindungen: Anfahrt am besten mit dem eigenen PKW; Busverbindung von Tripolis nach Ágios Pétros und von Ástros nach Ágios Pétros (wer diese Anreise wählt, kann vom Kloster Malevís auf den Gipfel wandern).
Anfahrt zur Hütte: Ágios Pétros–Hütte: ca. 18 km; oder von Sparta über Vrésthena und Vamvákou (Vamvákou–Hütte: ca. 15 km).
Übernachtungsmöglichkeiten: Hütte des EOS (Schlüssel im Büro in Sparta erhältlich);

unkomplizierter im Zelt/Schlafsack, falls nicht geöffnet; nächstes Hotel in Kastrí.
Verpflegung: Bescheidene Taverne und Einkaufsmöglichkeit in Ágios Pétros.
Sehenswürdigkeiten: Klöster Malevís und Prodrómou bei Kastrí.
Sonstiges: Sektion des griechischen Bergsteigervereins in Sparta (s. Anhang).

21 Von Leonídi zum Felsenkloster Ágios Nikólaos

Beste Jahreszeit: das ganze Jahr über möglich.
Gehzeit: 3 Stunden (hin und zurück).
Einfache Wanderung auf unbefahrenem Fahrweg.

Das Ágios-Nikólaos-Kloster bei Leonídi ist neben den beiden Prodrómos-Klöstern bei Stemnítsa und Kastrí das dritte dieser einzigartigen Felsenklöster des Peloponnes. Im Vergleich zu den beiden anderen aber, die eine weite Schluchtlandschaft um sich haben, liegt es am oberen engen Ende einer zum Dafnón-Tal abfallenden Schlucht. Obwohl das Kloster schon seit mehreren Jahren unbewohnt ist und eine Kette am Tor den Besucher am Zutritt hindert, lohnt sich der Abstecher dorthin, denn das bizarre Bild wirkt märchenhaft-phantastisch.
Leonídi ist ein betriebsames kleines Städtchen, mit äußerst engen Gassen, in denen kaum ein Auto passieren kann. Die weißgekalkten Häuser und Mauern mit ihren Toren zur Straße hin lassen die Stadt sauber und beschaulich erscheinen. Die Stadt ist durch das meist trockene Bett des Dafnón-Flusses in zwei Teile getrennt. Die Fahrt von Leonídi das Flußtal aufwärts zum Kloster Elónis gehört zu den schönsten Strecken auf dem Peloponnes. Auch der kurze Abstecher ans Meer bei Lákkos lohnt sich. Der fruchtbare Streifen Land dazwischen ist mit Tausenden von Zitrusbäumen und knorrigen uralten Olivenbäumen bestanden. Im Frühjahr liegt ein unvergeßlicher Duft darüber.

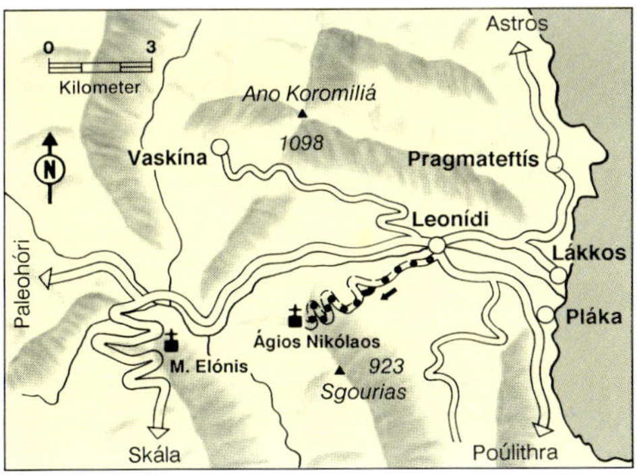

Der Wegverlauf

Die Wanderung beginnt an der *Brücke,* die über den »Lorbeerfluß« (Dafnón) führt und die beiden Teile des Ortes trennt. Wenn man vom *Busterminal* über die Brücke in Richtung Pláka geht, biegt man gleich rechts ab. Bald darauf (ca. 200 m) geht es an einer *Gabelung* bei einer weißen Mauer links aufwärts, dann durch den ganzen Ortsteil. Auf einer zypressenbestandenen Allee zu dem *Kloster des heiligen Charálambos,* des Freudestrahlenden. Es ist das ehemalige Landgut des Nikólaos-Klosters und mittlerweile ständig bewohnt. 1953 wurde es in ein Nonnenkloster verwandelt, doch macht es wenig den Eindruck des Klösterlichen. Auch scheint es die Nonnen nicht mehr hinauf in das in der Felsenenge liegende Hauptkloster zu ziehen, obwohl dieses durchaus von ihnen gepflegt wird.
Vom Klösterchen gehen wir den *Fahrweg* links des Dafnón-Flusses aufwärts, der erst 1974 gebaut wurde und an seinem Ende so steil wird, daß nicht jedes Auto dort hoch kommt. Auf dem gegenüberliegenden Flußufer verläuft die Fahrstraße hinauf zum Kloster Elónis, ebenfalls in einer imposanten Landschaft, und weiter nach Geráki. Auch das Kloster Elónis ist ein Frauenkloster, wie ein Schwalbennest in die Felsen gebaut.
In der ersten Kurve unseres Fahrwegs erkennen wir den alten *Steinpfad* und geben ihm eine Weile den Vorzug. Die Abzweigungen des Fußpfades vom Fahrweg wären verwirrend zu beschreiben, so daß der aufmerksame Wanderer am besten selbst danach Ausschau hält. Wenn wir auf Leonídi zurückblikken, so ist es schon beeindruckend, unter welch senkrechten Felswänden sich das

Städtchen duckt, und der Vergleich zu den steilen, kahlen Felsen der Dolomiten liegt durchaus nahe (Ekschmitt, »Fahrten auf dem Peloponnes«).
Die Vegetation links und rechts des Weges besteht aus niederer Phrygana. Während Leonídi hinter uns immer mehr in der Tiefe versinkt, öffnet sich die Schlucht, an deren Ende das Kloster wie ein mit weißer Farbe an die Felsen getünchter Fleck erscheint. Auf der anderen Seite verläuft der ehemalige Zugangsweg zum Kloster. Der heutige Weg auf der Fahrstraße hat den Vorteil, daß man das Kloster beim Aufstieg im Blickfeld hat und nicht, wie auf dem alten Weg, in seinem Schatten aufsteigen muß. Leider schlagen aber die neuerbauten Fahrstraßen und Schotterwege tiefe Narben in die griechische Landschaft. Der einfach über den Hang gestoßene Abraum braucht Jahrzehnte, bis er von der Natur zurückerobert ist und wieder einigermaßen eingewachsen wirkt.
Bei den letzten steilen Kehren inmitten der Felsen, dort, wo sie sich immer enger zusammenziehen, erscheint die Szenerie wie ein Bild aus einem Roman von Marion Zimmer-Bradley. Vor allem ist es einsam hier, daran hat auch der Fahrweg nichts geändert. Endlich haben wir es geschafft, das *Kloster* liegt direkt vor uns an einer gewaltigen, überhängenden Wand, unter der es aber genügend Platz fand sich zu entfalten. Eine Quelle verleiht dem Ort sogar etwas Oasenhaftes und macht es zu einem lebendigen Fleck inmitten der Felsenwelt.
Die erste Erwähnung des Klosters datiert aus dem Jahr 1622, doch weiß man nicht, ob dem eine Einsiedelei vorausgegangen ist. Etwas oberhalb des Klosters dagegen lag in historischer Zeit einer der Übergänge von der Kynouría nach Sparta. Ein Stück weit lohnt es sich noch, den anfänglich guten Weg nach oben zu steigen, der dann aber in weitem Bogen zum Dorf *Tsitália* führt. Wir nehmen den gleichen Weg wieder zurück nach *Leonídi* und beschließen dort, den restlichen Tag in dem idyllischen Fischerdorf Pláka zu verbringen.

Wo sich die Felsen immer mehr zusammenziehen, liegt das Kloster Ágios Nikólaos am Ende einer zum Dafnón-Tal abfallenden Schlucht.

Touristische Angaben

Ausgangspunkt: Brücke in Leonídi (Wanderung führt zum Ausgangspunkt zurück).
Gehzeiten: 3 Stunden hin und zurück.
Verkehrsverbindungen: Busverbindung von Tripolis über Ástros nach Leonídi; Taxis in Leonídi.
Übernachtungsmöglichkeiten: Hotels in Leonídi.
Verpflegung: Restaurants, Kafeníons und Einkaufsmöglichkeit in Leonídi.
Sehenswürdigkeiten: Klöster Ágios Nikólaos und Elónis.
Sonstiges: Pláka (idyllischer Fischerort in der Nähe).

22 Auf den Gipfel des Artemísio (1771 m)

Beste Jahreszeit: Frühjahr bis Herbst; im Sommer sehr heiß.
Gehzeit: 4 Stunden.
Rote Markierung.
Gipfelbesteigung nur für Geübte! Kletterkenntnisse, Trittsicherheit und Schwindelfreiheit erforderlich.

Der Felsengipfel des Artemísio ist ein nach Osten vorgeschobener Ausläufer der Kteniás-Berge, die eine Barriere zwischen dem Hochland um Tripolis und der argolischen Ebene bilden. Seinen Namen erhielt der Berg von dem Artemis-Heiligtum, das im Altertum auf seinen Höhen stand. Auf der Westseite des Gebirges sollte unser peloponnesischer Held Herakles seine dritte Aufgabe erledigen, nämlich die kerynitische Hindin lebend nach Mykene bringen. Die kerynitische Hindin, eine Hirschkuh, war ein anmutiges, der Göttin Artemis geweihtes Tier mit goldenem Geweih und ehernen Füßen, von unermüdlicher Ausdauer und Schnelligkeit. Die Sage erzählt, daß Herakles ein ganzes Jahr dem Tier nachlief, bis er der Verfolgung überdrüssig wurde und ihm einen Pfeil in den Fuß jagte. Wie es das Schicksal so will, traf er unterwegs auf Artemis und ihren Bruder Apollon. Diese stellten ihn zur Rede und wollten ihm

das geheiligte Tier wieder abnehmen. Da es ihm aber gelang, die ganze Schuld auf Eurystheus zu schieben, ließen sie ihn samt dem Tier weiterziehen. Er überquerte also die Berge nach Mykene und ließ dem Eurystheus die Hirschkuh lebend übergeben. Ob unser Held einen der beiden antiken Wege über den Artemísio beging, von dem uns Pausanias erzählt, wissen wir nicht.
Seit kurzem gibt es wieder zwei Verkehrswege über das Artemísio-Gebirge, d. h. einer davon führt durch einen Tunnel untendurch. Der andere ist eine Schotterpiste vom Bergdorf Kariá hinüber nach Nestáni. Das Dorf Kariá ist auch der Ausgangspunkt für unsere Besteigung des Artemísio-Gipfels. Man erreicht es, indem man zwei Kilometer nördlich von Argos das Tal des Xerias-Flusses zuerst aufwärts fährt und weiter der Straße in nordöstlicher Richtung folgt, bis man nach 26 Kilometern Kariá erreicht. Vor der Ortseinfahrt befindet sich eine Quelle unter einer schattigen Platane.

Der Wegverlauf

Beim *Dorfplatz in Kariá* führt eine Straße zwischen den beiden Kafeníons am Platz aufwärts (Schild: »Nestáni, Tripolis«). Es ist die vorher erwähnte Schotterstraße, die über das Gebirge hinüber nach Nestáni führt. Auf dieser Straße gehen wir etwa eine halbe Stunde, bis wir die Kapelle *Agía Paraskevi* erreichen. Hier gibt es auch eine Quelle für die eigenen Wasservorräte. Von der Kapelle führt ein *rot markierter Weg* rechts neben dem Zaun aufwärts, der wieder auf die Schotterstraße trifft. Auf dieser gehen wir weiter nach oben, bis nach ungefähr einem Kilometer bei einem Steinblock ein roter Markierungspfeil ins Gelände weist.
Wir steigen also nach Südwesten in die Höhe; die Richtung ist einfach, auch wenn man die Markierung verlieren sollte. Es geht schattenlos zwischen vereinzelten Wacholdersträuchern und Nadelbäumen aufwärts. Wir treffen auf einen Forstweg, den wir weiterhin südwestlich gehen, verlassen ihn aber bereits nach kurzer Zeit wieder und steigen in der bisherigen Richtung weiter aufwärts. Der Gipfel hält sich lange verborgen und wird erst in der letzten Stunde vor Erreichen

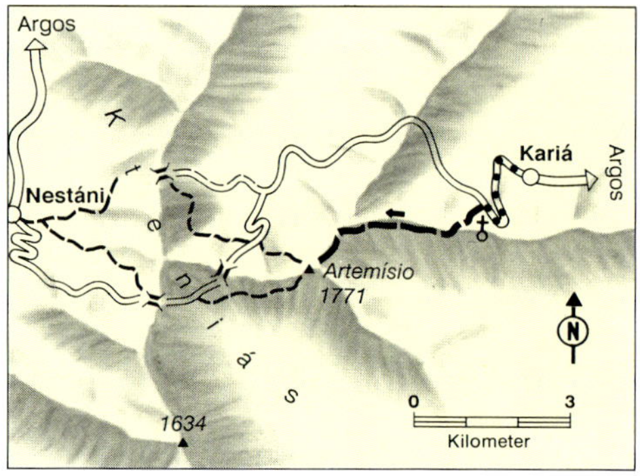

des Ziels sichtbar. Bereits jetzt schon läßt sich die argolische Ebene und der Küstensaum des Golfs von Argos gut überblicken. Nach dem letzten Aufschwung trennt uns noch ein Gratstück von der eigentlichen Gipfelkletterei. Obwohl es vorher den Anschein hatte, daß die Markierung eher für den abwärts Gehenden gemacht wurde, so daß wir sie beim Aufstieg nur sporadisch entdeckten, ist sie jetzt wieder sehr deutlich erkennbar. Für die weitere Aufstiegsroute werden nun die Hände benötigt. Eine Kletterei im zweiten bis dritten Schwierigkeitsgrad beginnt, die Markierung weist jetzt aber jeden Meter. Von allen in diesem Buch beschriebenen Aufstiegen ist dies in der Endphase der schwierigste, er bleibt nur Wanderern mit Kletterkenntnissen und festem Schuhwerk vorbehalten. Auf dem Gipfel schweift unser Blick immer wieder hinab in die Ebene zwischen Mykene und Nauplia. Das ganze fruchtbare Land im Osten unter uns war die Wiege der griechischen Kultur: Hier scharte Agamemnon seine Krieger um sich, um nach Troja aufzubrechen, von hier zogen die Argonauten aus, um das Goldene Vlies zu holen.
Wir steigen die Felsen wieder vorsichtig ab und gehen auf dem gleichen Weg zurück ins Dorf Kariá. Wer nicht denselben Abstiegsweg zu nehmen braucht, kann auch nach Westen absteigen, wo man zum Dorf Nestáni kommt.

Touristische Angaben

Ausgangspunkt: Kariá, ca. 26 km östlich von Argos (Wanderung führt zum Ausgangspunkt zurück).

Der Gipfel des Artemísio bleibt Wanderern mit Kletterkenntnissen vorbehalten.

Der Ort Kariá ist Ausgangspunkt für die Besteigung des Artemísio.

Gehzeiten: 6½ Stunden hin und zurück.
Kariá–Kapelle Ágia Paraskeví: 30 Minuten.
Kapelle–Gratstück vor Gipfel: 2¾ Stunden.
Kletterei zum Gipfel: 45 Minuten.
Rückweg: 2½ Stunden.
Verkehrsverbindungen: Am besten mit dem eigenen Fahrzeug bis Kariá; Busverbindung Argos–Kariá; Taxis in Argos; Leihautos und Motorräder in Navplion.
Übernachtungsmöglichkeiten: Hotels und Zimmer in Mykene, Argos und Navplion; Camping in Mykene und Golf von Argos.
Verpflegung: Restaurants, Cafés und Einkaufsmöglichkeiten in Mykene, Argos, Navplion; Taverne und Kafeníon in Kariá.
Sehenswürdigkeiten: Mykene, Heraion bei Hónikas, Midéa, Tiryns, Argos; byzantinische Kirchen in Hónikas, Platanídi, Agía Triáda; venezianische Festung in Navplion; Burg in Argos.

23 Argolis – Wiege der griechischen Kultur
Von Mykene nach Tiryns

> Beste Jahreszeit: das ganze Jahr über möglich.
> Gehzeit: 4½ bis 5 Stunden.
> Leichte Wanderung durch Orangen- und Olivenhaine der Argolis zu mykenischen Sehenswürdigkeiten.

Als im Jahre 1876 Heinrich Schliemann, der Entdecker von Troja, die ersten Königsgräber des sagenumwobenen Mykene freilegte, war die Begeisterung bei den archäologisch Interessierten seiner Zeit ungebrochen, handelte es sich hier doch um das Zentrum der ersten Hochkultur auf dem europäischen Festland.
Der Sage nach kamen die ersten Einwanderer aus Ägypten und erreichten bei Argos das Land. Nach ihrem König Danaos wurden alle Hellenen Danaer genannt. Siedlungsspuren aber beweisen, daß das Land bis weit vor das achte Jahrtausend vor Christus bewohnt war. Um 2100 v. Chr. wandern die ersten bekannten, eine griechische Sprache sprechenden Völkerstämme aus Kleinasien ein und bleiben in der Argolis. Zwischen 1580 und 1100 v. Chr. erreicht die mykenische Kultur ihren Höhepunkt. Die ersten Kyklopenmauern werden um die monumentalen Paläste errichtet. Malerei und Bildhauerei sind stark von der minoischen Kultur beeinflußt. Auch die erste griechische Schrift (Linear B) in Mykene findet ihren Vorläufer in der minoischen Linear A-Schrift. Der mykenische Handel erstreckt sich über die Küsten Kleinasiens, Palästinas, Ägyptens bis an die Nordküste Siziliens.
Der Untergang der mykenischen Welt erfolgt mit der Einwanderung der Dorier aus dem Norden. Die großen mykenischen Zentren werden zerstört. Die letzte Erwähnung Mykenes finden wir bei Pausanias, der Mitte des zweiten Jahrhunderts durch Mykene kam und u. a. das Löwentor beschrieb.
Das Ausgrabungsgelände von Mykene liegt vier Kilometer östlich der Hauptstraße von

Das Löwentor in Mykene (um 1250 v. Chr.).

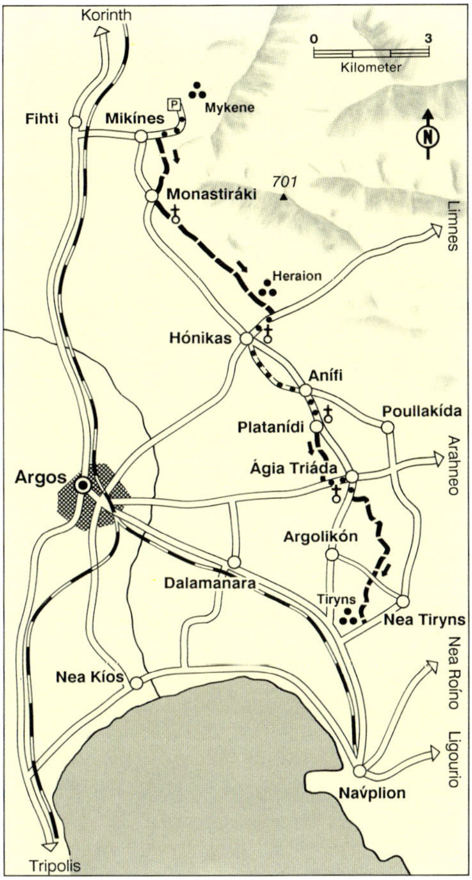

Korinth nach Argos. Die Straße zweigt beim Dorf Fíhti, neun Kilometer nördlich von Argos ab. Zwischen Hauptstraße und Ausgrabungsgelände passiert man das heutige Dorf Mikínes. Vom Dorf sind es zwei Kilometer bis zum Parkplatz am Ausgrabungsgelände. Wer vor dem Eintreffen der Touristenbusse Mykene besichtigen will, sollte möglichst gleich nach Öffnung der Tore beginnen.

Der Wegverlauf

Vom *Parkplatz* gehen wir die Asphaltstraße abwärts. Rechts kommen wir dabei am berühmten *Schatzhaus des Atreus* vorbei, dessen Besichtigung sich auf alle Fälle lohnt (gleiche Eintrittskarte). Vor uns in der Ferne schimmert die Bucht von Argos. Blicken wir in diese Richtung, so sehen wir auf einem mit Olivenbäumen überzogenen Hügel eine *Kapelle,* die beim Ort *Monastiráki* liegt, auf den wir zusteuern. Unser Feldweg zweigt gegenüber den Restaurants »Omiros Homer« und »King Menalos« ab. Wir kommen anfangs durch Orangenpflanzungen, später durch Olivenhaine, wo wir bei der ersten *Wegabzweigung* den Bogen nach *rechts* nehmen. Es geht über einen Höhenrücken mit Blick auf das tiefsatte Grün der Ebene von Argos. Eine *Betonpiste* bringt uns hinab nach Monastiráki.

Auf dem Platz bei der *Kirche* schlagen wir den Weg Richtung *Moni Agía Paraskevis* ein. Beim Friedhof folgt dann nochmals eine Abzweigung nach links zu Moni Agía Paraskevis – wir gehen aber den Feldweg *geradeaus* weiter. Eine Abzweigung nach rechts bei einem Schafpferch bleibt unberücksichtigt. Millionen von Zitrusblüten umfangen uns mit ihrem Duft. An einem kleinen *Klösterchen* geht es geradeaus vorbei zwischen einem steingestützten Maulbeerbaum und einer Zypresse hindurch in einen schmäleren Feldweg. Bei einer *Feldwegkreuzung* gehen wir geradeaus weiter und kommen dann auf die eingezäunte Anlage des *Heraions,* das wir aber von dieser Seite nicht betreten können. Wir folgen deshalb dem Schotterweg nach rechts entlang eines Grabens so lange nach unten, bis dieser bequem passiert werden kann und wir über ein Feld auf das hellblaue Pförtnerhäuschen zugehen können.

Das Heraion galt als eines der bedeutendsten Heiligtümer nicht nur der Argolis, sondern ganz Griechenlands. Alljährlich feierte man in Argos ein Fest zu Ehren der Göttin mit Spielen und Wettkämpfen, das wie eine richtige Hochzeit drei Tage dauerte und bei dem die Eheschließung mit Zeus nachvollzogen wurde. Der feierliche Höhepunkt des Festes war eine Prozession von Argos zum Heraion, bei der die Hera-Priesterin auf einem von heiligen Kühen gezogenen Wagen fuhr.

Eine Teerstraße führt uns anschließend hinab zum Ort *Hónikas.* Das silbern schimmernde Meer scheint schon in greifbare Nähe gerückt. Moderne Windrotoren stehen zwischen den Baumreihen der Obstgärten. Sehenswert in Hónikas ist die byzantinische *Kímisis-Theotókou-Kirche* aus dem 12. Jahrhundert.

Von Hónikas folgen wir der Straßenabzwei-

Das sogenannte Schatzhaus des Atreus ist in Wahrheit das Rundgrab eines Fürsten aus dem 14. Jahrhundert v. Chr. (14,6 m weit und 13,4 m hoch).

Die gewaltige Kyklopenmauer in Tiryns wurde in der Zeit zwischen 1350 und 1200 v. Chr. immer wieder neu errichtet und verstärkt. ▷

gung nach Argos und biegen gleich bei einer Texaco-Tankstelle nach links ab. Die Feldstraße führt durch Obstplantagen parallel zur Hauptstraße nach *Aníi* (2 km). Wir legen das nächste Stück Weg nach *Platanídi* am besten auf der Asphaltstraße zurück (1 km). Hierbei stoßen wir auf ein weiteres byzantinisches Kirchlein aus dem 12. Jahrhundert, die *Metamórfosis-Sotíros-Kirche.*

Bei einem triangelförmigen Platz verläßt links an einem kleinen *Spielplatz* vorbei ein Sträßchen den Ort, das in Orangenhaine hineinführt und bald darauf an einem *Friedhof* (links) vorbeikommt. Bei einem *Brückchen* über einen Kanal gehen wir die Erdstraße links *entlang des Kanals* bis zu einer weiteren *Brücke.* Danach wird der Kanal kurz unterbrochen durch eine Feldstraße, der wir nach rechts folgen. Es geht immer geradeaus bis zur Hauptstraße, auf der wir stadteinwärts nach *Ágia Triáda* kommen. Im Stadtkern biegen wir nach rechts ab auf die Straße nach *Navplion.* Am Ortsausgang finden wir inmitten des Friedhofs das schönste Kirchlein der Argolis, das aus der zweiten Hälfte des 12. Jahrhunderts stammende *Panagía-Kirchlein.* Besonders eindrucksvoll ist die Außenfassade der Kirche. Der Unterbau des Gebäudes wurde aus den Bruchstücken des Heraions errichtet. Darüber erhebt sich feingliedrig

das Mauerwerk aus Hausteinen mit allerlei Zwischenziegellagen, Zierborten und Mäanderbändern.
Gegenüber dem Friedhof beginnt ein *Feldweg,* der abermals an einem Stück *Kanal* entlangführt. Bei einer Brücke stoßen wir auf ein *Asphaltsträßchen,* dem wir nach links folgen. Bei einer Kreuzung nehmen wir rechts einen *Schotterweg* in Richtung auf einen kegelförmigen Berg zu. Links kommen einige *Gewächshäuser,* an einem *Pumpenhäuschen* geht es durch eine Furt, und sonst nichts wie Orangenbäume. Bei einer Weggabelung zweigen wir nach rechts ab in Richtung auf den kegelförmigen Berg zu. Zuerst taucht eine *Lagerhalle* auf, dann ein *Fußballplatz,* bis wir wieder auf eine Teerstraße *(Nea Tiryns–Argolikón)* stoßen, die überquert wird. Die nächste Straßenkreuzung wird ebenfalls überquert, bis wir abermals auf eine Asphaltstraße kommen, die wir nach rechts bis zu dem antiken *Tiryns* gehen.
Die mykenische Burg von Tiryns läßt viele Ähnlichkeiten mit der Anlage in Mykene erkennen. Im Gegensatz zu Mykene wurden hier aber keine Königsgräber freigelegt. Das Ausgrabungsgelände in Tiryns ist kleiner und kompakter als das in Mykene. Die mythische Herkunft Tiryns' ist eng mit Argos und Mykene verbunden. Der Sage nach konnten seine gewaltigen Mauern nur mit Hilfe der Kyklopen erbaut worden sein. Zur damaligen Zeit reichte das Meer bis in die Nähe des Hügels, auf dem die Befestigung lag, und neben dem Fischfang scheint auch die Seefahrt eine wichtige Rolle gespielt zu haben. Heute dagegen ist die Stadt vom Meer über eineinhalb Kilometer entfernt und liegt an der Hauptstraße nach Navplion (5 km).

Touristische Angaben

Ausgangspunkt: Mykene (Wanderung führt nicht zum Ausgangspunkt zurück).
Gehzeiten: 4½ bis 5 Stunden.
Mykene–Monastiráki: 45 Minuten.
Monastiráki–Hónikas: 1½ Stunden.
Hónikas–Ágia Triáda: 1 Stunde.
Ágia Triáda–Tiryns: 1 Stunde.
Verkehrsverbindungen: Busse: Athen–Mykene–Argos–Navplion; Bahn: Athen–Mykene–Argos; Taxis in Argos und Navplion; Leihautos und Motorräder in Navplion.
Übernachtungsmöglichkeiten: Hotels und Zimmer in Mykene, Argos, Nea Tiryns und Navplion; Jugendherbergen in Monastiráki und Navplion; Camping in Mykene und Golf von Argos.
Verpflegung: Restaurants und Tavernen in Mykene, Monastiráki, Hónikas, Ágia Triáda, Nea Tiryns, Argos, Navplion; Kafeníon in Anífi; Einkaufsmöglichkeiten in Mykene, Argos, Ágia Triáda und Navplion.
Sehenswürdigkeiten: Ausgrabungen in Mykene, Argos, Tiryns, Heraion, Midéa; byzantinische Kirchen in Hónikas, Plataní di, Ágia Triáda; Burg in Argos und Festung in Navplion.

24 Von Alt-Epidauros zum Amphitheater beim Heiligtum des Asklepios

Beste Jahreszeit: während des ganzen Jahres möglich; im Sommer sehr heiß.
Gehzeit: 5 Stunden.
Unschwierige Wanderung mit schönem Tiefblick auf den Küstenstreifen von Alt-Epidauros.

Das malerisch gelegene Dorf Paläo Epidavros (Alt-Epidauros) ist nicht nur Ausgangspunkt zu dem in der Antike sehr bedeutsamen Heiligtum des Asklepios, sondern auch ein Ort, der zu einem angenehmen Aufenthalt für einige Tage einlädt. Besonders in der Vorsaison findet man hier noch seine Ruhe, wenn man ungestört über die Küstenfelsen wandert oder den Fischern am Hafen zusieht. Und der Duft tausender blühender Orangenbäume umfängt den Wanderer beim Durchstreifen der Haine.
Der antike Ort lag am Ansatz der rechts ne-

Alt-Epidauros mit seiner malerischen Bucht und der meerumspülten Landzunge ist durchaus ein Ort, der zum Verweilen einlädt.

Blick zurück auf den Golf von Epidauros. Tausende von Orangenbäumen sorgen im Hinterland für sattes Grün und im Frühjahr für einen unvergleichlichen Duft.

ben dem Hafen sich ins Meer erstreckenden Landzunge. Interessant ist ein kleines Musiktheater, das hier freigelegt wurde. Von Alt-Epidauros führte ein Verbindungsweg zu dem im Landesinneren gelegenen Asklepiosheiligtum, der aber nicht mehr erhalten ist. Unsere Wanderung folgt deshalb im wesentlichen dem Weg, den Wolfgang Hautumm in seinem Buch »Peloponnesische Wanderungen« beschrieben hat.

Der Wegverlauf

Wir beginnen unseren Weg am *Hafenbecken* in südlicher Richtung und erreichen bald darauf einen *Orangenhain* am Fuß der kleinen Halbinsel, wo sich einst die antike Siedlung befunden hat. Auf einem Weg durch die Pflanzung kommen wir schon nach fünf Minuten zu dem bereits erwähnten *Musiktheater* am landeinwärts geneigten Hang der Landzunge. Übrigens ist bei dem nebenstehenden Haus mit der imposanten Phoenixpalme ein guterhaltener Brotbackofen zu bestaunen.

Am gegenüberliegenden Uferstreifen führt der Weg weiter entlang des äußerst schmalen *Küstensaums*, der nur bei ruhiger See passierbar ist. Wer sich gerne nach ein paar Muscheln bückt und schon mal nasse Füße riskiert, kann diese Variante des Weges gehen. Ansonsten ist es besser, die etwas weiter landeinwärts parallel verlaufende Straße zu nehmen. Gehen wir direkt am Meer weiter, kommen wir schon bald an einem wunderschönen, in einem Orangengarten angelegten Campingplatz vorbei. Bei einem zweiten *Campingplatz* stößt man auf die alternativ erwähnte Straße.

Es geht noch ein Stück weit entlang des Meeres, bis wir an einem dreistöckigen, heruntergekommenen Gebäude, dem ehemaligen *Yalassi-Hotel*, und einigen Häuschen am Ende der Bucht ankommen. Direkt nach dem Gebäude steigen wir eine Treppe hoch und gehen etwa 200 Meter auf dem Einfahrtsweg zurück, an dessen Tor ein Schild mit der Aufschrift »Epidauros Bung Hotel Yalassi« steht. Rechts vom Schild auf dem Fahrweg aufwärts. Der Weg gabelt sich bald darauf; in einer scharfen Kehre nach rechts führt ein Schotterweg hinauf.

Waren es weiter unten noch die von Lawrence Durrell gepriesenen »leuchtenden Orangen«, so umfängt uns nun die Wildnis der griechischen Landschaft mit all ihren Schönheiten. Weiße Zistrosenbüsche und der strenge Geruch des Ginsters begleiten uns. Wir erreichen ein Plateau mit einer Orangen- und Zitronenpflanzung neben einem großen *Wasserreservoir.* Wir umrunden es auf dem Fahrweg und steigen an seiner gegenüberliegenden Seite zwischen Olivenbäumen weiter hinauf. Eine *Olivenpflanzung* wird überquert; der Weg führt nicht in die herabziehende Schluchtenrinne, sondern links davon bergauf, wo mit roter Farbe die Felsblöcke mit »ππ« und *»A '7«* beschriftet sind. Anschließend, nach großen Steinblökken, wird ein *Wasserrohr* überstiegen; parallel zu ihm führt der Weg eine Zeitlang nach oben. Nach einigen Walnußbäumen fügen sich die einzelnen Pfade wieder zu einem gut sichtbaren Weg zusammen, der in Richtung auf die Straße über uns hinaufzieht.

Von hier haben wir einen schönen Blick auf den darunter liegenden Ort Alt-Epidauros mit seiner ins Meer greifenden Landzunge. Ein schmaler Pfad quert nun die Schluchtrinne und verläuft an ihrer rechten Seite weiter aufwärts, bis er auf die *Fahrstraße* von Alt-Epidauros nach Koliáki trifft. Wir laufen eine Linkskehre auf der breiten Straße, verlassen diese aber nach einigen hundert Metern auf einem gerade aus der Kurve tretenden, nach oben führenden Schotterweg, der zu einer kleinen *Kapelle* neben einem Ziegenpferch führt. Von hier geht es weiter bis auf den Sattel des Passes, von dem wir dann in zehn Minuten in das Dorf *Koliáki* absteigen.

Abwärts auf der Betonstraße des Ortes, wobei wir an einigen noch im Gebrauch befindlichen Brotbacköfen außerhalb der Häuser vorbeikommen. Geradeaus abwärts gehend, stoßen wir an einem Wegschrein zwischen einzelnen Agaven auf die asphaltierte Durchgangsstraße.

Diese wird überquert und der weithin sichtbare *roterdige Feldweg*, der vom Dorf weg nach Westen führt, eingeschlagen. Koliáki im Rücken, geht es immer geradeaus; bei einer Gabelung schlagen wir die rechte, nach oben ziehende Fortsetzung ein. Der Weg führt an einer großflächig betonierten

Regenwassersammelanlage vorbei, eine Abzweigung nach rechts oben bleibt unberücksichtigt. Er führt nun oberhalb des rechten Randes eines eingeschnittenen Trockenbachbettes abwärts zur *Asphaltstraße Ligoúrion–Portohéli.*

Auf der Asphaltstraße wenden wir uns nach rechts und folgen dieser etwa 15 Minuten bis zu einer *Kirche* mit einigen vereinzelt stehenden Häusern. Wir umgehen die Kirche rechts auf dem Fahrweg; bei einem *Bildstock* und *Schild* »Katafigion Syrmaton« gehen wir geradeaus vorbei auf dem in westlicher Richtung führenden Weg. Eine spätere Abzweigung nach rechts führt zu einem Berghang und einem weißgetünchten Haus mit blau gestrichenen Fenstern und Türen.

Etwa 150 Meter vorher zweigt nach links ein Feldweg ab, der durch Olivenpflanzungen führt und dann plötzlich endet. Nach Überquerung eines Feldes stoßen wir schnell auf einen neuen Fahrweg, auf dem wir weiter nach Westen wandern. Der schon vorher immer mehr schwindende Fahrweg geht nun für kurze Zeit in einen Pfad über, aber bald darauf kommt nach einem Trockenbachbett ein Fahrweg von Norden herab, den wir abwärts einschlagen. Nach einer halben Stunde sehen wir rechts zwischen Kiefern die Bungalows des *Xenia-Hotels*, zwischen denen wir auf kürzestem Weg zum *Eingang des Amphitheaters* absteigen können.

Über tausend Jahre war an diesem Ort der Kult um den Halbgott Asklepios, einen Sohn des Gottes Apollon und der Sterblichen Koronis lebendig. Das Asklepeion von Epidauros war kein Krankenhaus, in dem wissenschaftliche Kenntnisse zur Heilung der Kranken angewandt wurden, sondern eine Begegnungsstätte zwischen Gott und den Kranken. Die Pilger reinigten sich zuerst mit dem heilkräftigen Wasser und begaben sich dann zum Altar des Apollon, um diesem zu opfern. Am Abend versammelten sie sich in den Schlafhallen, wo Priester und Pflegepersonal sie auf die »heilbringende Nacht« einstimmten. Die Heilung der Kranken sollte sich nämlich durch die wundertätige Erscheinung des Asklepios im Traum vollziehen. Aber das Asklepeion war nicht nur Wallfahrtsort für die Blinden und Gebrechlichen, die an Geschwüren Leidenden, die um ihren Haarausfall Besorgten, die sterilen Frauen oder die sonst von irgendeinem Leiden Geplagten, sondern hierher kamen auch Schauspieler, Musiker und Athleten, um alle vier Jahre zu Ehren des Gottes in Wettstreit zu treten.

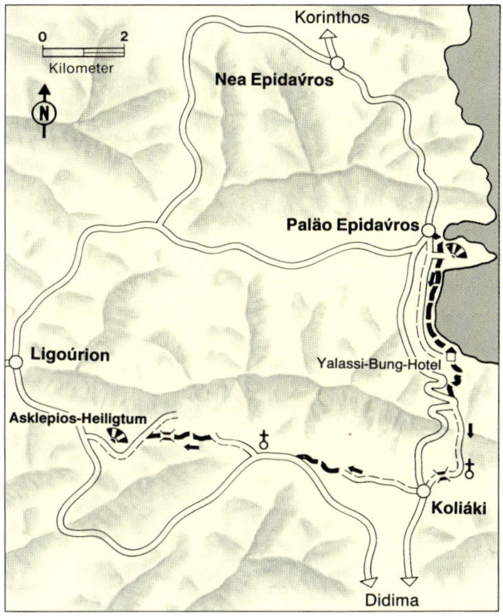

Das Theater von Epidauros ist das am besten erhaltene Theater der griechischen Welt. Man nimmt an, daß es Anfang des 3. Jahrhunderts vor Christus gebaut wurde, doch schon ein Jahrhundert darauf wurde es auf die doppelte Kapazität erweitert und faßte nun 12000 Zuschauer. Jedes Jahr im Sommer zwischen Juli und August finden hier Festspiele statt, auf deren Programm zumeist antike Dramen und Komödien stehen. Auch wenn der ausländische Besucher die Sprache nicht versteht, ist ein Besuch der besonderen Atmosphäre wegen ein Erlebnis. Wenige hundert Meter vom Theater entfernt, gegenüber den Parkplätzen, liegt das antike Ausgrabungsgelände. Hier standen die Tempel des Apollon, der Themis, der Aphrodite und des Asklepios, um nur die wichtigsten zu

Folgende Abbildung:
Das Amphitheater von Epidauros wurde um 350 v. Chr. erbaut und konnte mit seinen 55 Sitzreihen 12000 Zuschauer aufnehmen. Wegen seiner unübertrefflichen Akustik und seines guten Bauzustandes wird es heute wieder in den Sommermonaten für Aufführungen antiker Dramen genutzt.

nennen, ferner die Badeanlagen, die Schlafhallen, Gymnasion und Bibliothek und all jene Einrichtungen, die auch heutzutage noch einen Kurort ausmachen. Auf der anderen Seite der Zufahrtsstraße hat man das antike Stadion ausgegraben.
Zurück nach Alt-Epidauros kommt man am besten über das 5 Kilometer entfernt gelegene Ligoúrion. Von dort verkehren Busse oder Taxis in alle Richtungen.

Touristische Angaben

Ausgangspunkt: Paläo Epidavros (Alt-Epidauros); 14 km von Ligoúrion, 40 km von Návplion und 55 km vom Kanal von Korinth entfernt (Wanderung führt nicht zum Ausgangspunkt zurück).
Gehzeiten: 5 Stunden.
Alt-Epidauros – Yalassi-Bung-Hotel: 30 Minuten.
Yalassi-Bung-Hotel – Koliáki: 2 Stunden.
Koliáki – Kirche (Straße Ligoúrion – Portohéli): 1 Stunde.
Kirche – Paß: 1 Stunde.
Paß – Amphitheater: 30 Minuten.
Verkehrsverbindungen: Busverbindung von Athen und Návplion nach Paläo Epidávros und Epidauros (evtl. Umsteigen in Ligoúrion); Taxis in Nea Epidávros, Paläo Epidávros, Ligoúrion und u. U. in Epidauros; Leihautos in Návplion.
Übernachtungsmöglichkeiten: Hotels und Zimmer in Paläo Epidávros, ferner Hotels in Epidauros, Ligoúrion und Nea Epidávros; Campingplätze in Paläo Epidávros und Ligoúrion; Jugendherberge in Návplion.
Verpflegung: Restaurants, Tavernen und Einkaufsmöglichkeit in Paläo Epidávros und Ligoúrion.
Sehenswürdigkeiten: Amphitheater und Ausgrabungen in Epidauros, Museum; Ausgrabung (Musiktheater) in Paläo Epidávros, Ágia-Marina-Kirche und Ágios-Ioannis-Kirche in Ligoúrion; Kloster Agnoúndos bei Nea Epidávros und Burgruine in Nea Epidávros.
Sonstiges: Festspiele Juli und August in Epidauros; Eintrittskarten und Abfahrt in Athen: Büro der Athener Festspiele, Stadiou 4 (in der Passage), Telefon 3 221 459; Eintrittskarten und Abfahrt in Návplion: am Busbahnhof.

25 Das antike Troizén und die Adéres-Berge

Beste Jahreszeit: während des ganzen Jahres möglich; im Sommer sehr heiß.
Gehzeit: 5½ Stunden.
Unschwierige Wanderung mit herrlichen Aussichten auf die Inseln des Saronischen Golfs.

Der südöstliche Teil des Peloponnes ist wie die Inseln Ägina, Póros, die Halbinsel Methánon, Hydra und Spétses dem Verwaltungsbezirk Attika unterstellt. Der Kamm der Adéres-Berge markiert die Grenze zwischen der Argolis und dem attischen Teilstück. Tatsächlich ist es von hier mit den Fährschiffen nur ein Katzensprung nach Athen. Aber auch die Fahrtstrecke von Ligoúrion nach Póros ist landschaftlich reizvoll, besonders, wenn man von den Dörfern Áno Fanári und Driópi auf das darunterliegende Meer mit der Halbinsel Methánon und der Insel Ägina im Hintergrund blickt. Der malerische Ort und Hafen Póros ist das touristische Zentrum der Region. Ursprünglich war die Insel mit dem Festland verbunden. In spätantiker Zeit senkte sich das Land und es entstand der 250 Meter breite, nur vier Meter tiefe Kanal, der die Stadt Póros vom gegenüberliegenden Galatás trennt. Neun Kilometer westlich von Galatás, kurz bevor die Straße zur Halbinsel Methánon abgeht, zweigt nach links eine Straße nach Trizín, auch Damalás genannt, ab (3 km), dem Ort, wo sich das antike Troizén befand.

Wanderung durch das antike Troizén:

Da die Wanderung über die Adéres-Berge fast einen Tag beansprucht, ist es lohnenswert, sich für den Besuch des antiken Troizén extra Zeit zu nehmen. Der Sage nach

Zwischen Feldern und Orangenhainen verstreut liegen die Ruinen des antiken Troizén, der Heimat des Theseus.

Blick auf Trizín und die Ruinen des Klosters Ágios Dimítrios. Im Hintergrund die Halbinsel Methánon.

war Troizén die Heimat des Theseus, Sohn des athenischen Königs Ägeus und der troizenischen Königstochter Aíthra.
Troizén blieb stets politisch und kulturell eng mit Athen verbunden. Vor der Schlacht bei Salamis gegen die Flotte des Perserkönigs Xerxes (480 v. Chr.) wurde Troizén Zufluchtsort der athenischen Bevölkerung. Dies mag auch erklären, warum der Landstrich um Troizén noch heute der Verwaltung von Athen unterstellt ist.

Der Wegverlauf

Die Wanderung beginnt beim *Hauptplatz in Trizín,* wo wir die Hauptstraße weiter nach oben gehen und dann rechts in die *Odos Theseus* einbiegen. An einer Weggabelung kommen wir zum *Stein des Theseus.* Von hier geht es links zur Teufelsbrücke und rechts zum Asklepion.
Wir gehen zuerst nach links und erreichen bald einen *Turm* mit hellenischen Grundmauern, der als Palast des Theseus bezeichnet wird. Auf der Schotterstraße stoßen wir schon bald auf die sogenannte *Teufelsbrükke.* Von hier aus lohnt sich ein kleiner Abstecher in die platanen- und oleanderverwachsene *Schlucht,* in deren Tiefe das Wasser des Géfiron rauscht. Am rechten Rand der Schlucht kann man ein Stück aufwärts wandern und in einer der klaren Gumpen des Baches baden. Zurück beim Stein des Theseus, wenden wir uns der Abzweigung zum *Asklepion* zu. Links vom Weg ist der Bachlauf des Géfiron, den wir wenig später bei einer Furt durchschreiten. Viele Ausgrabungsstätten des antiken Troizén liegen verstreut in den Zitronengärten. Wer im Winter und Frühjahr diese Wanderung macht, wird an Nelken- und Gladiolenfeldern vorbeikommen. Bei der Ágios-Joánnis-Kirche zweigt ein Weg nach links ab, auf dem man nach ca. 500 Metern zuerst auf die Fundamente des ehemaligen *Hippolitos-Tempels* stößt. Rechts, mit einem Säulenstumpf in der Mitte, das *Asklepios-Heiligtum* und im Hintergrund die Fragmente der dreischiffigen *Epískopí-Kirche* aus dem 11. Jahrhundert, die vermutlich auf den Fundamenten eines Heiligtums der Aphrodite Kataskopia errichtet wurde. Wenn wir auf unserem Rückweg nach Passieren des Géfiron gleich nach links gehen, kommen wir bei der *Agía-Sotíra-Kirche* vorbei. Hier wurde die in Stein gemeißelte Inschrift gefunden, auf der der Befehl des Themístokles zur Evakuierung der Athener Bevölkerung vor der Schlacht bei Salamis wiedergegeben ist. Gehen wir diesen Weg weiter, so gelangen wir zurück ins Dorf Trizín.

Wanderung von Trizín über die Adéres-Berge nach Plépio:

Der Wegverlauf

Vom Hauptplatz in Trizín gehen wir die nach oben verlaufende Straße, diesmal aber nicht nach rechts nach Diávologéfira, sondern an der *Bäckerei* und dem *Kramerladen* vorbei. Die Kirche wird rechts liegengelassen und es geht genau in Richtung einer burgähnlichen Ruine weit über uns, die das verlassene Kloster *Ágios Dimítrios* ist. Bei den letzten Häusern des Dorfes, wo sich die Betonpiste nach rechts wendet, gehen wir den *Fahrweg nach*

Blick auf die Lagune von Thermisía und die Insel Dokós.

In sicherer Entfernung begleiten uns die neugierigen Blicke der Ziegen auf unserem Weg über die Adéres-Berge.

links, auf das in der Ferne sichtbare *Póros* zu. Der Weg verläuft nun in Kehren aufwärts, an einem Fußballfeld rechter Hand vorbei. Ungefähr nach einer halben Stunde kommen wir bei den Überresten des *Klosters Ágios Dimítrios* vorbei, wo es sich lohnt, einen Blick auf die gut erhaltenen Fresken im Innern zu werfen.

Mühsam und stetig geht es den Windungen der Schotterstraße folgend weiter aufwärts, wobei wir aber mit herrlichen Aussichten auf die Inseln des Saronischen Golfs bis hin zum Küstensaum von Attika entlohnt werden. Etwa nach einer Stunde stößt die Schotterstraße auf eine platanen- und lorbeerbestandene *Schlucht,* in der das Wasser eines Baches sprudelt. Dies ist ein guter Rastplatz. Etwas später sehen wir dann den neuerbauten Gebäudekomplex des *Klosters Theodokou* links unterhalb.

Ungefähr nach zwei Stunden Aufstieg sind wir auf dem flachen *Paßrücken* angekommen, von dem man sowohl den Saronischen Golf als auch die Inseln des Golfs von Hydra überblickt. Die Schotterstraße führt nur geringfügig unterhalb eines *trigonometrischen Vermessungspunktes* (689 m ü.M.) vorbei. Hier gabelt sich der Weg, und wir nehmen den *linken Ast* abwärts. Eine weitere Abzweigung nach rechts bleibt unberücksichtigt. Unser Panorama wendet sich nun ganz den Inseln Hydra und Dokós zu, auch die Lagune von Thermisía wird sichtbar. Wir nehmen den Weg, der südöstlich über den Berg verläuft. Links erscheinen nacheinander zwei *Ziegenpferche.*

Bei der nächsten Weggabelung gilt der *rechte Weg abwärts,* der nach einer Kurve genau auf die Meerenge zwischen den Inseln Hydra und Dokós zielt. Die Lagune von Metóhi wird sichtbar. Der Schotterweg führt dann abwärts, genau auf die in der Ferne liegende Lagune von Thermisía zu. Ein kühler Wind weht an diesem Märztag vom Meer herauf, doch es ist heiter und sonnig.

Eine Abzweigung nach rechts ist nur der Zugangsweg zu einigen Feldern weiter unterhalb (weiße Wasserrohre liegen an diesem Weg!). Wir nehmen daher die Richtung nach *links,* wo unser Weg fast horizontal um den Hang verläuft. Kurz aufeinanderfolgend werden zwei *Eisentore* passiert. Als sich der Weg

wiederum gabelt, folgen wir auch hier dem linken Zweig auf gleicher Höhe weiter. Nachdem wir an einigen Wellblechszenarien und ersten Häuschen vorbeikommen, sind wir nicht mehr weit von der *Bungalowanlage Plépio* entfernt, zu der wir auf dem Fahrweg rechts entlang des Baches gelangen. Jetzt haben wir zwar die beste Gelegenheit, ins Meer zu springen, aber was uns viel wichtiger wäre, nämlich etwas Ordentliches zu trinken und zu essen, das fehlt hier. Der letzte Bus in Richtung Galatás verläßt Ermíoni um 15.00 Uhr, in umgekehrter Richtung um 17.00 Uhr. Bis Thermisía sind es noch 3 Kilometer, doch dort besteht die Möglichkeit, sich zu verpflegen und, falls man den Bus verpaßt hat, ein Taxi zu nehmen.

Touristische Angaben

Ausgangspunkt: Trizín, 12 km westlich von Galatás/Póros (Wanderung führt nicht zum Ausgangspunkt zurück).
Gehzeiten: 5½ Stunden.
Trizín–Paßrücken: 2 Stunden.
Über den Paßrücken: 1¼ Stunden.
Abwärts nach Plépio: 2¼ Stunden.
Verkehrsverbindungen: Busverbindung: Navplion–Galatás–Ermíoni, Schiffsverbindung von Piräus nach Ägina–Methánon–Póros–Hydra–Ermíoni–Spétses; Taxis in Galatás, Thermisía, Ermíoni.
Übernachtungsmöglichkeiten: Hotels und Zimmer in Galatás/Póros, Thermisía und Ermíoni; Campingplätze bei Galatás und Portohéli.
Verpflegung: Restaurants und Tavernen in Galatás/Póros, Thermisía und Ermíoni; Kafeníons oder Cafés in Trizín, Galatás/Póros, Thermisía und Ermíoni.
Sehenswürdigkeiten: Antikes Troizén; Kloster Ágios Dimítrios oberhalb Trizín; Poseidon-Tempel auf Póros.

◁ *Schon Homer sprach vom sandigen Pylos. Blick auf Voidokiliá-Bucht und Osman-Ara-Lagune von dem Koryphásion genannten Vorgebirge (Abbildung gehört zu Tour 26).*

26 Küstenwanderung von der Voidokiliá-Bucht zur Höhle des Nestor und entlang der Osman-Ara-Lagune

Beste Jahreszeit: während des ganzen Jahres möglich.
Gehzeit: 2½ Stunden.
Leichte Wanderung mit schönen Blicken auf Lagune und Bucht.

Ausgangsort für unsere Wanderung ist die Stadt Pílos am westlichen Finger des Peloponnes. Um nach Pílos zu gelangen, sollte man die Straße über Koróni und Methóni mit sehenswerten venezianischen Festungen nehmen. Pílos ist ein einladendes Hafenstädtchen mit 3000 Einwohnern und gemütlichen alten Cafés um den schattigen Hauptplatz. Obwohl es an einem der bestgeschützten Naturhäfen Griechenlands liegt, abgetrennt vom offenen Meer durch die Insel Sfaktería, bekam es als Hafenstadt keine größere Bedeutung. Hier fand jedoch ein Ereignis statt, das vor den Augen der Weltöffentlichkeit große Bedeutung erlangte. Am 20. Oktober 1827 lagen sich hier die vereinigte englisch-französisch-russische Seestreitmacht und die türkisch-ägyptische Flotte gegenüber. Es kam zu einer Seeschlacht auf engstem Raum, bei der von den 82 Schiffen der Türken nur 27 übrigblieben und 16000 Männer den Tod fanden. Angeblich kann man noch heute Wrackteile auf dem Grund der Bucht sehen.
Auf dem Hauptplatz in Pílos erinnert ein Denkmal mit den Namen der drei alliierten Admirale Codrington, de Rigny und Heyden an die Schlacht. Das Abendland jubelte über Niederlage und Rückzug der Türken, für die Griechen war es die Einleitung ihrer endgültigen Befreiung.
An die Zeit der Türken erinnert die Festung Neó Kástro. Sie wurde 1573 errichtet und war der strategische Ersatz für die an der nördlichen Einfahrt zur Bucht gelegenen Festung Páleo Kástro, die durch die Versandung der Zufahrt ihre Bedeutung eingebüßt hatte. Mit dem Bau der neuen Festung voll-

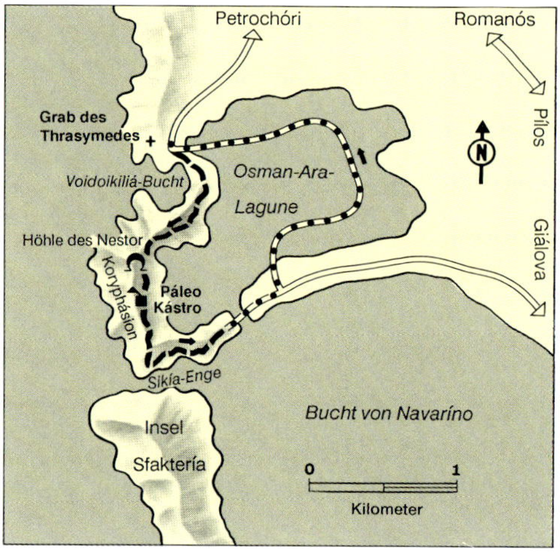

zog sich auch die Gründung des heutigen Pílos. Festung und Stadt wurden durch einen Aquädukt von weither mit Wasser versorgt. 1686 fiel dann die Burg den Venezianern in die Hände, bis sie 1715 wieder an die Türken ging.

Der Wegverlauf

Wer ein eigenes Fahrzeug hat, beginnt die Wanderung am besten an der *Voidokiliá-Bucht,* was soviel wie »Rinderbauch« bedeutet. Wir gelangen dorthin, wenn wir von der Asphaltstraße Kiparissía–Pílos beim Dorf Romanós abbiegen und dem Wegweiser nach Navarino folgen. Von dort führt eine Schotterstraße zur Bucht (3 km). Wer kein Auto hat, der nehme in Pílos den Bus nach Giálova und beginne dort die Wanderung.
Die Voidokiliá-Bucht ist ein wunderbarer Badeplatz im Sommer, besonders geeignet für Wohnmobile und Zelte. An dem schmalen Küstenstreifen, der die Bucht sichelförmig von der Lagune trennt, geht es durch *Dünen* in Richtung auf das Koryphásion genannte *Vorgebirge* zu. Das Koryphásion und die gegenüberliegende Insel Sfaktería waren in der Antike schon befestigt. 425 v. Chr. eroberten die Athener im Peloponnesischen Krieg die Stellungen der Spartaner und konnten diese für 16 Jahre halten.
Nach einer Viertelstunde ist die mondsichelförmige Bucht umrundet. Zuerst geht es noch über Dünen aufwärts zum *türkischen Kastell* (Páleo Kástro), dann findet sich ein gangbarer Weg, der hinauf zu einer dunklen *Höhlenöffnung* führt. Man sollte ruhig einen Blick hinein werfen, denn unerwartet weist das Innere fast die Ausmaße eines gotischen Doms auf, mit einem Lichtschacht nach oben.
In der Antike hat man sie als »Höhle des Nestor« bezeichnet, da dieser hier angeblich seine Rinderherden untergebracht hatte und, wie Pausanias berichtet, wahrscheinlich schon Neleus vor ihm. Angeblich waren die Rinder aus Thessalien, aber Viehdiebstahl galt damals als Hobby und Heldenstück zugleich. Von dem noch in den Windeln liegenden Hermes hieß es, er habe die Rinder des Apollon nach Pylos entführt, und auch Herakles wurde angesichts des Ruhmes iberischer Rinder mit der »Organisierung« derselben beauftragt. Pausanias schreibt: »Das bestärkt mich in der Ansicht, daß Rinder damals wichtig für die Menschen waren. Geweidet aber wurden die Rinder des Neleus, wie mir scheint, meistenteils außerhalb des Landes; denn das ganze pylische Land ist sandig und nicht geeignet, Rindern genügende Weide zu liefern. Das bezeugt mir auch Homer, der bei Erwähnung von Nestor ihn immer den König des sandigen Pylos nennt.«
Oberhalb der Höhle, auf der Gipfelfläche des Koryphásion, wo noch heute die Ruinen der türkischen Festung Páleo Kástro zu sehen sind, lag in mykenischer Zeit die antike Stadt Pylos.
Rechts neben der Höhle steigen wir steil aufwärts und sind nach einer weiteren Viertelstunde oben. Von hier hat man einen wunderbaren Blick auf die Voidokiliá-Bucht, die Osman-Ara-Lagune und die Bucht von Navaríno, davor die Insel Sfaktería. Irgendwo auf einer Hügelkuppe im Norden, bei Engliáno, muß sich der ausgegrabene Palast des Nestor befinden. Er wurde Anfang des 12. Jahrhunderts v. Chr. durch einen Brand zerstört. Die Einwohner flüchteten sich aufs Koryphásion und begannen mit der Errichtung der neuen Stadt dort, wo sich vorher der Hafen des mykenischen Herrschers befunden hatte. Wir folgen der *Festungsanlage* in Richtung zur südlichen Befestigungsmauer.
Gebückt gehen wir unter einem Loch der *Befestigungsmauer* hindurch und steigen den *Felsrücken* nach unten. Vorbei an Wolfs-

milchgewächsen und Meerzwiebeln, später durch Gebüsch, gelangen wir nach einer Stunde an die *Sikía-Enge.* Nur ein Katzensprung ist es hinüber zur Insel Sfaktería. Den Weiterweg setzen wir ca. einen Kilometer auf dem *Fahrweg* fort, der auf dem Landstreifen zwischen der Lagune und der Bucht von Navarino verläuft. Bei einem auffallenden *Gebäude* mit drei großen Glasfenstern und drei kleinen Glasfenstern darüber gehen wir den Fahrweg *links an der Lagune* weiter, der sich um die Lagune herumschlängelt, bis er als geradlinige Schotterstraße zwischen Lagune und einem Kanal wieder zum Ausgangspunkt unserer Wanderung an der *Voidokiliá-Bucht* zurückführt.

Touristische Angaben

Ausgangspunkt: Voidokiliá-Bucht: 3 km von der Straße Pílos–Hóra–Kiparíssia, beim Dorf Romanós abzweigen; oder Giálova (Bus von Pilos, 7 km; Wanderung führt zum Ausgangspunkt zurück).
Gehzeiten: 2½ Stunden.
Voidokiliá-Bucht–Páleo Kástro: ½ Stunde.
Páleo Kástro–Sikía-Enge: ½ Stunde.
Fahrweg um die Osman-Ara-Lagune: 1½ Stunden.
Verkehrsverbindungen: Bus Pílos–Hóra–Kiparíssia, Pílos–Giálova–Petrochóri, Kalamáta–Pílos–Kiparíssia; Taxi in Pílos.
Übernachtungsmöglichkeiten: Hotels in Pílos, Giálova und Chóra; freies Campieren an der Voidokiliá-Bucht möglich.
Verpflegung: Einkaufsmöglichkeiten, Kafeníos und Tavernen in Pílos, Tavernen in Giálova und Petrochóri.
Sehenswürdigkeiten: Koryphásion: Páleo Kástro, Höhle des Nestor; Pílos: Néo Kástro und Museum; Epano Engliáno: Palast des Nestor; Museum von Hóra; Festung Methóni.

Die »Höhle des Nestor« wird so bezeichnet, weil der Herrscher des antiken Pylos hier seine Rinder untergebracht hatte.

Folgende Abbildung:
Ausgedehnte Olivenhaine bedecken die Ebene von Messíni.

Der Süden und Südosten: Wanderungen in Messenien und Lakonien

27 Vom Kloster Moni Vulkánou auf den Ithóme

Beste Jahreszeit: Frühjahr und Herbst; während des ganzen Jahres möglich.
Gehzeit: 2 Stunden.
Leichte Wanderung mit guter Übersicht über die Ebene von Messíni und Fernblicken bis nach Kalamáta und dem Taýgetos.

Aus welcher Richtung man auch immer die um den Fluß Pámisos gelegene Ebene von Messíni durchfährt, jedesmal sieht man die markante, freistehende Erhebung des Ithóme. Schon in der Frühzeit war der Ithóme befestigt, und sein Besitz entschied über die Herrschaft in Messenien. Dem ersten Messenischen Krieg (743 bis 724 v. Chr.) folgten drei weitere, wobei es den Messeniern zeitweise immer wieder gelang, die Spartaner zu besiegen. Erst der thebanische Staatsmann Epaminondas (420 bis 369 v. Chr.) konnte die Macht Spartas in die Schranken verweisen. Fast gleichzeitig mit Megalópolis gründete er die Stadt Ithóme (370/369 v. Chr.), die nach der ersten Königin des Staates in Messene umbenannt wurde. Messene erlebte eine Zeit der Blüte und des Wohlstands, solange es unter dem Schutz der Thebaner stand. Nach deren Niederlage und Aufgabe des Peloponnes verbündete es sich zuerst mit den Mazedoniern (344 v. Chr.) und trat später dem Achäischen Städtebund bei. Die Stadt konnte ihre Unabhängigkeit auch unter der Herrschaft der Römer erhalten, wurde aber beim Goten-Einfall 395 n. Chr. zerstört. Gut erhalten sind noch die Reste des Mauerrings zu beiden Seiten des arkadischen Tores. Dieses stammt aus der Mitte des 4. Jahrhunderts und ist das am besten erhalten gebliebene Festungstor Griechenlands. Besonders imposant ist der querstehende Türsturz des Innentores. Von der ehemaligen Stadtanlage fällt am meisten das Asklepion ins Auge.

Wir können uns dem Ithóme von zwei Seiten her nähern. Von Osten über die Ortschaft Valíra und das Kloster Moni Vulkánou oder von Westen über den Ort Mavromáti und das antike Messene. Für den Wanderer, der mit dem Bus anreist, ist Mavromáti der bessere

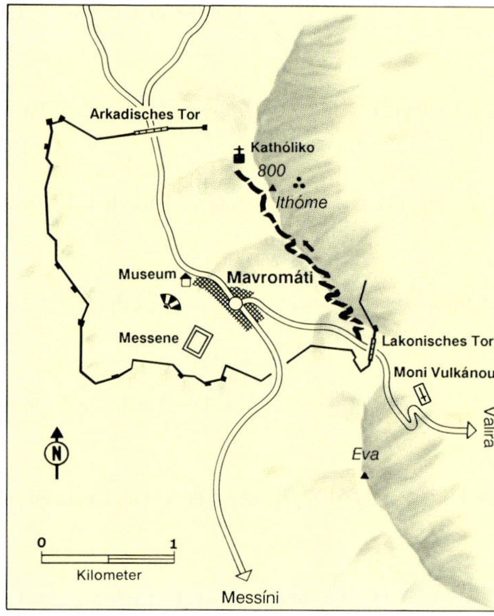

Ausgangspunkt. Der eigentliche Ausgangspunkt für den Fußweg ist der Sattel zwischen der Erhebung des Ithóme und dem Zwillingsberg Eva.

Wir wählen den Zugang vom Dorf Valíra aus. Hier weist ein Schild (4,5 km) zum Kloster Moni Vulkánou. Wir kommen durch ausgedehnte Olivenhaine auf einer Schotterstraße zum Kloster. Davor hat es einige schattenspendende Eukalyptusbäume, und es empfängt uns gleich der redselige Mönch Ambrósio. Er zeigt und erklärt uns alles und bemerkt nebenbei, daß er schon in einem Reiseführer erwähnt worden ist, er und Nikósimo. Daneben leben hier noch weitere fünf Mönche, nein, arbeiten tun sie nicht mehr, die Ländereien bearbeiten heute andere. Die Kirche wurde 1476 erbaut. Die alten Fresken im Innern gingen leider kaputt, so daß alles jetzt in kitschiger Ölfarbenmalerei glänzt, auch die zweiten antiken Säulen, die mit eingebaut wurden. Nachdem wir dem Heiligen unseren Tribut gezollt hatten, lud uns Ambrósio zu einem Kaffee ins Gesellschaftszimmer des Klosters ein.

Der Wegverlauf

Vom *Kloster* folgen wir der Schotterstraße bis zum *Paßübergang.* Wenige Meter vor dem Paßübergang sind die steinernen Reste des

Das Kloster Moni Vulkánou am Fuß des Ithóme.

Ansicht der guterhaltenen Ringmauer um das antike Messene.

Lakonischen Tores zu sehen, das ein wichtiger Teil der Befestigungsanlage des antiken Messene war. Unser Weg beginnt links von einem Mauerfragment. Nach fünf Minuten erreichen wir die Reste einer jüngeren *Befestigungsanlage.* Uns gegenüber liegt der Eva, der Zwillingsgipfel des Ithóme.
Unter uns breitet sich die weite Ebene von Messíni aus, die bis zur gleichnamigen Bucht mit Tausenden von Olivenbäumen kultiviert ist. Besonders berühmt sind die großen, fruchtigen Kalamáta-Oliven. Die Früchte der meisten Bäume dienen aber zur Ölgewinnung. Die Oliven der »Ölbäume« sind zwar kleiner, dafür aber ölhaltiger als die großen Speiseoliven. Wer schon einmal eine frische Olive vom Baum gekostet hat, wird festgestellt haben, daß sie wegen ihrer Bitterstoffe schlichtweg ungenießbar ist. Um sie als Speiseoliven verzehren zu können, muß man sie mehrere Wochen wässern und täglich das Wasser erneuern. Um diesen Prozeß zu beschleunigen, werden die Oliven oft mit einem Stein gequetscht oder leicht eingeschnitten. Anschließend werden sie dann eingelegt. Versuchen Sie es doch einmal!
Je höher wir kommen, desto weiter reicht unser Blick auf die Ebene von Messíni, den flachen Küstenstreifen und die Berge des Taýgetos. Schon bald lassen sich aus der Vogelperspektive die Anlagen des antiken Messene erkennen.
Nach einer knappen halben Stunde Steigens (vom Lakonischen Tor) kommen wir auf dem *Gipfel* an. Jetzt genießen wir überwältigende Blicke in alle Himmelsrichtungen und bedauern es nicht, diese Tour in unser Reiseprogramm mit aufgenommen zu haben. Das *Gipfelkloster Kathóliko,* wahrscheinlich im 14. oder 15. Jahrhundert gebaut, wird nicht mehr bewohnt. Es gehört zum Kloster Vulkánou und wird von diesem erhalten. Lautes Hundegekläff empfängt uns, da kommt auch schon ein schwarzgekleideter junger Mönch durch den Torbogen. Jetzt erklären sich die Stimmen, die wir beim Aufstieg über uns gehört hatten. Wir folgen dem Mönch in die Kapelle und treffen noch zwei weitere. Sie scheinen Großputz zu machen. Als sie einige Kerzen anzünden, erkennen wir uralte, noch ziemlich gut erhaltene Fresken.
Später werfen wir von der Rückseite des Klosters einen Blick hinab in die Tiefe, wo die alte Befestigungsmauer mit dem Arkadischen Tor bis fast an den Bergfuß reicht. Die Mauer war einst 8 Kilometer lang und umschloß ein Gebiet von ungefähr 290 Hektar. Eine Besichtigung ist überaus lohnenswert und vermittelt ein Bild von der gewaltigen Bauleistung der damaligen Völker. Das Arkadische Tor ist nur 1,5 Kilometer vom Ort Mavromáti entfernt, so daß der Besuch der Befestigungsmauer am Anfang oder Ende der Wanderung auf den Ithóme erfolgen kann.
Gegenüber, im östlichen Gipfelteil, liegen die steinernen Reste des antiken Heiligtums des Zeus Ithómatas. Wir lassen uns Zeit, genießen die Fern- und Tiefblicke und beginnen dann wieder mit dem Abstieg. Zum *La-*

Der Olivenbaum wird seit Tausenden von Jahren in Griechenland kultiviert. Der Göttin Athena war er heilig, mit seinen Zweigen wurden die Sieger im Wettkampf bekränzt.

konischen Tor kehren wir auf demselben Pfad zurück. Zwar ist auf einigen Karten auch ein Weg hinab zum Dorf Mavromáti eingezeichnet, doch dieser ist kaum erkenntlich und ziemlich verwachsen.

Touristische Angaben

Ausgangspunkt: Valíra oder Mavromáti (29 km von Kalamáta; Wanderung führt zum Ausgangspunkt zurück).
Gehzeiten: Vom Kloster Vulkánou auf den Gipfel des Ithóme 2 Stunden hin und zurück.
Verkehrsverbindungen: Bus von Kalamáta nach Valíra oder Mavromáti (2× täglich); Taxis in Kalamáta und Messíni; Leihautos in Kalamáta.
Übernachtungsmöglichkeiten: Hotels in Kalamáta, Messíni und Meligalás.
Verpflegung: Kafeníons, bescheidene Einkaufsmöglichkeit in Mavromáti und Valíra.
Sehenswürdigkeiten: Antikes Messene mit Asklepion, Ringmauer und Arkadischem Tor; Museum; Kloster Vulkánou und Gipfelkloster Kathóliko neben Resten des Gipfelheiligtums des Zeus Ithómatas.

28 Auf steilem Felsen über dem Meer: Die Festung Monemvasía

Beste Jahreszeit: während des ganzen Jahres möglich.
Gehzeit: 1½ Stunden.
Spaziergang mit photogenen Ansichten von Stadt und Festung Monemvasía.

Wenn die Besichtigung des mittelalterlichen Monemvasía zwar keine ausgesprochene Wanderung ist, so sollte sie in diesem Buch nicht fehlen. Auf einem markanten Felsen liegend, ist sie vom Festland her nur über einen Damm erreichbar. In früheren Zeiten

Im Schutz der Festung lehnen sich die Häuser der »Unterstadt« von Monemvasía an den Berg. Von hier aus verteidigten Byzantiner, Venezianer und Türken ihre Herrschaft über den Peloponnes.

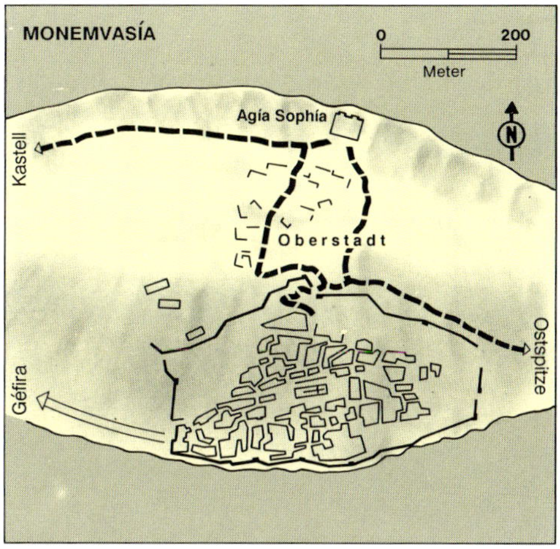

war sie durch eine Brücke verbunden, die *»mone embasia«,* die ihr den Namen gab. Auf dem kargen, 300 Meter hohen Inselfelsen, umgürtet von uneinnehmbar scheinenden Festungsmauern. An der östlichen Seite des Berges schmiegt sich uneinsehbar die mittelalterliche Stadt an den Felsen. Ihre Gründung geht bis ins 5. Jahrhundert n. Chr. zurück, als sich im Gefolge der Einwanderung von Goten und Slawen die Lakonen nach neuen Zufluchtsstätten umsahen. Schon früh entwickelte sie sich zu einem bedeutenden Hafen und Handelsplatz, und mehrere Versuche arabischer Piraten, die Stadt einzunehmen, waren zum Scheitern verurteilt. Monemvasía wurde Schutzhafen für die Umsegelung des gefürchteten Kap Maléas, um das die Schiffahrtsroute von Europa nach Konstantinopel führte.
1249 gelang dann den Franken unter Guillaume de Villehardouin nach dreijähriger Belagerung die Einnahme der Stadt, doch schon 1262 kam sie wieder in den Besitz der Byzantiner. 1446 übernehmen die Venezianer für fast 100 Jahre die Herrschaft über Stadt und Festung. Den Venezianern folgen die Türken für 250 Jahre, bis 1690 der Doge Francesco Morosini die Stadt noch einmal für ein Vierteljahrhundert dem Einfluß Venedigs unterstellt. Die Türken übernehmen 1715 nach dem Rückzug der Venezianer vom Peloponnes endgültig die Herrschaft über die Festung, bis diese schließlich 1821 von den griechischen Freiheitskämpfern erobert wird. Jahrhundertelang wegen seiner strategischen

und handelsmäßigen Lage begehrt, verlor sie jetzt an Bedeutung.
Wir beginnen unsere Exkursion in Géfira und fahren über den Damm, der die Neustadt von der Felseninsel trennt, bis zum Ende der Straße am unteren Teil der Befestigungsmauer (1,3 km). Durch ein Tor betreten wir ein kleines mittelalterliches Städtchen, mit eng aneinandergeschmiegten Häuschen, kleinen verwinkelten Gäßchen mit kuscheligen Cafés, Andenkenläden und Restaurants. Hier ist ein Altstadtflair, das man sonst vergeblich in griechischen Städten sucht. Es erinnert ein wenig an die Plaka in Athen oder an die Gäßchen auf einer der Ägäisinseln. Der Tourismus hat hier zwar Einzug gehalten, es ist aber auf jeden Fall eine gelungene Mischung zwischen altem Stadtbild und modernem Fremdenverkehr. Die bekannte Zementdekke, von vier Betonpfeilern gestützt, unter der Auto und Ziege ihren Platz haben, gibt es hier nicht.

Der Wegverlauf

50 Meter nach dem *Torbogen* weist ein klitzekleines Holzschild den Weg in die obere, auf dem Felsen gelegene Stadt. Aber auch bei der *Kirche am Platz,* wo eine alte Kanone hinaus aufs Meer zeigt, führt eine Treppe hoch, die uns an einer Kirche vorbei nach oben führt.
Oben geht es durch dunkle Torbögen unter der obersten *Befestigungsmauer* hindurch, unter uns die ineinanderverschachtelte Szenerie von Häusern und Dächern des Dorfes. Ein anderes Bild bietet dagegen die alte Stadt innerhalb der oberen Befestigungsmauern. Von ihr gibt es nur noch eingestürzte Mauern und überwachsene Gewölbe, alles von Gestrüpp überwuchert. Dazwischen die armdicken, fast zwei Meter hohen Stengel des Riesenfenchels *(Ferula chiliantha),* die der ruinenhaften Kulisse ihren besonderen Ausdruck verleihen.
Lediglich die *byzantinische Kirche* (Agía Sophía) hat man vor dem Verfall bewahrt, und sie überragt vor dem Steilabfall der Felsen die Fragmente dieser einstmals uneinnehmbar scheinenden Festung. In ihrem Innern offenbaren sich neben nackten Ziegeln noch die Reste einer kunstvollen alten Freskenmalerei aus dem 13. Jahrhundert. Die Ausdehnung des Plateaus oben ist größer als von unten vorgestellt. Durch Gesträuch ist ein Weg zum westlichen Ende des Gipfelaufschwungs gebahnt, von dessen Umgrenzungsmauern wir einen Tiefblick auf die Neustadt haben. Für den Rückweg versuchen wir einen anderen Pfad zu wählen; nach einigen Verirrungen auf Nebenpfaden weichen wir dem Gestrüpp und beschließen, denselben Weg zurück zu nehmen. Trotz quälender Sonne machen wir noch einen Abstecher zur Ostspitze, bevor wir absteigen. Schweißgebadet und halb verdurstet von der sommerlichen Gluthitze eilen wir hinab und stürzen einige Erfrischungsgetränke in uns hinein, was nur einen neuen Schweißausbruch zur Folge hat. Nachahmern dieser Tour empfehlen wir deshalb, bei sommerlichen Temperaturen etwas Trinkbares mitzunehmen, da der Spaziergang oben doch länger ist, als es von unten scheint.

Touristische Angaben

Ausgangspunkt: Monemvasía, 95 km von Sparta und 70 km von Gíthion entfernt (Wanderung führt zum Ausgangspunkt zurück).
Gehzeiten: 1½ Stunden.
Altstadt–Aufstieg: 15 Minuten.
Rundgang auf dem Gipfelplateau: 1 Stunde.
Abstieg: 15 Minuten.
Verkehrsverbindungen: Bus von Sparta über Mólai nach Monemvasía; Schiffsverbindung (Tragflächenboote) nach Paralía, Póros, Piräus sowie zur Insel Kíthira und nach Neápoli.
Übernachtungsmöglichkeiten: Hotels in Géfira und Apartments in Monemvasía.
Verpflegung: Einkaufsmöglichkeit in Géfira, Kafeníons und Restaurants in Géfira und Monemvasía.
Sehenswürdigkeiten: Monemvasía: Kirchen: Christós Elkoménos, Panagía Mirtiótissa, Ágios Nikoláos, Panagía Chrisofítissa, Agía Sofía; Festung; mykenische Gräber in Epídavros Limerá.

Der Felsen von Monemvasía wird von der im 13. Jahrhundert errichteten Kreuzkuppelkirche Agía Sofía bekrönt.

29 Kloster Agía Iríni: Idyllische Einsamkeit über den Klippen von Kap Maléas

Beste Jahreszeit: während des ganzen Jahres möglich; im Sommer sehr heiß.
Gehzeit: 7 Stunden.
Unschwierige, aber Ausdauer erfordernde Wanderung entlang der Küstenlinie.

Das Städtchen Neápoli ist das am weitesten südlich liegende auf dem Peloponnes. Nirgendwo in Griechenland sind die Menschen so dunkelhäutig wie hier um Neápoli und Elafónisos. Das Leben zwischen Meer und Sonne hat ihre Haut derart verbrannt. Eine Spezialität am Kai von Neápoli ist der auf Holzkohle gegrillte Oktapus. Machen Sie es wie die Fischer, bestellen Sie sich einen Oúzo und dazu ein Katharó, so heißt ein Tellerchen dieser Spezialität. Die belebteste Straße ist die Uferpromenade. Hier befinden sich einige Tavernen und Cafés, und hier kommen die Busse an. Viele der Reisenden sind aber noch nicht am Ziel angelangt, sie müssen noch weiter, mit Lokalbussen oder Taxis in die umliegenden Dörfer oder mit dem Fährschiff auf die Insel Kíthira oder das näherliegende Elafónisos. Zweimal in der Woche legt sogar das Schiff nach Kreta hier an, doch es dürften nur wenige sein, die sich von hier aus entschließen, dorthin zu fahren. Für uns ist Neápoli Ausgangspunkt einer Wanderung ans Kap Maléas, jener ins Meer ragenden Klippen, die im Altertum als die Grenze der ägäischen Welt galten. »Bist du um Maléa herum, dann vergiß die Heimat« (Strabon, 378). Unberechenbare Meeresströmungen und Winde ließen es zum Unglückskap für viele Seefahrer der damaligen Zeit werden, zu denen auch Odysseus und Menelaos gehörten, die von hier in die Irre trieben.

Der Wegverlauf

Wir verlassen Neápoli auf der Straße, die entlang der *Uferpromenade* in südöstlicher Richtung den Ort verläßt und alsbald in eine Schotterstraße übergeht. Nach einer halben Stunde sind wir bei den verlassenen Häusern von *Paläo Kástro.* Nach einer kleinen *Bucht* geht die Fahrstraße in einen Schotterweg über, an mehreren stillen Kiesbuchten vorbei, bis nach fast einer Stunde nach einem *Haus mit blauer Tür* ein Fahrweg von oben herabkommt, auf dem wir weitergehen. Kurz darauf mündet er bei großen *Feigenkakteen* in einem trockenen *Flußbett* (wenn wir jetzt geradeaus blicken, sehen wir unser Ziel: eine Senke mit Zypressen am Bergkamm). Dieses gehen wir in Richtung Meer abwärts, bis bei einem *Gatter links* ein Weg durch einen Olivenhain abzweigt, vorbei an einem *Wasserreservoir* auf ein Haus zu.

Hier gehen wir auf einem *Feldweg* ca. 60 Meter aufwärts, bis undeutlich und kaum sichtbar ein Pfad durch Gebüsch zu einem Feld unterhalb der vorhin erwähnten Zypressen aufwärts führt. Nach Überschreiten des Bergrückens kommen wir bei einem *Häuschen* mit grünen Türen und Fenstern heraus. Von hier verläuft ein Pfad abwärts auf eine *Zisterne* mit turmähnlichem Aufbau und angelehntem weißen Häuschen zu.

Jetzt ist auch schon die eingefallene *Steinhütte* zu sehen, auf die wir dann zusteuern. Der Pfad führt weiter entlang der Küstenlinie durch niedere Phrygana, und nach etwas mehr als zwei Stunden kommen wir bei den wenigen Häuschen von *Limnákia* an. Dann folgt ein Stück Fahrweg, der nach Ágios Nikólaos hinaufführt. Wir nehmen aber den Weg abwärts in einen *Schluchtausläufer,* in dem es kurz nach Unterqueren einer Stromleitung wieder nach oben geht. Eine Viertelstunde darauf erreichen wir einen zweiten *Schluchtausläufer* zum Meer hin. Wir gehen die Schotterstraße rechts hangaufwärts hoch. Ungefähr 20 Minuten nach dieser Schlucht kommt abermals ein Fahrweg aus dem Landesinneren, auf dem wir nach rechts zum Meer hin abbiegen.

Die Schotterstraße windet sich abwärts um Kap Makriá Poúnta, von dem es nur 14 Kilometer hinüber nach Kíthira sind. Oftmals schrecken wir den Wiedehopf auf, diesen

Einsamkeit über den Klippen von Kap Maléas. Das kleine Irínikloster ist heute verlassen.

Hoch über dem Meer verläuft der guterhaltene Weg zum abgelegenen Kloster Agía Iríni.

schön gezeichneten, elsternähnlichen Vogel, der über den ganzen Peloponnes verbreitet ist.
Nach vier Stunden kommen wir dann bei den Häuschen von Profítis Ilías an. Vorher gabelt sich der Weg. Nach rechts unten geht es zum Kafeníon und zur Kapelle am Meer, links geht es an den oberen Häusern und Feldern weiter auf breiter Schotterstraße bis Agía Marína. Links oberhalb zwischen Profítis Ilías und Agía Marína erhebt sich ein markanter, glattwandiger Berg, der 589 Meter hohe Kondovígli.
Als erstes stoßen wir auf die *Kapelle der Agía Marína* und eine Viertelstunde später auf die *Siedlung.* Fünf volle Gehstunden haben wir bis hierher gebraucht. Wir folgen dem *Fahrweg* weiter, der ungefähr eine halbe Stunde nach Agía Marína endet. Rechts unterhalb können wir schon die Fortsetzung des Fußpfades erkennen. Dieser letzte Teil des Wegs führt über steil abfallende Felsen die Küste entlang und ist zweifellos der schönste Abschnitt der Wanderung. Eineinhalb bis zwei Stunden sind es von Agía Marína bis zum weißen Kirchlein von *Agía Iríni.* Es ist ein Ort idyllischer Einsamkeit: eine weiß in der Sonne reflektierende Kapelle, die dazugehörende schlanke Zypresse, daneben der niedere Trakt mit sechs Türen, wo einstmals sechs Mönche über der Weite des Meeres meditierten. Lautlos, so scheint es, ziehen die Schiffe ums Kap, an der Insel Kíthira vorbei. Eine zum Kloster gehörende *Zisterne* ist noch gut erhalten. Die Natur konnte diesen einst gepflegten Flecken der Stille noch nicht zurückerobern. Blaue Schwertlilien blühen am Hang, einige Mandelbäumchen tragen Früchte, ein Rosmarinstrauch ist geblieben und viele Feigenkakteen geben dem Ganzen etwas Malerisches. Doch wie mag es hier sein, wenn im Winter die Stürme am Kap Maléas toben?
Unten ist eine kleine Bootsanlegestelle; die Versorgung auf dem Seeweg ist sicher weniger mühevoll als über den steinigen, auf- und abwärts führenden Maultierweg entlang der steilen Küste. Vielleicht finden sich in nächster Zeit wieder Menschen, die sich hier niederlassen, vielleicht Frauen, wie wir es bei vielen anderen verlassenen Klöstern auf dem Peloponnes erlebt haben.

Touristische Angaben

Ausgangspunkt: Neápoli (Wanderung führt nicht zum Ausgangspunkt zurück).
Gehzeiten: 7 Stunden.
Neápoli–Paläo Kástro: ½ Stunde.
Paläo Kástro–Limnákia: 1½ Stunden.
Limnákia–Profítis Ilías: 2 Stunden.
Profítis Ilías–Agía Marína: 1 Stunde.
Agía Marína–Agía Irína: 2 Stunden.
Verkehrsverbindungen: Busverbindung nach Athen, Sparta, Mólai (umsteigen nach Githion oder Monemvasía), Velanídia; Schiffsverbindung nach Gíthion, Kíthira, Kreta, Elafónisos, Monemvasía und Piräus; Taxis in Neápoli.
Übernachtungsmöglichkeiten: Hotels in Neápoli; Agía Iríni: nur Zelt/Schlafsack.
Verpflegung: Restaurants, Tavernen und Einkaufsmöglichkeit in Neápoli; Kafeníon in Profítis Ilías.

30 Von Agía Iríni über die Krithína-Berge nach Velanídia

Beste Jahreszeit: während des ganzen Jahres möglich; im Sommer sehr heiß.
Gehzeit: 4½ Stunden.
Unschwierige, etwas Orientierungssinn erfordernde Wanderung, zum Teil weglos.

Der Wegverlauf

Nachdem wir die Nacht unter freiem Himmel beim *Kloster Agía Iríni* verbracht haben, verlassen wir dieses am nächsten Morgen auf demselben Pfad, den wir tags zuvor von Agía Marína gekommen sind. Kurz vor der Bucht von Agía Marína zweigt von unserem Fahrweg ein Stück nach rechts aufwärts ab. Bei der ersten *Viehtränke* und beim ersten *Häuschen* steigen wir hoch und treffen auf den Zufahrtsweg zu diesem Häuschen. Dieser *Fahrweg* zieht eine Schleife, und gleich beim ersten mächtigen *Gesteinsbrocken,* um den die Straße links herumbiegt, geht es rechts einwärts in das Labyrinth der *Felsstümpfe* (falls Sie Schwierigkeiten mit der Wegfindung befürchten, fragen Sie sicherheitshalber bei den Bewohnern von Agía Marína nach).

Im weiteren Verlauf führt der Weg genau in das Tal hinauf, an dessen linkem Hang momentan ein Bulldozer eine Straße hochtreibt, die möglicherweise eines Tages hinüber nach Ágios Míron führt. Der Weg zieht sich zuerst auf der linken Seite des Schluchtbettes aufwärts. Er ist leicht zu verlieren, und es empfiehlt sich dann, auf einen der Felsen zu steigen, um in der Phrygana den Überblick zu behalten. Weiter oben geht der Pfad auf die rechte Seite der Rinne über.

Vor uns erscheint ein stufenförmig abfallender *Felskamm,* an dem es links vorbeigeht. Anschließend liegt vor uns ein *Sattel,* an dessen rechter Seite sich eine Felswand erhebt. Dies ist unser Paßübergang nach Ágios Míron. Oben angekommen führt der Weg auf der rechten Seite des abwärts ziehenden Tales hinunter bis zum Kirchlein des *Ágios Míron.* Von dort geht ein tief eingeschnittener Pfad aufwärts zur Fahrstraße nach *Velanídia* (mittlerweile dürfte der Fahrweg bis hinab nach Ágios Míron vorangetrieben worden sein).

Die an den Berg gereihten Häuschen von Velanídia setzen sich zu einem herrlichen Bild zusammen. Die Wände weiß, Türen und Fenster in allen Farbtönen, könnten sie

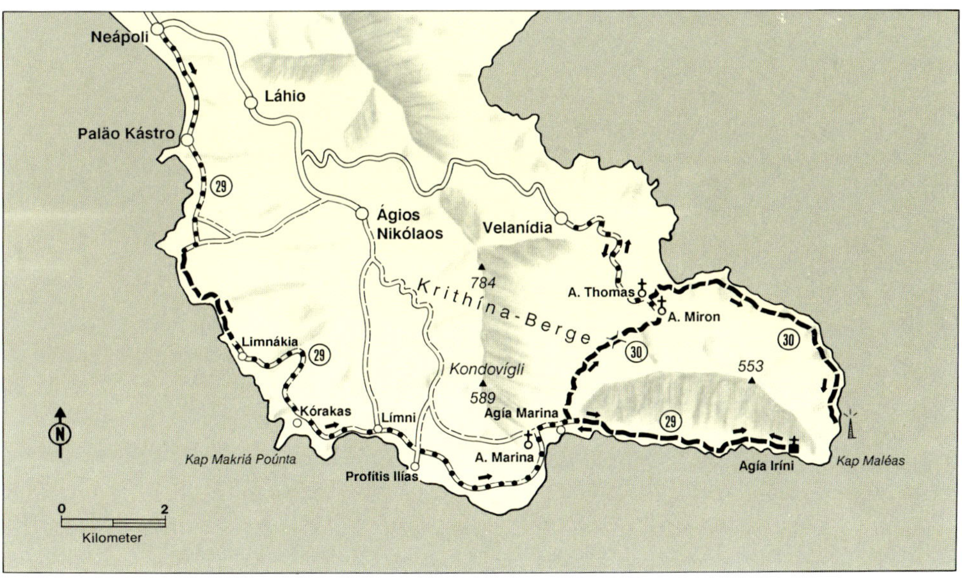

das Motiv für eine dieser kunstvollen griechischen Postkarten sein. Genauso photogen ist der Blick auf Bucht und Küstenlinie darunter. In Velanídia gibt es zwei Kafenía, wobei der Besitzer des unteren sehr entgegenkommend ist und auch etwas zu essen anbietet. Die Verkehrsverbindung nach Neápoli ist ungünstig, der Bus fährt morgens um 7.00 Uhr ab. So bleibt nur die Möglichkeit, noch einmal unter freiem Himmel zu übernachten oder auf eine günstige Mitfahrgelegenheit nach Neápoli zu hoffen (ca. 20 km).

Von Velanídia zum Leuchtturm von Kap Maléas (2¾ Stunden):

Wir durchschreiten das Dorf an den beiden *Kafeníons* vorbei auf der abwärts führenden Straße und biegen nach fünf Minuten bei einem *Schild mit roter Schrift* (Warnung vor der Gefahr des Feuers) einen Fahrweg nach rechts ab, der auf der anderen Seite einer Einsenkung aufwärts führt. Der Fahrweg zieht sich aufwärts bis zu einem Paß, über dem das Überbleibsel einer einstigen *Windmühle* steht. Etwa fünf Minuten weiter arbeitet die Planierraupe, und der Fahrweg endet vorerst (1988); er soll aber in Kürze bis Ágios Míron vorangetrieben werden. Noch ist es nicht soweit, und nach links unten zweigt ein tief ins Gebüsch eingeschnittener *Maultierpfad* ab, der von oben nicht zu erkennen ist. Noch sind für die wenigen Bewohner von Ágios Míron Esel und Maultier unentbehrlich, doch schon bald dürfte das Auto zum wichtigeren Transportmittel werden. Der eingeschnittene Weg ist eng, und es bleibt uns kaum Platz, als wir einigen schwerbeladenen Tragtieren ausweichen müssen. Der strenge Geruch des Ginsters umfängt uns, kurz darauf der nicht weniger strenge Geruch eines Ziegenpferches.
Wir erreichen zuerst das *Kirchlein des heiligen Thomas.* 20 Meter nach diesem führt der Weg zu dem untersten Häuschen und von dort weiter zur Bucht. Diese wird umgangen, der Weg führt entlang der *Telegraphenleitung* weiter. Er ist nicht zu verfehlen, wenn auch zuweilen etwas undeutlich, aber er verläuft immer in Generalrichtung der zum Leuchtturm führenden Telefondrähte. Fast lautlos umsteuern die Schiffe das Kap. Nach zweieinhalb Stunden kommen wir am *Leuchtturm* an. Es ist kein Platz zum Verweilen! Einen Weiterweg zur anderen Seite hin, zum aufgegebenen Kloster Agía Iríni, gibt es nicht. Zu hoch erheben sich die Felsen aus dem Meer. Wir müßten einige 100 Meter über Schrofen und Geröll hochsteigen, durch unwegsames Gelände weiter und westlich des Kaps genauso wieder hinab. Somit nehmen wir den gleichen Weg zurück bis Velanídia.

Blick auf die malerische Bucht von Velanídia.

Eng aneinandergedrängt lehnen sich die Häuschen von Velanídia an den Berg.

Touristische Angaben

Ausgangspunkt: Kloster Agía Iríni am Kap Maléas (zu erreichen durch Wanderung Nr. 29 von Neápolis; Wanderung führt nicht zum Ausgangspunkt zurück).
Gehzeiten: Agía Iríni–Velanídia: 4½ Stunden.
Agía Irini–Agía Marína: 1½ Stunden.
Agía Marína–Ágios Míron: 2 Stunden.
Ágios Míron–Velanídia: 1 Stunde.
Verkehrsverbindungen: Busverbindung: Velanídia–Neápoli–Vingláfia (Elafónisos) einmal täglich.
Übernachtungsmöglichkeiten: Hotels in Neápoli; ansonsten Zelt/Schlafsack.
Verpflegung: Zwei Kafeníons/Tavernen in Velanídia.

31 Auf der Elafónisos
Einsame Sandstrände gegenüber Kíthira

Beste Jahreszeit: während des ganzen Jahres möglich; im Sommer sehr heiß.
Gehzeit: 5¼ Stunden.
Zumeist in Küstennähe verlaufende Inselumrundung mit guten Bademöglichkeiten.

Den Namen Elafónisos (»Hirschinsel«) erhielt das kleine Inselchen im Süden des Peloponnes wegen seines geweihförmigen Ausse-

hens. Es liegt nur einen Kilometer vom Festland entfernt, und das Meer dazwischen ist nicht tiefer als vier Meter. In der Mitte der Durchfahrt sollen sich Ruinen unter Wasser befinden, so daß man annimmt, daß hier Land versunken ist. Auch die in Sichtweite befindliche Insel Kíthira wurde erst in erdgeschichtlich junger Zeit vom Festland getrennt. Die vielen Fischerboote im Hafen von Elafónisos lassen auf reiche Fischgründe in den umliegenden Gewässern schließen, und somit ist der Fischfang die fast ausschließliche Erwerbsquelle der Inselbewohner.

Der Wegverlauf

Wir beginnen unseren Weg im *Ort Elafónisos,* vorbei an buntgestrichenen Fischerbooten und ausgelegten Netzen. Vor den *letzten Häusern* verläuft ein Fahrweg aufwärts, an knorrigen Wacholderbäumen vorbei, in westlicher Richtung. Zum Meer hin hat der Wind Dünen aufgeworfen, um die die Straße in angemessenem Abstand vorbeiführt. Die Insel selbst ist nicht sehr hoch, ihr höchster Punkt liegt bei 276 Meter. Immer auf gleicher Höhe bleibend geht es an *Olivenpflanzungen* vorbei. Der Weg ist im Frühjahr gesäumt von tausenden Margeriten, und vor dem Hintergrund des schneegekrönten Taýgetos-Gebirges bietet sich ein herrliches Bild. In der sommerlichen Hitze mag diese Wanderung jedoch ätzend sein, allerdings mit dem Vorteil, jederzeit die Wanderschuhe mit der Badehose vertauschen zu können.
Jetzt erscheinen zwei wie ins Meer gespuckte *Inselchen,* vor denen ein Sandstrand verläuft. Doch selbst an dieser abgelegenen Küste wirft das Meer den Abfall an Land, mit dem es von unserer Zivilisation gefüttert wurde.
Bei den Häuschen am *Ende des Strandes* geht es unten an der Küste durch die *Dünen* weiter. Der Wind wird jetzt heftiger, vor uns liegt die offene See, noch können wir aber hinüberblicken auf die Südspitze der Halbinsel Máni. Der breitere Fahrweg endet schließlich, ein *Pfad* verläuft aber in der gleichen Richtung zwischen schroffen Gesteinsblöcken weiter. Auch an diesem Fleck hat das Meer einiges über die ausgelöcherte Felsenküste geworfen: dickes Tauwerk, Holzteile und unverwüstliche Kunststoffe.
Der Wegverlauf ist auf den *Felsen* sichtbar abgetreten, so daß man unschwierig vorankommt. Eines Tages wird sicher auch hier ein Bulldozer freie Bahn schaffen. Der Weg verläuft jetzt etwas oberhalb der Felsen, darunter schlägt tosend die Brandung über das Gestein. Nachdem wir an einem *Bildstock* vorbeigekommen sind, wird das Meer wieder ruhiger, kreischende Möwen treiben ihr Spiel

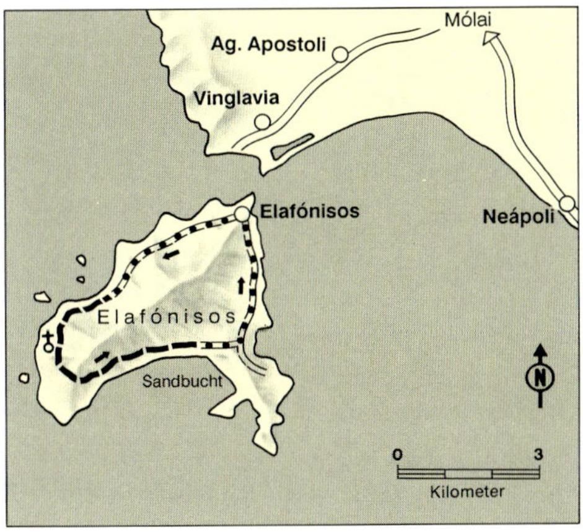

mit dem Wind. Wieder erscheint ein Inselchen im Meer und eine *Kapelle* auf unserer Seite. Einige hundert Meter vor der Kapelle führt undeutlich der Pfad über eine karge *Steinfläche* links aufwärts auf einen leichten Sattel. Die unwegsame Südwestecke der Insel wird dadurch abgeschnitten. Im Frühjahr findet man hier vereinzelt wildblühende rote Tulpen. Auf der anderen Seite des Bergrükkens hat sich das Panorama verändert: Die Insel Kíthira liegt draußen im Meer. Viele Frachtschiffe umfahren langsam in der Ferne Kap Ténaro und Kap Maléas. Über den Bergrücken geht es weglos durchs Gelände; wer gutes Schuhwerk hat, ist jetzt froh. Der Wind trägt uns zuweilen den Geruch von Oregano zu. Fern jeder Menschenseele blicken wir auf das Meer. Wir kommen zu zwei *Schäferhäuschen,* die scheinbar aufgegeben wurden. Vor nicht allzulanger Zeit muß hier der ganze Berg gebrannt haben, und für viele

Über ausgewaschene Felsen führt der Pfad an das südwestliche Ende der Insel. Nur das Geräusch der Wellen und das Kreischen der Möwen begleiten unseren Weg.

Der traumhaft schöne Sandstrand gegenüber der Insel Kíthira.

kleinere Tiere war dies das tragische Ende; noch immer stößt man auf die verkohlten Panzer der Schildkröten, die dem Feuer nicht entkommen konnten. Das Gelände gleicht einer Steinwüste, vom Weg fehlt jede Spur. Doch da taucht plötzlich etwas unterhalb ein fast verwachsenes *Band* auf, auf welchem sich gut vorankommen läßt. Kein Zweifel, es ist der Weg, aber weiterhin fast zugewachsen und schwierig erkennbar.

Ein kleiner *Olivenhain* taucht auf, unvermittelt, er paßt nicht hierher. Wir gehen zuerst auf den höchsten Punkt der Insel zu und drehen dann ab zu dem sichelförmigen weiten *Sandstrand.* Bis ungefähr 800 Meter vor der herrlichen Sandbucht hat sich eine Planierraupe vorgeschoben. Es bleibt zu hoffen, daß es nicht die erste Attacke zur touristischen Erschließung ist. Diese Bucht und ihr herrlich feiner Strand gegenüber Kap Spathí sind einfach traumhaft schön und noch ein Geheimtip!

Elafónisos ist für uns trotz seiner unmittelbaren Nähe schon nicht mehr Peloponnes – es ist griechische Inselwelt, ein Traum von Sonne, Wind und Meer. Wir genießen das Gefühl, irgendwo draußen, auf einer Kykladeninsel, zu sein, doch unübersehbar strecken sich die Finger des Peloponnes an dem Inselchen vorbei und bedeuten ihm seine Zugehörigkeit.

Dann machen wir uns auf den Rückweg zum Dorf *Elafónisos.* Am Strand biegen wir bei den kleinen Häuschen und den Feldern links einwärts. Nach einem *Wegkreuz* gabelt sich die Straße und wir schlagen den rechten, nach unten führenden Zweig ein. Wieder im Ort tut das Sitzen bei einem Bier gut. Die ruhige Atmosphäre und das beschauliche Treiben der Fischer am Hafen lassen die Strapazen der Wanderung schnell vergessen.

Touristische Angaben

Ausgangspunkt: Insel Elafónisos bei Neápoli (Wanderung führt zum Ausgangspunkt zurück).
Gehzeiten: 5¼ Stunden.
Hauptort–Bucht/Häuser: 1¼ Stunden.
Bucht/Häuser–vor Kapelle: 1 Stunde.
Von Kapelle über Bergrücken: 1 Stunde.
Bergrücken–Sandstrand: 1 Stunde.
Sandstrand–Hauptort: 1 Stunde.
Verkehrsverbindungen: Busverbindung: Athen–Neápoli; Sparta/Gíthion–Mólai–Neápoli; Velanídia–Neápoli–Vingláfia; Bootsverbindung: stündlich von Vingláfia; Autofähre zweimal täglich von Neápoli.
Übernachtungsmöglichkeiten: Auf der Insel mit Zelt/Schlafsack; Hotels in Neápoli.
Verpflegung: Tavernen und Kafeníon auf Elafónisos; Einkaufsmöglichkeit am besten in Neápoli.

Im Hafen von Elafónisos. Die Bewohner des Ortes sind fast ausschließlich Fischer, die in den reichen Fanggründen um die Insel Kíthira fischen.

Weite Sandstrände und türkisblaues Wasser machen die Insel Elafónisos zu einem Geheimtip für Individualisten.

Folgende Abbildung:
Zum Trocknen aufgereihte Tintenfische vor der Kulisse des Hafenstädtchens Gíthion.

Der Süden: Wanderungen in Messenien und Lakonien II Taýgetos und Mani

32 Durch das mittelalterliche Mistrás

Beste Jahreszeit: während des ganzen Jahres möglich.
Gehzeit: 2 bis 3 Stunden.
Spaziergang zwischen Zeugnissen byzantinischer Baukunst und Freskenmalerei.

Die heutige Stadt Sparta liegt im grünen Tal des Eúrotas-Flusses und geht auf die Gründung durch König Otto im Jahre 1834 zurück, der sie, dem Zeitgeist entsprechend, schachbrettartig anlegen ließ. Daß vom antiken Sparta nichts übriggeblieben ist, liegt sowohl daran, daß Sparta nie ein Stadtstaat geworden ist, seine Führung kein besonderes städtebauliches Interesse zeigte – da es ein stets in Bewegung befindliches Feldlager blieb –, vielleicht aber auch an den in der Folgezeit auftretenden schweren Erdbeben, wie andere behaupten. Dagegen geben uns die Ruinen des mittelalterlichen Mistrás einen guten Eindruck der byzantinischen Städte- und Kirchenbaukunst.

Wo die Ebene im Westen an die höchsten Berge des Taýgetos grenzt, über einer tief eingeschnittenen Schlucht, liegen die guterhaltenen Überreste der bizarren Ruinenstadt, die Goethe als Schauplatz für die Begegnung zwischen Helena und Faust (Faust II,3) auswählte. Vom heutigen Dorf Mistrás, fünf Kilometer von Sparta entfernt, sind es noch einmal 1,5 Kilometer zum Haupteingang der alten Stadt. Falls gerade kein Bus dorthin fährt, nimmt man am besten in Sparta ein Taxi.

Der Wegverlauf

Wir beginnen unseren Streifzug durch die mittelalterliche Stadt am *unteren Eingang,* indem wir zuerst dem Wegweiser nach Pantánassa und Períbleptos folgen. Die erste Sehenswürdigkeit ist die einschiffige *Ágios-Geórgios-Kapelle,* ehemals Hauskapelle einer vornehmen Familie. Kurz darauf stoßen wir auf das in der äußersten südlichen Ecke der Unterstadt gelegene Períbleptos-Kloster. Hier stellen die guterhaltenen spätbyzantinischen Freskenmalereien aus dem 14. Jahrhundert die größte Überraschung dar. In der Kirchenkuppel sehen wir Christus, umgeben von 14 Propheten; in den umliegenden Gewölben werden die herausragenden Ereignisse im Leben Christi dargestellt: Geburt und Taufe, Pfingsten, die Verklärung Christi, die Erwekkung des Lazarus, der Einzug in Jerusalem, das Abendmahl und die Kreuzigung. In der Apsis des Allerheiligsten erkennt man die Muttergottes zwischen Engeln, darunter wird der Leib Christi auf den Altar gelegt. Im Gewölbe davor die Himmelfahrt Jesu, an den Seitenwänden das letzte Abendmahl, das Opfer des Abraham, die drei Jünglinge im Feuerofen und der Besuch der drei Engel bei Abraham. In den beiden Seitenschiffen ist das Leben Marias dargestellt, ferner Kreuzigung, Kreuzabnahme und Grablegung Jesu. Verwiesen sei in diesem Zusammenhang auf die detaillierte Beschreibung im Reiseführer von Richard Speich (s. Anhang) oder die preisgünstigen griechischen Publikationen über Mistrás, die an der Eingangspforte erhältlich sind. Vom Períbleptos setzen wir unseren Weg zum *Pantánassa-Kloster* fort. Das 1428 erbaute Kloster war der letzte große Kirchenbau, der in Mistrás entstand. Es wird noch heute von Nonnen bewohnt und gilt als Wahrzeichen der toten Stadt. Mancher Besucher von Mistrás wird sich fragen, warum das Dorf verlassen wurde. Es sind doch Straßen und Plätze vorhanden, Kirchen gibt es reichlich, Mauern, die es wert wären, wieder darauf zu bauen. Der Grund für den Untergang von Mistrás war ein Rachefeldzug der Türken, die die Stadt 1825 verwüsteten. Wenige Jahre später waren die Pläne für das neue Sparta fertig, in das die verbliebenen Einwohner von Mistrás übersiedelten.

Durch das *Monemvasía-Tor* betreten wir die aristokratische Oberstadt. Sie wird beherrscht von der Ruine des *Despoten-Palastes.* Hier wohnten die Herrscher der Stadt,

Blick von Mistrás auf das fruchtbare Eúrotas-Tal. Im Vordergrund die älteste Kirche der Stadt, die 1291 gegründete Metrópolis.

Die Ruinen des Despotenpalastes in Mistrás. Hier wohnten die Herrscher der Stadt. Vermutlich 1250 von den fränkischen Eroberern begonnen, diente er in der Folgezeit Byzantinern, Venezianern und Türken als Wohn- und Herrschaftssitz.

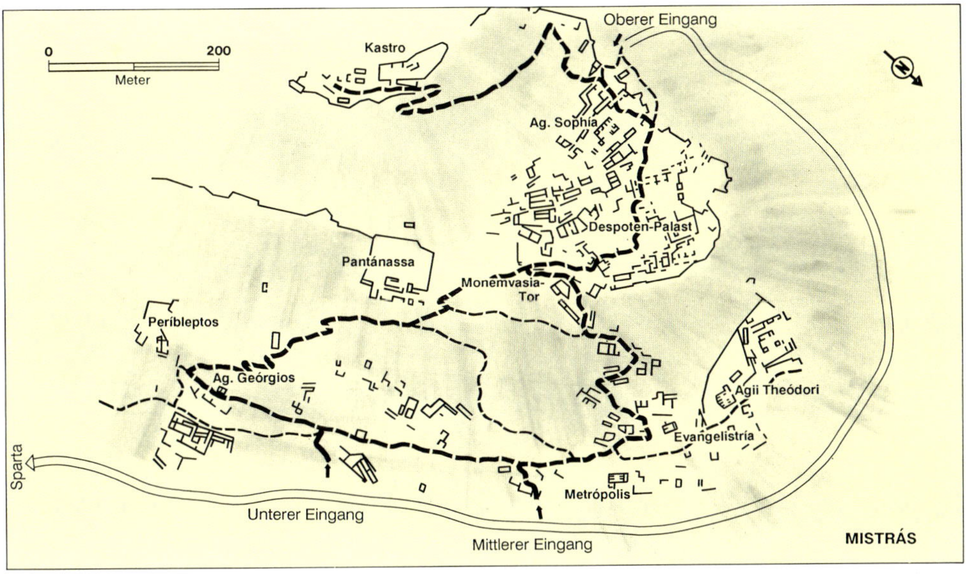

und mit ihrer Geschichte sind auch die einzelnen Gebäudeteile verknüpft. Der älteste Bau (gleich rechts) wurde vermutlich um 1250 von Guillaume de Villehardouin erbaut. Die Ruine davor ist eine türkische Moschee. Der Stumpf eines Minaretts ist noch erkennbar. Es folgten Erweiterungsbauten nach Norden, vor allem das zweigeschossige Wohngebäude im Eckteil der beiden Flügel. Erwähnenswert ist hier die auf Arkaden errichtete Terrasse über der östlichen Talseite, die den Namen »Prinzessinnen-Spaziergang« erhielt.

Der dreigeschossige Nordflügel des Palastes wurde im 14. oder 15. Jahrhundert dazugebaut. Das bedeutendste Element innerhalb dieses Trakts war zweifelsohne der Thronsaal im Obergeschoß. Der Saal war 36 Meter lang und 10,5 Meter breit. Wo an der Fassade ein Erker hervortritt, stand innen in einer Nische der Thron des Despoten. Schließlich waren in dem Gebäude noch acht Ein-Zimmer-Appartements untergebracht, allesamt mit offenen Kaminen, deren Abzüge an der Rückwand des Bauwerks noch zu sehen sind. Die sich westlich anschließende Gebäuderuine war das Frauengemach für das Gefolge der Gemahlin Theodors II., Cleopatra Malatesta, die aus Italien kam.

Die Kirche Panagía Pantánassa, der das All beherrschenden Muttergottes, ist der letzte große Kirchenbau, der in Mistrás entstand (1428). Das angeschlossene Kloster wird noch heute von Nonnen bewohnt und gilt allgemein als Wahrzeichen der toten Stadt.

Wenn wir weiter nach oben steigen, kommen wir zur Kirche *Agía Sofía,* deren Namen der gleichnamigen Kirche im damaligen Konstantinopel entlehnt wurde. Ihre Errichtung durch Manuel Kantakouzénos erfolgte in der Zeit zwischen 1350 und 1370. Das Monogramm des Stifters ist an einer der Säulen im Innern zu sehen, ebenfalls an beiden Seiten der Tür zur Vorhalle. Die Agía-Sofía-Kirche war die einzige Kirche in Mistrás, die während der türkischen Zeit in eine Moschee umgewandelt wurde.

Der Weg bringt uns weiter hinauf, bis wir auf dem Gelände der ehemaligen *Frankenburg* stehen. Diese wurde 1249 von Guillaume de Villehardouin errichtet und zeigt die gleichen Merkmale wie die anderen fränkischen Festungen auf dem Peloponnes. Man sagt, daß von der Burg in Mistrás über die Festung in Geráki bis Monemvasía Nachrichten im Sichtbereich übermittelt werden konnten. Von hier konnte die ganze Ebene des Eúrotas-Tals bis hinüber zum Parnon-Gebirge übersehen werden. Kein Wunder also, daß die Festung bis zum Anfang des 19. Jahrhunderts gebraucht wurde.

Auf dem Weg nach unten statten wir dem *kleinen Palast* noch einen Besuch ab. Man nimmt an, daß der kleine Palast aus zwei parallel liegenden Herrenhäusern entstanden ist, die miteinander verbunden waren – was auch den dabei entstandenen Innenhof erklärt. Wer genau darin wohnte, ist nicht bekannt, aber man nimmt an, daß ihn die Familien der Despoten bewohnten. Unterhalb des kleinen Palastes liegt die *Ágios-Nikólaos-Kirche* aus der ersten Hälfte des 17. Jahrhunderts. Mit besonders schönem Ziegelwerk ist der Glockenturm geschmückt. Die Kirche wurde während der türkischen Besatzungszeit als Ersatz für die in eine Moschee umgewandelte Agía-Sofía-Kirche errichtet.

Dann führt uns der Weg durch das Monemvasía-Tor hinab in die *nördliche Unterstadt.* Mehrere interessante Kirchen sind dabei zu erwähnen: die Evangelistría-Kirche, das Brontóchion-Kloster aus dem Jahre 1295, welches unmittelbar dem Patriarchen von Konstantinopel unterstellt war, die wegen ihres Baustils interessante Ágii-Theódori-Kirche und die Kirche der Panagía Odigítria. Sie war die offizielle Kirche der Kaiser und Despoten, während diese in Mistrás weilten. Sehenswert sind die Fresken im Innern der Kirche.

Schließlich bleibt uns noch die *Metrópolis,* die Bischofskirche von Mistrás. Sie ist die älteste Kirche in Mistrás und wurde 1291 von den Kretern Nikephóros und Aáron Moschópoulos erbaut. Im 15. Jahrhundert ließ Bischof Matthäus die Kirche umbauen, indem er ein zweites Obergeschoß in Form einer Kreuzkuppelkirche aufsetzte. Dementsprechend aus verschiedenen Bauepochen sind auch die überaus reichlichen Freskenmalereien im Innern der Kirche. Dem kretischen Stil sind die Bilder aus dem Leben Christi im Mittelschiff zuzuordnen: Geburt, Flucht nach Ägypten, Kindermord, Jesus im Tempel, Taufe, Verklärung, Erweckung des Lazarus, Einzug in Jerusalem, Abendmahl und Verrat Jesu durch Judas. Ferner gehören zu dieser Bauepoche die Abbildungen im Narthex, die das Jüngste Gericht wiedergeben.

An der Nordwand der Kirche sind Szenen aus dem Leben des Kriegerheiligen Demétrios dargestellt, der römischer Prokonsul in Achaia war und 306 den Märtyrertod erlitt. Sie wurden in einem einfachen, provinziellen Malstil ausgeführt. Die Malerei Konstantinopels finden wir an der Südwand der Kirche, wo die Propheten und Wunder Christi dargestellt sind.

Einen besonders schönen Blick über die Ebene hat man von dem arkadenumgebenen Hof aus dem 15. Jahrhundert. Neben der Kirche steht der ehemalige *Bischofspalast,* in dem jetzt das Museum untergebracht ist. Kirchenutensilien, Architekturteile und Kleinfunde aus Mistrás sind hier ausgestellt. Nach diesem Besuch sind wir uns einig: Der Name Spartas hat in der Geschichte mehr Nachhall hinterlassen, doch die größte Hinterlassenschaft Spartas ist das byzantinische Mistrás.

Verwiesen sei in diesem Zusammenhang noch auf die zweite byzantinische Stadt, das 40 Kilometer südöstlich von Sparta gelegene *Geráki.* Geráki hat für den Besucher den Vorteil, daß dort kaum Touristen anzutreffen sind, das Gelände ist frei zugänglich. Die Kapellen sind allerdings verschlossen. Wie in Mistrás erhebt sich auch über die Ruinen von Geráki die ehemalige Frankenburg. Von Geráki hat man einen schönen Blick hinab ins Eúrotas-Tal und auf den gegenüberliegenden Taýgetos.

Touristische Angaben

Ausgangspunkt: Mistrás, 5 km von Sparta entfernt (Rundgang führt zum Ausgangspunkt zurück).

Gehzeiten: 2 bis 3 Stunden.

Verkehrsverbindungen: Busverbindungen: Athen–Tripolis–Sparta, Kalamáta–Sparta, Gíthion–Sparta, Monemvasía–Mólai–Sparta, Neápoli–Sparta; Sparta–Mistrás; Taxi: Sparta.

Übernachtungsmöglichkeiten: Hotels und Zimmer in Sparta und Mistrás; Campingplatz an der Straße nach Mistrás.

Verpflegung: Restaurants, Cafés, Tavernen und Einkaufsmöglichkeiten in Sparta und Mistrás.

Sehenswürdigkeiten: Mistrás, Museum in Sparta, byzantinische Stadt und Festung in Geráki, antike Ausgrabungen im Norden der Stadt.

Sonstiges: Sektion des griechischen Bergsteigervereins in Sparta (s. Anhang).

33 Durch die Wälder des nördlichen Taýgetos
Von Georgítsi zum Langáda-Paß

Beste Jahreszeit: März bis Oktober.
Gehzeit: 5 Stunden.
Wanderung auf Forststraßen mit schönem Blick über das Eúrotas-Tal und bis zum Golf von Messíni.

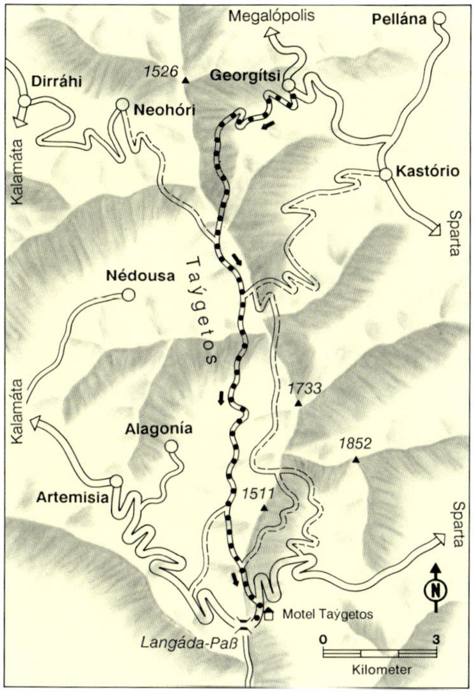

Das an den nach Osten ins Eúrotas-Tal abfallenden Hängen des Taýgetos-Gebirges liegende Georgítsi erreicht man entweder auf der Straße, die Sparta in nordwestlicher Richtung verläßt (30 km), oder indem man von Tripolis oder Megalópolis die Nebenstrecke nach Sparta wählt. Der Ort selbst profitiert vom Wasserreichtum des Taýgetos-Gebirges, ist von großen Platanen beschattet und hat auch im Sommer ein erträgliches Klima.

Der Wegverlauf

Am südlichen Ortsschild von *Georgítsi* zweigt nach Westen (Schild: *Kalamáta*) eine Straße ab, die anfangs noch asphaltiert ist und zu einigen höhergelegenen Häusern des Ortes führt. Hinter den obersten Häusern ist sie unasphaltiert. Am Ende des Ortes kommen wir zur Kapelle *Agía Marína.* 200 Meter nach der Kapelle macht die Straße einen Bogen nach links, eine Abzweigung nach rechts bleibt unberücksichtigt. Nachdem wir an Eßkastanien- und Walnußbäumen vorbeigekommen sind, geht es an einem *Eisenzaun* geradeaus weiter, mit schönem Blick auf die Dächer des Dorfes. Dann taucht links nochmals eine *kleine Kapelle* auf, die Stadt Sparta glänzt in der Ferne im Eúrotas-Tal, das im Osten vom Parnon-Gebirge begrenzt ist. Nach ca. eineinviertel Stunden kommen wir an einem *ockerfarbenen Haus* vorbei. Der Weg verläuft zunehmend im Wald, doch noch immer mit Blick auf das weite Tal unterhalb. Eine halbe Stunde darauf erreichen wir ein *weißes Kreuz,* von dem aus wir einen schönen Tiefblick ins Tal haben.
Die Forststraße führt jetzt fast genau nach Süden und gabelt sich einen Kilometer nach dem Kreuz auf dem *Paßrücken.* Wir gehen in der bisherigen Richtung nach Süden weiter. Zwei Wegabzweigungen nach rechts bleiben unberücksichtigt. Fast auf der Kammhöhe des nördlichen Taýgetos verläuft die breite *Forststraße* durch den Wald. Hinüber ins Eúrotas-Tal bleibt uns der Blick fortan verwehrt, doch wo es die Bäume zulassen, blickt man jetzt auf die westliche Seite hinab. Zuweilen vergißt man, daß man sich in Griechenland befindet: Walderdbeeren, Farnkräuter, Vergißmeinnicht bedecken den Waldboden. Links und rechts des Langáda-Passes wird intensiv Bienenzucht betrieben, und wer die Paßstraße von Kalamáta nach Sparta fährt, wird an nicht weniger als einem Dutzend Verkaufsständen der Imker vorbeikommen.

Folgende Abbildungen:
Bei der Wanderung von Georgítsi über den Kamm des nördlichen Taýgetos-Gebirges fällt der Blick lange Zeit über die weite Ebene des Eúrotas-Tals bis hinüber zum Parnon-Gebirge.

In den Wäldern des Taýgetos vergißt man zuweilen, daß man in Griechenland ist.

Die breite, etwas staubige Waldstraße verläuft mäßig abwärts nach Süden, der Golf von Messíni schimmert rechts durch die Bäume. Dann zweigt nach ungefähr zweieinhalb Stunden links eine Forststraße in das auf der östlichen Hangseite gelegene Dorf Kastório ab. Wir gehen aber weiterhin geradeaus nach Süden. Nach 300 Metern zweigt wieder ein Weg rechts ab, der ebenfalls unberücksichtigt bleibt.

Eine halbe Stunde später treffen wir auf ein *Haus* und eine *Kapelle* sowie einige weitere kleine Chalets darüber.

Später lichtet sich dann der Wald. An einer Quelle können wir uns erfrischen. Unser Blick fällt auf die Häuser von Pigés und Artemisía, und dahinter, zwischen Bergen versteckt, auf den flachen Uferstreifen des Golfs von Messíni. Nochmals kommen wir an einer Quelle vorbei, dann, wenige hundert Meter weiter, gabelt sich bei einer großen *Kiefer* (rechts davon ein Haus) die Straße. Hier nehmen wir die *Forststraße links* aufwärts. Bei der nächsten Gabelung weist ein blaues Schild nach links zu Ágio Elísseon, wir schlagen aber die *Abzweigung nach rechts zum Langáda-Paß* ein. Dann erreichen wir auf der Höhe des Passes die *Kapelle des Propheten Elias,* an der wir rechts vorbeigehen und von der es noch genau eine halbe Stunde bis zum *Motel Taýgetos* auf dem Langáda-Paß ist. Ein Blick ins Innere sagt uns, daß es zur vornehmeren Kategorie gehört, der Preis für die Übernachtung ist uns aber nicht bekannt, da wir mit dem Zelt unterwegs waren und nach einer angemessenen Rast den Weiterweg nach Pigádia begannen. Von Georgítsi bis hierher waren es immerhin 24 Kilometer. Somit erscheint für den Weiterweg eine eigene Wegetappe gerechtfertigt.

Touristische Angaben

Ausgangspunkt: Georgítsi, 30 km nordwestlich von Sparta (Wanderung führt nicht zum Ausgangspunkt zurück).
Gehzeiten: 5 Stunden.
Georgítsi–Paßhöhe: 2 Stunden.
Paßhöhe–Kapelle Profítis Elías: 2½ Stunden.
Kapelle Profítis Elías–Motel Taýgetos: ½ Stunde.
Verkehrsverbindungen: Busverbindung von Sparta nach Georgítsi; Megalópolis–Sparta; Tripolis–Káto Aséa–Georgítsi.
Übernachtungsmöglichkeiten: Hotel in Georgítsi; Motel Taýgetos auf dem Langáda-Paß; für die weitere Tagesetappe Zelt/Schlafsack.
Verpflegung: Taverne, Kafeníon und bescheidene Einkaufsmöglichkeit in Georgítsi; besser Einkauf vorher in Sparta erledigen.
Sehenswürdigkeiten: Museum in Sparta, byzantinisches Mistrás, antike Ausgrabungen in Sparta; Langáda-Paß (Fahrtstrecke).
Sonstiges: Sektion des griechischen Bergsteigervereins in Sparta (s. Anhang).

34 Vom Langáda-Paß nach Pigádia

Beste Jahreszeit: März bis Oktober.
Gehzeit: 4 Stunden.
Fortsetzung der Wanderung durch Waldregionen im südlichen Taýgetos.

Der Wegverlauf

Vom *Motel Taýgetos* führt eine asphaltierte Waldstraße 2 Kilometer nach Süden, bis sie hinter einer Feriensiedlung im Wald endet. Hier gabelt sich die Straße. Geradeaus weist ein Schild nach Pigádia, aber auch der *linke Waldweg* führt dorthin. Wir entschließen uns, letzteren zu nehmen. Er ist bequem, und wie schon bei der vorhergehenden Wanderung vermißt man das Gefühl, in Griechenland zu sein. Die Straße führt vorwiegend durch Wald, zuweilen plätschert ein Bächlein in der Tiefe; auch hier Walderdbeeren und Vergißmeinnicht. Doch die Ginsterbüsche dazwischen lassen uns ganz deutlich wissen, daß wir uns in einem südeuropäischen Wald befinden.

Auf breiten Forststraßen verläuft der Weg am Rande des Taýgetos-Massivs.

Vom verlassenen Dorf Pigádia steigt man hinab in den schönsten Teil der Kámbos-Schlucht.

Nach 6 Kilometern kommen wir an einigen *Bauernhütten* vorbei. Das Jahr über wohnt hier niemand, aber im Sommer kommen einige Familienmitglieder hierher und bauen Kartoffeln an. Nach zwei Stunden erreichen wir die Kapelle *Ágios Pantelímonas* neben einem *Schafstall.* Wir gehen daran vorbei die Forststraße nach Süden und sind plötzlich von Felsentürmen eingeschlossen, die wie durch schwere Kyklopenarbeit hierher gesetzt erscheinen. Die Landschaft zeigt sich von ihrer freundlichen Seite: strahlend blauer Himmel, die Ginsterbüsche sind gelb aufgeblüht, die Wiesen voll Farnkraut. Dem Weg fehlt es jetzt zunehmend an Schatten. In einem leichten Bogen verläuft er auf fast gleicher Höhe um den Hang und trifft nach etwa einer Wegstunde auf einen felsendurchwachsenen *Paß,* der sich von unserem jetzigen Standort bereits erkennen läßt.

Zuerst aber kommen wir an den Häusern von *Tharasiána* vorbei. Die meisten sind wellblechgedeckt und nur wenige Monate im Sommer bewohnt. Walnuß-, Edelkastanien- und Kirschbäume wachsen beiderseits des Wegs, Heckenrosen haben sich über das Dorf hinaus in der Wildnis verwachsen. Links tauchen jetzt die höchsten Spitzen des Taýgetosgebirges heraus, auf einigen liegt noch Schnee.

Dann nähern wir uns den Häusern von *Kría Néri,* die über die Terrassen des felsigen Hanges links unter uns verstreut sind. Erst im Mai ziehen hier einige Leute für die Sommermonate herauf und bewirtschaften die Ländereien. Wieder quert ein Bächlein den Weg. Schroffe Kalkfelsen ziehen sich über den *Paßrücken* von Kría Néri, oberhalb der *Kapelle.* Auf einer Wiese wurden junge Kirschbäume gesetzt. Ein Teil des Kiefernwaldes ringsum fiel dagegen dem Feuer zum Opfer. Bald schon erkennt man links unten die verlassenen Häuser von *Pigádia.* Ein gut sichtbarer Weg führt unterhalb eines Felsenkammes hinab zu den Häusern. Wir kommen genau an der schön gewachsenen großen Platane heraus, wo einst wohl der Dorfplatz war. Kein Geräusch stört die Stille. Der Ort macht den Eindruck, als würde er im Dornröschenschlaf liegen. Rosen und Efeu überwuchern die Mauern, Brennesseln bedecken das Innere der Behausungen. Eine

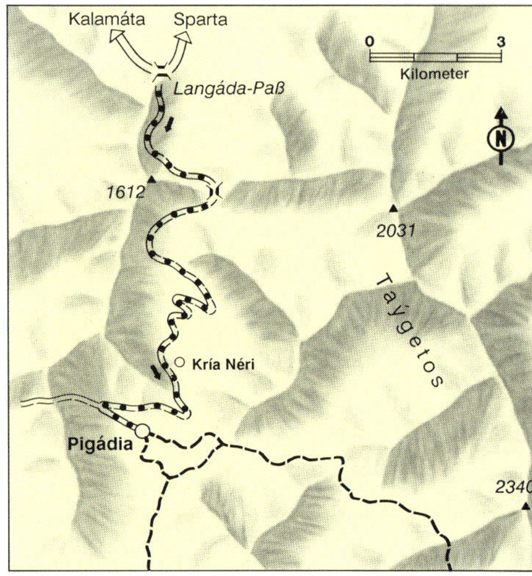

Telegrafenleitung spannt sich durch das Dorf, aber Menschen sieht man nicht. Unzählige Blechdosen um die Platane zeigen uns an, daß das Dorf zuweilen nur noch als Unterstand für Schäfer dient. Doch heute scheinen auch sie verschwunden. Wir entschließen uns, hier das Zelt aufzustellen, da der weitere Weg ausschließlich auf dem Schluchtgrund verläuft und es nicht sicher ist, ob auf dem Geröll des Bachbettes eine Möglichkeit zum Kampieren besteht. Altes Holz für ein Lagerfeuer gab es genügend; nur die Flasche Wein fehlte!

Touristische Angaben

Ausgangspunkt: Motel Taýgetos auf dem Langáda-Paß (Paßstraße zwischen Kalamáta und Sparta). Fortsetzung der Wanderung Nr. 33 (Wanderung führt nicht zum Ausgangspunkt zurück).
Gehzeiten: 4 Stunden.
Langáda-Paß–Ágios Pantelímonas: 2 Std.
Ágios Pantelímonas–Kría Néri: 1 Stunde.
Kría Néri–Pigádia: 1 Stunde.
Verkehrsverbindungen: Bus von Sparta–Kalamáta (aussteigen beim Motel Taýgetos).
Übernachtungsmöglichkeiten: Zelt/Schlafsack.
Verpflegung: Während der gesamten Wegstrecke keine Verpflegungsmöglichkeit.
Sehenswürdigkeiten: Schlucht von Pigádia/Kámbos (folgende Tour).

35 Durch die schönste Schlucht des Taýgetos
Von Pigádia zum Golf von Kitrión

Beste Jahreszeit: März bis Oktober.
Gehzeit: 6 bis 7 Stunden.
Etwas lange und anstrengende, mäßig schwierige, aber dafür eine der schönsten Schluchtwanderungen des Peloponnes.

Der Wegverlauf

Von der großen Platane in *Pigádia* steigen wir abwärts in das Bachbett, bis wir nach hundert Metern bei der *Telegrafenleitung* sind. Von dieser führt ein Weg weiter, der links oberhalb eines Bachbettes verläuft und zum großen Teil noch gut erhalten ist. Es war der *Verbindungsweg zu den Wassermühlen* auf der gegenüberliegenden Seite der Kámbos-Schlucht. Der alte Steinweg wurde dereinst exakt ausgeführt. Etwas weiter unten überspannt eine kleine betonierte *Brücke* das Bachbett. Von ihr führt sowohl auf der rechten wie auf der linken Seite ein Weg hinab zu der großen Schlucht. Der *linke Weg* ist besser erhalten und zu empfehlen. Das Felsenbett unterhalb dieses Wegstücks wurde vom Wasser völlig ausgeschliffen.

Der ausgewaschene Bachlauf trifft genau dort auf die lange Kámbos-Schlucht, wo die Schluchtwände am engsten zusammenrükken. Es geht über eine alte doppelbogige *Brücke* und auf der gegenüberliegenden Seite abwärts auf den Schluchtboden. Neben die alte Steinbrücke wurde später noch eine Betonbrücke gesetzt. Scheinbar traute man eines Tages der Tragfestigkeit der alten Konstruktion nicht mehr. Mittlerweile sind beide Brücken verwaist, Korn wird nicht mehr transportiert, die alten Wassermühlen sind fast verfallen. Nur noch die Schäfer treiben ihre Ziegenherden ab und zu hinüber.

In wenigen Minuten stehen wir unten zwischen den Schluchtwänden, die sich fast gegenseitig berühren. Dem Licht fällt es schwer, bis auf den Grund der Schlucht vorzudringen. Wir sind begeistert! Wasser träufelt an den senkrecht aufragenden Wänden herab, zerstäubt im Sonnenlicht. Die Brücke oben reckt sich wie in einem Traumbild dem Licht entgegen. Dann öffnen sich die Felswände und rücken auseinander. Der Abstieg über Felsblöcke beginnt. Manchmal scheint es uns, daß es keinen Weiterweg gibt, doch immer führt rechts oder links eine Möglichkeit weiter. Ein gewaltiger Felsklotz ruht wie auf Kugellagern aus kleinerem Fels, wir kriechen unten durch. Eine in der Mitte der Schlucht scheinbar unüberwindliche Stelle läßt sich rechts leicht umgehen. Wenig später stürzt an der linken Schluchtseite ein ca. 20 Meter langer *Wasserfall* die Felsen herunter. Ungefähr nach einer Stunde beginnt bei schattigen Platanen ein Schotterweg aufwärts zum Kirchlein *Profítis Elías,* das, auf einer Felsnase errichtet, einen weiten Blick über die Schlucht erlaubt. Von dort erreicht man in 20 Minuten *Kéndro* (auch Gaízes genannt), das zehn Kilometer oberhalb von Kámbos liegt. Der *Schotterweg* in die Schlucht wurde angelegt, um Baumaterialien für eine Quellenfassung nach unten zu bringen, ist aber mittlerweile durch Erdrutsche stark in Mitleidenschaft gezogen worden. Dies soll uns aber nicht kümmern, da wir unseren Weg auf dem Grund der Schlucht weiter fortsetzen wollen.

Der Weg durch das trockene *Flußbett* macht keine Schwierigkeiten, aber nach mehreren Stunden über Geröll macht sich gutes Schuhwerk bezahlt. Zwar sind die Wände der Schlucht und die mächtigen Felsbrocken jetzt nicht mehr so imposant, dafür lockert das Grün der Platanen die Eintönigkeit des Schluchtweges etwas auf. Eine *Wasserleitung* verläuft teils aufgehängt über dem Schottergrund. Licht und Schatten spielen auf dem Gestein. Dann sieht es zeitweise so aus, als würde die Schlucht in einem Kessel enden, aber es gelingt ihr immer wieder, sich aus der Umklammerung der Felsen herauszuwinden. Und dann ist auf einmal das starke Rauschen einer defekten Wasserleitung zu vernehmen. Das Rohr ist gerissen, das Wasser schießt aus seiner Umklammerung heraus und sucht in der Freiheit seinen alten Weg durch das Bachbett. Eine herrliche, glasklare Gumpe hat sich gebildet. Am dritten Tag unserer Wanderung lassen wir uns die Gelegen-

heit nicht entgehen, hier ein Morgenbad zu nehmen. Einige Meter weiter findet sich gar ein kleiner Swimmingpool, der einige Schwimmzüge erlaubt. Zur Abwechslung ist es eine wirkliche Freude, das Wasser in dem von ihm geschaffenen Bett fließen zu sehen. Einige Meter weiter ist alles aus und vorbei. Das Rauschen verliert sich im Hintergrund und das Ganze wirkt wie ein Traum oder Spuk. Es ist wieder wie vorher, wir steigen zwischen bleichen Steinen und Blöcken hindurch. Kein Zweifel, so ist es für uns unproblematischer, denn ein Passieren der mit Wasser gefüllten Schlucht wäre sonst kaum möglich.
Geraume Zeit später heißt es bei leichten Abklettereien wieder Entscheidungen zu treffen. Über große Blöcke geht es glatt abwärts: rechts oder links herum? Doch es findet sich wieder ein relativ einfacher Ausweg. Etwas später unterqueren wir eine steinerne *Brükke,* über die ein gepflasterter Weg führt. Sie ist gut gebaut und wir nehmen an, daß der Weg links bis in das Dorf Kámbos führt. Gegen Mittag steht die Sonne direkt über der Schlucht, und es wird schwülwarm in ihr, doch zeitweilig umweht uns ein frischer Wind, obwohl wir noch ein gutes Stück vom Meer entfernt sind. Nach Westen hin wirkt die Landschaft jetzt offener. Der erste Verkehrslärm erreicht unsere Ohren. Wir nähern uns der *Straße Kalamáta–Kámbos.*
Bachbetten und Straßenbrücken sind in Griechenland fast immer Müllabladestellen, so auch hier, aber es hält sich in Grenzen, auf unseren Wanderungen haben wir schon Schlimmeres gesehen.
Wir unterqueren die *Brücke,* lautes Gehupe und Motorengeräusch darüber. Zierlich kuschelt sich unter die große Brücke der Steinbogen der jahrhundertealten Vorgängerin. Dann schließen sich die Felswände hinter uns und riegeln den Schall des Verkehrslärms ab. Sommerflieder und Oleander gesellen sich jetzt zur Vegetation. Dagegen treten die Platanen zurück. Nochmals dürfen wir ein *Felsentor* durchschreiten, hinter dem sich links eine Höhle verbirgt.
Die Schlucht von Kámbos/Pigádia ist von ihrer Struktur her nicht sehr verschieden von der parallel verlaufenden Schlucht, die bei Kardamíli endet. Beide beginnen unter den höchsten Gipfeln des Taÿgetos und sind gleich lang. Doch der schmale Durchbruch in der Nähe von Pigádia macht diese Schlucht noch reizvoller und sie bleibt es bis zum Meer, einmal von den Ermüdungserscheinungen des Wanderers abgesehen. Jetzt wird es schattig und fast kühl. Die Wände ziehen sich bis auf wenige Meter zusammen und sind stark eingewachsen. Ein schrilles Piepsen plötzlich über uns, es verstummt aber sofort, als wir nach oben blicken. Ohne etwas zu entdecken, setzen wir unseren Weg fort. Doch plötzlich wieder diese Laute. Lange bleibt uns das Versteck des Tieres verborgen, bis wir im dunklen Geäst eine Eule erkennen können.
Dann weitet sich langsam das Schotterbett, die ersten Zypressen tauchen auf, Oleander und Sommerflieder, Johannisbrotbäume, Judasbaum und Ginster und die ersten Terrassen mit Olivenbäumen. Dann die erste Umzäunung und der Beginn eines Schotterwegs. Wir durchschreiten einen Olivenhain, und plötzlich erscheint durch die lichten Blätter der Bäume ein Frachtschiff in der Ferne. Und da erkennen wir auch den dunkelblauen Streifen Meer, der sich vom helleren Blau des Himmels scheidet. Die Asphaltstraße zum Dorf *Kitriés* ist schnell überquert, der schöne Kiesstrand und das klare Wasser in der *Bucht von Kitrión* laden zum Baden ein.

Touristische Angaben

Ausgangspunkt: Pigádia. Fortsetzung der Wanderungen Nr. 33 und 34 (Wanderung führt nicht zum Ausgangspunkt zurück).
Gehzeiten: 6–7 Stunden.
Pigádia–Schluchtgrund: 35 Minuten.
Schluchtgrund–Abzweigung nach Profítis Elías/Kéndro: 1½ Stunden.
Profítis Elías–Straße Kalamáta–Kámbos: 2½ Stunden.
Straße Kalamáta–Kámbos–Bucht von Kitrión: 2 Stunden.

Abstieg in die Kámbos-Schlucht: Auf dem noch guterhaltenen Weg wurde früher Getreide zu den Wassermühlen von Míli transportiert.

Auf dem schattigen Boden der Kámbos-Schlucht erreicht man den Golf von Kitrión.

Verkehrsverbindungen: Busverbindung von Kéndro nach Kámbos; Kitriés–Kalamáta; Kalamáta–Kámbos–Kardamíli; Taxi in Avía/ M. Mandínia.
Übernachtungsmöglichkeiten: Hotels und Zimmer in Kalamáta und am Strand zwischen Kalamáta und Avía; Campingplätze.
Verpflegung: In den Sommermonaten Tavernen am Strand zwischen Kitriés und Kalamáta.

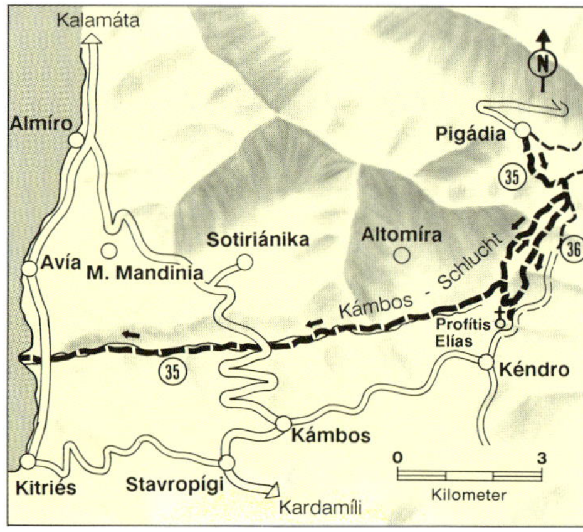

Wie ein Traumbild reckt sich die alte doppelbögige Ziegelbrücke über der Kámbos-Schlucht dem Licht entgegen.

36 Rundwanderung von Kéndro zum schönsten Teil der Schlucht von Pigádia/Kámbos

Beste Jahreszeit: März bis Oktober.
Gehzeit: 3¾ Stunden.
Eindrucksvolle Wanderung mit leichten Kletterpassagen in der Schlucht von Pigádia/Kámbos.

Zum Ausgangspunkt unserer Wanderung gelangen wir, wenn wir im Ort Kámbos dem Schild nach Kéndro folgen, auch Gaízes genannt, das wir nach 7,5 Kilometern erreichen. Nach ungefähr der Hälfte der Fahrstrecke dorthin fällt in der Landschaft ein vulkanartiges Kraterloch auf, höchstwahrscheinlich eine Doline.

Der Wegverlauf

Unser Weg beginnt im Ort *Kéndro* an der *Kirche.* Von dort führt links vorbei ein Betonweg (später Schotterweg) bis zum Kirchlein des *Propheten Elias.* Unterhalb der Kirche beginnt (an einer Wasserstelle vorbei) ein Schotterweg hinab bis zum Schluchtboden. Schattige Platanen säumen das trockene Flußbett, dessen Wasser längst unter der Oberfläche dahinströmt. Es ist das typische Beispiel vieler aus den Bergen herabziehender Schluchten, daß vom Wasser Wände und Gestein geschliffen wurden und doch kein Wasser mehr jetzt fließt, nicht einmal im Winter. Und selbst dort, wo ein Teil des Wassers wieder zum Vorschein kommt, findet es keine Chance, seinen ursprünglichen Lauf fortzusetzen, dort sammelt es der Mensch und leitet es in Rohre. Der teilweise durch Erdrutsche verschüttete Schotterweg wurde angelegt, um die Baumaterialien für eine Quellenfassung nach unten zu schaffen.
Das folgende Wegstück ist identisch mit einem Teil der Tour 35, allerdings in umgekehrter Richtung. Wir wiederholen trotzdem die Beschreibung, da wahrscheinlich nicht jeder Benutzer dieses Buches beide Touren machen will.
Auf unserem Weg die Schlucht aufwärts werden die Gesteinsblöcke langsam größer, bisweilen sind auch die Hände zum Überklettern nötig. Ein ca. 20 Meter langer Wasserfall läuft rechts die Felsen herunter. Dann stehen wir vor einer scheinbar unüberwindlichen Stelle, bei der mehrere Meter über die glatten Felsen hochzuklettern wäre. Doch auf der linken Seite findet sich eine relativ einfache Umgehungsmöglichkeit. Des öfteren vollzieht sich die Suche nach dem besten Weg im Blockgestein wie in einem Labyrinth, in dem man nicht weiß, ob die erste Variante auch die beste ist. Doch meistens klappt es.
Wir durchkriechen eine kuriose Höhle, gebildet von einem überdimensionalen Fels, der sich auf kleinere Klötze wie auf Kugellager stützt. Bald darauf beginnen die sagenhaften Engstellen der Schlucht, mit steil aufragenden Wänden zu beiden Seiten und einem kaum zwei Meter breiten Durchlaß. Wasser läuft von oben herab, zerstäubt, das Sonnenlicht findet kaum den Weg nach unten, der Blick zum Himmel bleibt uns verwehrt. Dann können wir oben im Streulicht ein *Brücklein* erkennen und wenige Meter weiter eine noch ältere, doppelbögig übereinander aus Ziegeln, von Fels zu Fels errichtet. Kurz darauf führt ein Weg zu den Brükken. Der Weg die Schlucht aufwärts wäre hier noch nicht zu Ende. Er ließe sich fortsetzen bis auf die Gipfel des Halasméno Vounó (2179 m) und des Profítis Elías (2407 m).
Der Weg über die *Brücke* führt ins verlassene Dorf *Pigádia* (siehe Wanderung Nr. 35). Wir bleiben aber auf unserer Seite, von der ein Weg über den linken Rand der Schlucht zurück zum Kirchlein Profítis Elías führt. Ungefähr zehn Minuten nach der Brücke gabelt sich der Weg. Links aufwärts gelangt man auf die Fahrstraße, auf der man in einer Stunde bequem zurück zum Kirchlein Profítis Elías kommt. Für diesen Weg bedarf es keiner Beschreibung.
Wer dagegen den alten Verbindungsweg gehen möchte, der folge immer der *Telegrafenleitung.* Beim Bau der Straße wurde der Abraum unbarmherzig den Hang heruntergekippt, so daß der Weg an mehreren Stellen verschüttet ist. Eine Stelle ist ziemlich kritisch, da von oben Wasser herabläuft und der Hang sehr steil ist. Die Stelle ist nur kurz, aber für unerfahrene Wanderer nicht unge-

fährlich. Bei äußerster Vorsicht und Trittsicherheit ist sie schnell überwunden. Da sich der Zustand besagter Stelle für die folgenden Jahre nicht einschätzen läßt, ist es dem erfahrenen Wanderer überlassen, die richtige Entscheidung zu treffen. Wer hier unsicher ist, sollte lieber wieder zurückgehen bis zur Wegabzweigung und den Fahrweg zurück nach Kéndro nehmen.

Doch muß es einmal deutlich gesagt werden, daß bei diesen jahrhundertealten Wegverbindungen keinerlei Wegepflege betrieben wird. Mit dem Entstehen der neuen Schotterstraßen sind die alten Wege dem Verfall überlassen. Wenige Minuten später werden wir Zeugen der modernen Straßenbautechnik. Eine Detonation erschüttert die Umgebung. An einem Berghang steigt eine schwarze Rauchsäule in die Luft, Gesteinsbrocken wie bei einem Vulkanausbruch fliegen hinterher, danach noch mehrere kleinere Detonationen. Wir bekreuzigen uns, daß es nicht die Straße über uns war, die gesprengt wurde.

Dann durchquert unser Weg ein gutes Dutzend dem Verfall preisgegebener steinerner Bauten auf terrassierten Hängen. Man könnte glauben, es wäre ein verlassenes Dorf, doch warum sollten sich hier an den steilen Hängen über der Schlucht Menschen angesiedelt haben. Es sind die Ruinen von *Wassermühlen (Míli),* in denen das von weit hergebrachte Getreide gemahlen wurde. Sie wurden schon vor 50 Jahren aufgegeben, als durch die billigeren Weizeneinfuhren der mühsame Anbau in den Bergregionen nicht mehr lohnenswert erschien. Der Bach, der einstmals hier herablief, wurde oben an der Straße abgefangen. In den Ruinen ist der Weg vom Ginster überwachsen, doch wenig später findet sich ein freigetretener Weg, der uns zurück zu unserem Ausgangspunkt beim *Kirchlein Profítis Elías* bringt, von dem es nur ein Katzensprung zurück nach *Kéndro* ist.

Von weither wurde noch bis vor 50 Jahren das Getreide zu den Wassermühlen von Míli transportiert. Jetzt werden die Ruinen von der Wildnis überwuchert.

Touristische Angaben

Ausgangspunkt: Kéndro (Gaízes), 7,5 km von Kámbos entfernt (Wanderung führt zum Ausgangspunkt zurück).
Gehzeiten: 3¾ Stunden.
Kéndro–Kirchlein Profítis Elías: 20 Minuten.
Profítis Elías–Schluchtgrund: 25 Minuten.
Schluchtgrund–Brücke nach Pigádia: 1½ Stunden.
Brücke–Profítis Elías: 1 Stunde.
Profítis Elías–Kéndro: 20 Minuten.
Verkehrsverbindungen: Busverbindung: Kalamáta–Kámbos–Ítilo; Kámbos–Kéndro.
Übernachtungsmöglichkeiten: Hotels und Zimmer in Kalamáta, Mandínia, Kardamíli, Stoúpa; Campingplätze bei Kalamáta und Stoúpa.
Verpflegung: Kafeníon/Taverne in Kámbos; Restaurants und Cafés in Kardamíli; Einkaufsmöglichkeit in Kardamíli und in Kámbos.
Sehenswürdigkeiten: Kámbos: fränkisch-byzantinische Festung; Kímisis-tis-Theotókou-Kirche aus dem 14./15. Jahrhundert. Kardamíli: alter Ortsteil mit maniotischer Burganlage und Ágios-Spíridon-Kirche aus dem 18. Jahrhundert.
Sonstiges: Schöne Buchten bei Kalogría/Stoúpa.

37 Von Tséria über Exohóri nach Kardamíli

Beste Jahreszeit: Frühjahr; während des ganzen Jahres möglich.
Gehzeit: 3½ bis 4 Stunden.
Unschwierige, etwas anstrengende Wanderung in eindrucksvoller Landschaft durch den Ausläufer der Taýgetos-Schlucht.

Wir beginnen unsere Wanderung im Dorf Tséria, das wir von Kámbos oder Kardamíli bei der Abzweigung in Prosílio erreichen. Das Dorf ist eingebettet in sattes Grün an den westlichen Hängen des Taýgetos. Alle Attribute der griechischen Landschaft umgeben den Ort: Zypressen, Oliven, Walnuß- und Maulbeerbäume, Granatäpfel und Feigen.

Als wir diese Wanderung im Frühjahr unternahmen, lag ein süßer Duft von all dem blühenden Gesträuch über der Erde. Der Nektar lockte vielerlei Insekten an, und ein allgegenwärtiges Summen untermalte unsere Wanderung.

Der Wegverlauf

Wir durchschreiten Tséria auf der in Nord-Süd-Richtung verlaufenden Dorfstraße bis zu dem südlich gelegenen Ortsteil *Latreíka.* An einer Weggabelung, wo es rechts zu diesem Ortsteil hinabgeht, nehmen wir den *linken Ast* aufwärts. Auf der gegenüberliegenden Seite der Schlucht erkennen wir die Häuser von Exohóri, zu denen wir aufsteigen wollen.

In einer scharfen *Linkskurve* des Weges über der Schlucht (Abgrenzung mit einem Steinmäuerchen) zweigt an einer Opuntie ein alter *Maultierpfad* ab. Der gut erhaltene Steinweg führt vom linken oberen Rand der Schlucht in diese hinab. Nach wenigen Minuten erscheint links eine *Ikonostasi.* Sie wissen jetzt, daß Sie sich auf dem richtigen Weg befinden. Der gut ausgebaute Pfad ist so breit, daß zwei Tragetiere nebeneinander gehen können. Der Grund der Schlucht ist trokken. Das Wasser hat sich in den Untergrund verzogen, und dort, wo es zurück in den Flußlauf wollte, wurden die Quellen gefaßt und das Wasser für die Versorgung der umliegenden Dörfer abgeleitet. Der ins Auge stechende Fahrweg auf der gegenüberliegenden Seite erscheint wie eine Wunde in der Landschaft, zumal der alte Weg, auf dem wir von Tséria absteigen, so in die Natur integriert ist, daß er als ein Teil dieser selbst wahrgenommen wird.

Nach ca. 40 Minuten sind wir unten am *Schluchtgrund.* Von hier ließe sich das Schluchtbett hinaufwandern, bis man nach sechs Stunden in das Forstgebiet Vassilikó und von dort auf die östliche Taýgetosseite hinüberkommt (Wanderung Nr. 39 in umgekehrter Richtung), oder weiter aufwärts auf den Profítis Elías zusteuert.

Wir steigen auf dem Schluchtgrund zwischen großen, abgeschliffenen Kalksteinblöcken ungefähr eine Viertelstunde abwärts bis zu einer steinernen *Quellenfassung,* aus der das Geräusch sprudelnden Wassers vernehmbar ist. Von hier führt ein anfangs verschütteter Schotterweg aufwärts nach *Exohóri,* das wir nach einer Dreiviertelstunde schweißtreibenden Aufstiegs erreichen. Wir gehen geradeaus in das Dorf, vorbei an der rechts liegenden, etwas in Mitleidenschaft gezogenen *Eliaskirche* und dem *Friedhof.* Hohlwegartig zwischen Steinmauern, Oliven und Zypressen geht es abwärts, bis wir die *Agía-Panagía-Kirche* und den kleinen Platz davor erreichen. Kurioserweise wurde dort ein Basketballnetz angebracht, obwohl die Chance, daß der Ball den Berg hinuntersaust, dreimal höher zu bewerten ist, als daß er durchs Netz fällt. Unterhalb der Kirche führt der Weg in der bisherigen Richtung weiter. Nach den letzten Häusern gelangen wir auf einen vollkommen überschatteten *Maultierweg,* bis wir kurz darauf am linken oberen Rand der *Taýgetos-Schlucht* stehen.

Auf dem Weiterweg haben wir einen phantastischen Blick auf die gegenüberliegenden Häuser von Tséria und auf den Gipfel des Profítis Elías. Vor uns reckt sich ein Felsvorsprung mit einer Kapelle über die Schlucht. Dorthin gelangen wir, wenn wir bei einer Weggabelung den *rechten Pfad* abwärts gehen. Der Pfad verläuft anschließend unterhalb der *Kapelle* weiter, doch lohnt sich der kurze Aufstieg zu dieser wegen der überwältigenden Aussicht.

Wenn wir jetzt aus der Vogelperspektive die Schlucht hinunterblicken, können wir deutlich die Anlage des verlassenen Klosters *Sotíras* erkennen, das unser nächstes Ziel sein wird. Wir gehen deshalb von der Kapelle zurück auf unseren Weg, der mehr und mehr verwachsen abwärts führt. Obwohl die Leute von Exohóri einmal jährlich zum heiligen Sotíras pilgern, scheint es ungewiß, ob sie diesen Pfad noch benutzen, da mittlerweile auch eine Schotterstraße auf den Schluchtgrund führt. Gleich nachdem diese sich zeigt, verzweigt sich der Weg, und der *linke Teil* führt, den Hang querend, in etwa acht Minuten zur *Schotterstraße* hinüber.

Im Frühjahr blüht und duftet es überall auf dem Peloponnes. Von Tséria führt ein guter Weg hinab in die Taýgetos-Schlucht. Im Hintergrund der Profítis Elías.

Zu dem kleinen Sotíras-Kloster steigt man von Exohóri hinunter in die Taýgetos-Schlucht. Bis zum Meer ist es noch eine Stunde.

Auf ihr gehen wir weiter, erkennen aber, daß er durch einige Erdrutsche für Autos unpassierbar geworden ist und jetzt ein fünf Meter breiter, durch die Landschaft geschrubbter Fußweg ist. Blickt man auf die gegenüberliegende Felswand, so liegt mitten darin ein kaum zugängliches festungsartiges Gemäuer: Eremitage oder Fluchtburg der Maniaten, wobei eher letzteres zutreffen dürfte. Wir kommen ins Flußgeröll unterhalb des *Klosters* und steigen zu diesem die wenigen Treppenstufen aufwärts. Hier unter den Maulbeerbäumen machen wir erst einmal Rast.

Der Charakter der Schlucht ändert sich fortan wenig, es ist ein immerwährendes Zusammenziehen und Auseinanderrücken der Felswände. Ein Zypressenwäldchen scheint plötzlich den Weiterweg zu versperren. Doch das Schotterbett umgeht es elegant und öffnet uns das letzte Stück bis Kardamíli. Zuerst erscheint links oben der alte Stadtteil von Kardamíli mit der ehemaligen maniatischen Befestigungsanlage, zu dem sich ein Abstecher lohnt. Sehenswert sind die ornamentalen Fenstereinfassungen und der zierliche Turm der Ágios-Spíridon-Kirche. Ungefähr 150 Meter oberhalb der Ágios-Spíridon-Kirche liegen hinter einem weiteren Kirchlein rechts neben dem Pfad zwei aus den Felsen gehauene, wahrscheinlich römische Grabkammern, von denen man sagt, daß es die Gräber der Dioskuren seien. Von hier führt der Weg weiter auf die Akropolis des antiken Kardamíli. Auf dem Hügel hinter der Akropolis finden wir dann die Kreuzkuppelkirche der *Agía Sofía.*

Zurück im Hauptort kann man auf der Terrasse von Lelas Restaurant den Blick übers Meer genießen oder in der Caféteria an der Straße bei einer Tasse Kaffee die guten Nußkipferl probieren. Wer sie nicht kennt, dem sei verraten, daß sie sich meist unter einer dicken Schicht Puderzucker verbergen.

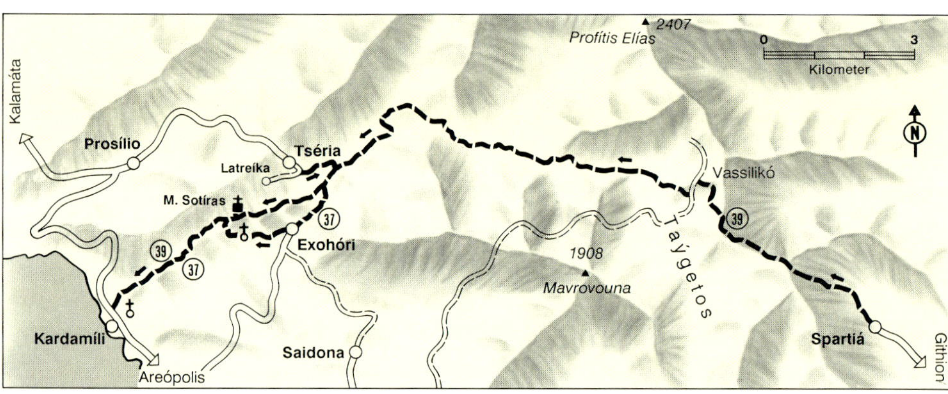

Touristische Angaben

Ausgangspunkt: Tséria, 13 km von Kardamíli (Wanderung führt nicht zum Ausgangspunkt zurück).
Gehzeiten: 3½ bis 4 Stunden.
Tséria–Schluchtgrund: 40 Minuten.
Schluchtgrund–Exohóri: 45 Minuten.
Exohóri–Kloster Sotíras: 1¼ Stunden.
Kloster Sotíras–Kardamíli: 1 Stunde.
Verkehrsverbindungen: Bus von Kardamíli nach Tséria oder Taxi.
Übernachtungsmöglichkeiten: Hotels und Zimmer in Kardamíli, Kalogría, Stoúpa; Campingplätze.
Verpflegung: Restaurants, Cafés und Einkaufsmöglichkeit in Kardamíli; Kafeníon in Tséria.
Sehenswürdigkeiten: Maniatische Festungsanlage und Ágios-Spíridon-Kirche in Kardamíli; ferner Ausgrabung der antiken Akropolis und Kirche Agía Sofía.
Sonstiges: Schöne Strände und Buchten bei Kardamíli, Kalogría und Stoúpa. Oberhalb Kalogría soll der legendäre Alexis Sorbas gelebt haben und das Bergwerk gewesen sein, das in dem Roman von Nikos Katzanzakis vorkommt.

38 Auf den Profítis Elías (2407 m)

Höchster Berg des Taÿgetos und des Peloponnes

Beste Jahreszeit: Frühjahr bis Herbst.
Gehzeit: 4–5 Stunden.
Entsprechende Ausrüstung erfordernde Bergtour, zum größten Teil beschildert.
Nur bei stabiler Wetterlage!

Der Taÿgetos ist das höchste Bergmassiv des Peloponnes. Durch die Langáda-Schlucht, in der heute die Straße Kalamáta – Sparta verläuft, wird er in einen nördlichen und einen südlichen Teil gegliedert. Die Gipfel des nördlichen Taÿgetos erreichen mit dem Xerovoúna (1784 m) ihren höchsten Punkt. Weitaus höhere Berge finden sich im südlichen Abschnitt, so der Neraidovoúna (2025 m), der Halasméno Vounó (2179 m), der Mavrovoúna (1908 m).

Der höchste von allen und weithin bekannteste ist jedoch der Profítis Elías (2407 m) (»Prophet Elias«), benannt nach dem kirchlichen Nachfolger des Sonnengottes Helios, der einst auf einer feurigen Wolke gen Himmel fuhr.

Um auf den Profítis Elías zu steigen, verlassen wir Sparta auf der Straße nach Gíthion. Nach 5,7 Kilometer zweigt bei Anójia die Straße zur Taÿgetos-Hütte (12 km) ab, die anfangs asphaltiert ist und später als Forststraße weiterführt. Die Schotterstraße ist zuerst recht gut; nach dem großen Rastplatz aber wird sie zusehends schlechter, so daß wir entscheiden müssen, wie weit das unserem Fahrzeug zumutbar ist. Früher gab es auch einen Pfad von Anójia aufwärts, doch seit es den Fahrweg gibt, ist dieser immer mehr verwachsen.

Wir fahren also, so weit es geht, und stellen unser Auto kurz vor der Alp ab, wo auch der

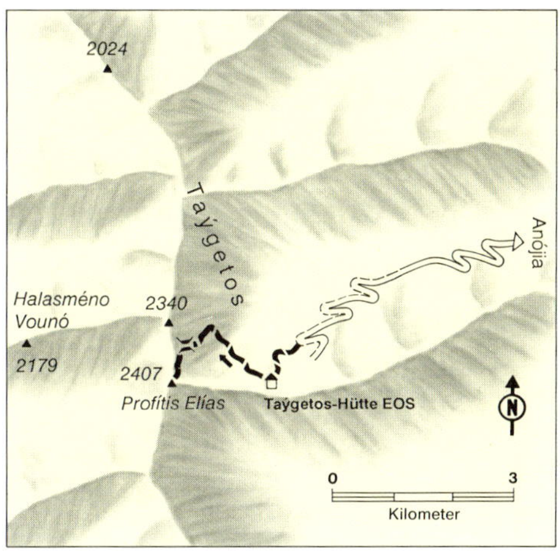

Fahrweg endet. Lautes Hundegekläff empfängt uns.

Auf einem Feld liegt ein Berg zerplatzter Wassermelonen. Hier oben gedeihen doch sonst allenfalls Kartoffeln und Bohnen. Das Rätsel ist schnell gelöst, denn der Bauer erzählt uns, daß er die Melonen mit dem Traktor heraufgefahren hat; sie wären kaputt und

Der Profítis Elías von Westen. Erst im Juni weichen die letzten Schneeflecken der warmen Sonne.

jetzt für die Schafe bestimmt. Schnell eilt er in seine Hütte und bringt ein saftiges Stück Zuckermelone heraus, das er uns anbietet. Drei Laibe Käse macht er täglich hier oben, im Spätsommer werden es weniger, weil die Herden weniger Nahrung finden. Darüber hinaus macht er noch Féta, und er läßt uns auch von diesem kosten. Nachdem wir uns von ihm freundschaftlich verabschiedet haben, beginnen wir unseren Weg.

Der Wegverlauf

Vorbei an dem Wasserreservoir der Alp führt ein Waldweg in 15 Minuten bis hinauf zur *Schutzhütte* des Alpinen Clubs von Sparta.
Wer hier übernachten möchte, sollte sich den Schlüssel beim Bergsteigerverein in Sparta geben lassen. Die Hütte ist umgeben von mächtigen, alten Schwarzkiefern, leider aber auch von Papierabfällen und Dosenresten.
Von der Hütte führt in zwei Stunden ein gut sichtbarer und markierter Weg auf den Gipfel, der an sich keiner Beschreibung bedarf, sofern man auch die Markierungstafeln beachtet und ein Gespür für die Wegführung hat.
Grob beschrieben quert der Weg zuerst den Hang in nordwestlicher Richtung, führt dann gerade aufwärts und auf einem Felsband in umgekehrter Richtung nach oben.
Das Wetter ist uns an diesem Tag nicht hold. Obwohl erst Ende August, ist der Berg in dichte Wolken gehüllt. Bereits Fürst Pückler bedauerte die getrübte Sicht, die lange nicht das war, was sie sein könnte, wenn Elias gewollt hätte, denn auch die Bergsteiger vom Club in Sparta versicherten uns, daß man vom Gipfel den ganzen Peloponnes überblicken könne.
Von der Schutzhütte führt der Weg links vorbei an verrosteten Wegschildern und verblichenen Notizen an Bäumen. Wir queren bei den letzten Bäumen das untere Ende einer *Almweide*. Hier heißt es aufpassen – nicht aufwärtssteigen! –, Weg und Blechmarkierung sind bald wieder deutlich erkennbar! Erschrockene Rebhühner fliegen aus den Nebelschleiern, ein Wiedehopf ergreift die Flucht.
Dann wird ein trockenes *Bachbett*, in dem

große Steinblöcke liegen, gequert. Im allgemeinen ist der Weg jetzt klar erkennbar und in angemessenen Abständen durch die Blechtafeln markiert. Vorbei an schwarzen *Schieferfelsen* kommt bald ein Weg, der auf einem langen Plattenband nach oben führt. Eine schöne Distelart wächst hier, mit zwiebelartigen blauen Blüten.

Wenn ein roter Pfeil nach rechts weist, wird der Weg etwas undeutlicher, geht über Geröll und Steinblöcke nach oben bis zu einem *Paß* auf einem geröllübersäten Bergrücken, dem wir nach links abbiegend folgen. Nur noch 15 Minuten sind es von hier bis zum Gipfel, auf dem aus Platten errichtete Steiniglus als Unterstände für die Schäfer dienen, deren Herden fast in Gipfelnähe weiden. In einer windumwehten, dachlosen steinernen Kapelle sind etliche Flaschen mit Öl neben dem provisorischen Altar bereitgestellt. Wahrscheinlich bringt so mancher gläubige Ersteiger eine Flasche Öl mit nach oben, doch der Wind ist zu stark, die Lämpchen erlöschen bald wieder.

Leider ist der Wolkenvorhang an diesem Tag nicht aufgerissen. Am Abend zuvor hatte es in Sparta heftig geregnet, so daß sich der Berg in Wolken hüllte. Oder hatte Zeus wieder ein Techtelmechtel mit der Titanin Taýgeta, von der der Gebirgszug seinen Namen

Auf einem breiten Plattenband führt der Weg zum Paß unterhalb des Gipfels des Profítis Elías.

Die Hütte des alpinen Clubs von Sparta unter dem Gipfel des Profítis Elías.

erhielt? Wir wissen es nicht und sammeln statt dessen etwas unterhalb des Gipfels einen Strauß Bergtee als Vorrat für die winterliche Hausapotheke zu Hause. Zu erkennen ist er an seinen salbeiähnlichen Blättern und den gelben Blüten. Wir nehmen den gleichen Weg zurück und kommen nach gut zwei Stunden wieder bei der Alp an.

Touristische Angaben

Ausgangspunkt: Anójia, ca. 9 km von Sparta entfernt (Wanderung führt zum Ausgangspunkt zurück).
Gehzeiten: 4¼ Stunden (ohne Anfahrtsweg). Anfahrt zur Hütte: 12 km; mit dem Auto ½ Stunde oder 3 bis 4 Stunden zu Fuß.
Alp/Ende des Fahrweges – Hütte: 15 Minuten.
Hütte – Gipfel: 2 Stunden.
Rückweg zur Alp: 2 Stunden.
Verkehrsverbindungen: Bus von Sparta nach Anójia; Taxi in Sparta.
Übernachtungsmöglichkeiten: Hotels in Sparta; Taýgetos-Schutzhütte (vorher den Schlüssel beim EOS Sparta ausleihen).
Verpflegung: Supermärkte, Restaurants und Kafeníons in Sparta.
Sehenswürdigkeiten: Mistrás, Museum von Sparta, Geráki.
Sonstiges: Sektion des griechischen Bergsteigervereins in Sparta (s. Anhang).

39 Der Weg der Spartaner über den Taýgetos
Von Spartiá nach Kardamíli

Beste Jahreszeit: Frühjahr bis Herbst.
Gehzeit: 1 oder 2 Tage.
Ausdauer und entsprechende Ausrüstung erfordernde Bergtour; etwas Orientierungssinn erforderlich.

Ausgangspunkt unserer langen Wanderung über das Taýgetos-Gebirge ist das Bergdorf Spartiá; nicht zu verwechseln mit der Stadt Sparta! Nach Spartiá gelangt man mit dem Bus von Gíthion, der einmal täglich um 15.00 Uhr nachmittags diese Strecke fährt. Da es in Spartiá keine Übernachtungsmöglichkeiten gibt, ist es ratsam, ein Zelt mitzunehmen.
Bevor wir mit der Wanderung beginnen, bei der der eine oder andere vielleicht daran zweifeln mag, ob dieser lange und unbequeme Weg nach Kardamíli wirklich der Weg zum Hafen der Spartaner war, sei hinzugefügt, daß er es nicht auf dem Höhepunkt der spartanischen Machtausbreitung war, sondern den Spartanern von Kaiser Augustus zugewiesen wurde, nachdem Griechenland römische Provinz mit dem Namen Achaia geworden war. Wahrscheinlich wurde das Dekret mit einigem Zähneknirschen hingenommen.

Der Wegverlauf

Wir verlassen am frühen Morgen das Dorf am *Buswendeplatz* auf dem Fahrweg, der nach oben führt. Etwas oberhalb des Dorfes, nach einem *Brunnen,* verzweigt sich der Fahrweg. Wir nehmen die *linke Abzweigung,* die zu einem Eisengatter (Walnußbäume) führt. Hier zweigt rechts ein Fußweg nach oben ab, der uns in ca. zwei Stunden zum Forstgebiet Vassiliki in nordwestlicher Richtung führt. Den ganzen Weg über kommen wir durch bewaldetes Gebiet, was unseren Aufstieg angenehm macht. Nach etwa einer Stunde umgeht der Weg steile, aufwärtsstrebende Felsen und überquert zwei kurz aufeinanderfolgende Rinnen, folgt aber im wesentlichen immer derselben Richtung. Nach zwei Stunden angestrengten Steigens sind wir bei einer steinernen Behausung auf dem *Paßübergang* angekommen.
Jetzt geht es abwärts durch Farnkraut und Disteln in die nach Westen abfallende *Senke,* in der wir bald wieder unseren Weg finden. Nach ca. 15 Minuten stoßen wir auf einen Fahrweg (er führt vom Dorf Kastaniá aufwärts), den wir ein Stück nach links gehen, bis wir unterhalb bei einem Bachlauf ein *steinernes Haus* mit Wellblechdach sehen. Motorsägen tönen irgendwo in der Tiefe des Waldes, aber es ist niemand zu sehen. Auf der rechten Seite des Bachlaufs setzt sich unser Weg fort, in dessen Verlauf wir viele Male das später trockene Bachbett in jeder Richtung queren müssen. Man achte auf die Steinmänner! Und jetzt eine Bitte: Da solche Wege von sehr wenigen Leuten begangen werden, wäre es sehr hilfreich, wenn Sie manchmal Steinmänner erneuern würden bzw. bei beachtenswerten Abzweigungen neu aufrichten. Wer sich des Weges aber nicht hundertprozentig sicher ist, sollte es lieber lassen. Daß hier einmal ein gut angelegter Weg bestanden haben muß, sieht man an den Resten hochaufgerichteter Stützmauern. Die erkennbaren Wegstücke des ausgebauten Weges sind aber selten, und immer häufiger müssen wir über Steinblöcke im Flußbett steigen.
Nach dem Durchschreiten einer verwachsenen Felsenpforte erscheint unmittelbar darauf eine spärlich fließende, an Moosen abtropfende *Quelle.*
Nach ca. 2½ Stunden vom Beginn des Schluchtweges mündet von rechts ein weiteres *Flußbett.* Immer häufiger tauchen jetzt die Ruinen von steinernen Gebäuden und Terrassen auf. Dies läßt vermuten, daß diese Schlucht dereinst Rückzugsgebiet und Zufluchtsort im Widerstandskampf gegen die Türken war. Das Gehen auf dem Geröll und Blockgestein ermüdet, und die Pausen mehren sich. Die Sonne strahlt unerbittlich in die Schlucht, und die flankierenden Berge werden höher und höher. Nach etwas mehr als fünf Stunden Wanderung durch die Schlucht kommen wir zur *Quellenfassung* eines Wasserreservoirs, an dem links ein Schotterweg

aufwärts ins Dorf Exohóri führt, das 7 Kilometer von Kardamíli entfernt liegt (Beschreibung einer Wegvariante hinauf nach Exohóri und wieder abwärts in die Schlucht in Wanderung Nr. 37). Kurz vorher leitet auf der rechten Seite ein Maultierweg aufwärts ins Dorf Tséria. Wer die Taýgetos-Schlucht bis zu ihrem Ende in Kardamíli durchwandern will, hat noch 3 Stunden Weg vor sich.
An einigen Stellen tritt jetzt das Wasser zwischen den Steinen hervor, doch genauso schnell verschwindet es wieder. Eine Fledermaus zieht am hellichten Tag ihre Kreise, schaukelt wie ein riesengroßer Schmetterling lautlos vorbei und landet neben einer Gumpe auf einem Felsbrocken. Einige kurze Kletterstellen machen die Zuhilfenahme der Hände erforderlich. Die Sonne reflektiert die Hitze unerbittlich zwischen den bleichen Felsen und treibt das Wasser aus allen Poren des Körpers. Das Echo der Krähenlaute hallt von den Schluchtwänden wider, das Geräusch einer undichten Wasserleitung gesellt sich dazu. Die Rohre verschwinden dann teilweise unter einer schützenden Steinmauer oder sie sind an den Felswänden befestigt. Des ewigen Abwärtssteigens langsam müde, sagt unser Gefühl, daß wir längst in Kardamíli ankommen müßten. Doch diese Schlucht scheint sich endlos hinabzuziehen. Wieder und wieder zieht sie sich auseinander, um sich dann wieder zu verengen. Wie eigentlich schon während des gesamten Schluchtverlaufs braucht der Weg nicht mehr beschrieben zu werden, ein Entkommen ist unmöglich. Mehr als 1½ Stunden nach dem Passieren der Wegkreuzung Tséria/Exohóri führt rechts eine Treppe hoch zu dem verlassenen *Kloster Sotíras.* Hier lohnt sich eine Rast. Die Kirche selbst ist verschlossen, doch läßt ein Blick durch einen offenen Spalt erkennen, daß das Innere nicht sonderlich aufregend ist. Links gegenüber zerkratzt ein Fahrweg den Hang. Auf dem Weiterweg scheint ein *Zypressenhain* den Schluchtgrund zu versperren. Doch das Bachbett umgeht ihn elegant, und die Zypressen bescheren uns nochmals ein mit vielfältigem Grün eingegrenztes Wegstück. Der Kadaver eines Fuchses liegt in der Mitte des Flußbettes. Wie mag es ihn wohl erwischt haben? Nicht immer offenbart sich uns auf den Wanderungen die lebende Tierwelt. Manchmal gewinnen wir einen Eindruck von der Existenz bestimmter Tierarten erst durch ihre toten Artgenossen.
In diese Betrachtungen mischt sich fernes Motorengeräusch. Es verdichtet sich der Eindruck, daß die Schlucht zu Ende geht. Und wirklich, die ersten Häuser von *Kardamíli* liegen plötzlich vor uns. Zuerst der alte Stadtteil von Kardamíli mit der *Ágios-Spíridon-Kirche* und der *Befestigungsanlage.* Sehenswert sind die ornamentalen Fenstereinfassungen und der zierliche Turm der Kirche. Der Festungsturm wurde 1808 von der Familie Mourtzínos, die angeblich Nachfahren der Paläologen sind, errichtet. Kardamíli ist der Hauptort der Éxo Máni, doch hat es seine Ruhe bewahrt.

Auch wenn sich der Weg durch die Taýgetos-Schlucht endlos hinzuziehen scheint, versetzen die steilen Schluchtwände den Wanderer immer wieder in Erstaunen.

Touristische Angaben

Ausgangspunkt: Spartiá, 32 km von Gíthion entfernt (Wanderung führt nicht zum Ausgangspunkt zurück). Karte: s. Tour 37.
Gehzeiten: 1 oder 2 Tage.
Spartiá–Vassiliki: 2¼ Stunden.
Vassiliki (Schluchtbeginn)–Exohóri: 5 Stunden.
Exohóri–Kardamíli: 3 Stunden.
Verkehrsverbindungen: Bus von Gíthion nach Spartiá (Abfahrt 15.00 Uhr täglich); Bus Kalamáta–Kardamíli–Ítilo.
Übernachtungsmöglichkeiten: Hotels und Zimmer in Gíthion und Kardamíli; Mitnahme von Zelt vorteilhaft; Campingplatz in Kardamíli.
Verpflegung: Einkaufsmöglichkeiten, Kafeníons und Restaurants in Gíthion und Kardamíli; Kafeníon mit beschränkter Verpflegungsmöglichkeit in Spartiá.
Sehenswürdigkeiten: Mistrás, Museum von Sparta, fränkische Festung Passavás, maniatische Burganlage mit Ágios-Spíridon-Kirche in Kardamíli sowie Reste der Akropolis und Kirche Agía Sofía.
Sonstiges: Die Kartenskizze zu Tour 39 befindet sich bei Tour 37 (S. 166).

Auch von Kardamíli lohnt sich ein Abstecher in die Taýgetos-Schlucht.

Die Ágios-Spíridon-Kirche liegt etwas außerhalb im alten Teil von Kardamíli. ▷

40 Halbinsel Mani: Dörfer mit Turmhäusern am kargen Ende der Welt

Beste Jahreszeit: Oktober bis Mai; während des ganzen Jahres möglich; im Sommer sehr heiß.
Gehzeit: 1½ Stunden.
Einfache Wanderung ohne nennenswerte Höhenunterschiede.

Der Ausgangsort für unsere Reise in die innere Mani ist der 800 Einwohner zählende Ort Areópolis mit seinen engen Gäßchen, turmartigen Häusern und mauerumschlossenen Höfen. Von hier aus sollte man auf keinen Fall versäumen, einen Abstecher zu den 12 Kilometer entfernten Höhlen von Pírgos Diroú zu machen. Mit dem Boot durchfährt man auf unterirdischen Seen eine märchenhafte Phantasiewelt aus Tropfstein, deren natürlicher Schmuck aus Stalagmiten und Stalaktiten einzigartig ist.
Weitaus rauher zeigt sich die Landschaft auf unserer Weiterfahrt nach Süden. Vor der Kulisse der wildzerklüfteten Berge geben die turmartigen Häuser der Maniaten ein skurriles Bild. Hier konnten sie ihre Beute verstekken, denn wovon sollten sie in einer Landschaft, die von drei Seiten von Meer umschlossen ist und wo alles aus Stein ist, leben? So waren die Vorfahren der heutigen Maniaten Seeräuber, die die Schiffe vor Kap Ténaro aufbrachten.
Viele dieser Häuser sind heute verlassen, wie etwa in dem Dorf Nomía. Ihre Bewohner zogen auf der Suche nach Arbeit nach Athen oder anderswohin. Aber aufgegeben haben sie ihre Wohntürme nicht, an vielen wird verbessert und restauriert, denn sie stehen heute unter Denkmalschutz.
Bei Geroliménas stürzt eine mächtige Felswand ins Meer, die ihren Schatten herüberwirft. Langsam werden wir darauf eingestimmt, daß sich im Altertum hier unten der Eingang zum Hades befand. Doch gar so düster ist Geroliménas nun auch wieder nicht. Immerhin finden sich in dem kleinen Ort einige Restaurants und Hotels, und es ist ganz gemütlich, an der Hafenmole zu sitzen und den anlegenden Fischerbooten zuzuschauen. Von hier führt die Straße zu einem der schönsten aus Turmhäusern zusammengesetzten Dörfer der Mani, dem auf einer Bergkuppe gelegenen *Váthia.* Die wenigen Bewohner, die heute noch hier leben, sind den Ansturm der Neugierigen mittlerweile gewohnt.
Nach Váthia führt die Asphaltstraße noch 5 Kilometer weiter, bis sie in *Porto Kárgo,* einem abgelegenen und idyllischen Fischernest in einer schönen Bucht endet. Ein besonderer Tip ist die unter Feigenbäumen versteckte Taverne. Hier schmeckt der Fisch, und der Wirt zeigt Ihnen gerne auf Wunsch einige prächtige Langusten oder Lobster. Dazu einen kühlen Weißwein. Doch sollten Sie zuerst die Wanderung zum Kap machen, sonst kommen Sie nicht mehr hoch!
Zum *Kap Ténaro* biegen wir ca. 2 Kilometer vor Porto Kárgo nach rechts auf einer Schotterstraße ab, die zum Dorf *Mármaris* führt, zweigen aber gleich darauf bei der nächsten Gabelung (Schild »Mármaris«) nach links oben ab. Unterhalb liegt eine schöne Badebucht mit Trinkwasserzisterne (ein halbes Jahr später fanden wir die Bucht dermaßen verschmutzt und mit Teerklumpen übersät, daß wir diesen Satz revidieren müssen). Überhaupt hatte sich seit unserer letzten Wanderung zum Kap etliches getan: Die Schotterstraße, die vordem einige Kilometer vor dem Dorf Kokkinogía endete, war in der Zwischenzeit bei den Häusern des Dorfes angelangt, so daß sich jetzt der Fußweg zum Kap Ténaro etwas verkürzt.
Nach der Abzweigung bei Mármaris kommen wir bald an einer links gelegenen Kapelle vorbei und darauf zu einem *Schild* mit Aufschrift: »Miánes 2,5 km, Kokkinogía 3 km, Ténaro 4,5 km«. Dort biegen wir nach rechts ab und folgen der neuen Schotterstraße, bis diese wenige Meter vor den Häusern von *Kokkinogía* endet. Unser Fahrzeug lassen wir hier in der prallen Sonne zurück.

Das hügelige Váthia mit seinen mehrstöckigen Turmhäusern zählt zu den schönsten Dörfern der Inneren Mani.

Der Wegverlauf

Das »Dorf« liegt inmitten eines Dickichts aus Feigenkakteen. Die Bewohner halten sich einige Kühe, Schweine und Hühner und gehen ansonsten in den Buchten ums Kap fischen. Unten in der Bucht von *Porto Stérnes* liegen einige Kähne, oberhalb sticht ein grün eingewachsener, neuzeitlicher Wohnturm ins Auge. Wir gehen um eine *Zisterne* links herum nach unten, noch etwas weiter links liegt eine aus großen Steinquadern errichtete, halb verfallene *Krypta.* Sie wurde in byzantinischer Zeit aus den Überresten des einstigen Poseidonheiligtums errichtet. Unterhalb davon in der Bucht war einer der Eingänge in das Reich der Toten, den Hades. Pausanias, der sein berühmtes Buch »Reisen in Griechenland« in der zweiten Hälfte des 2. Jahrhunderts n. Chr. schrieb und ohne dessen Aufzeichnungen das Auffinden antiker Stätten und mythologischer Orte kaum oder nicht möglich gewesen wäre, schreibt darüber: »An dem Kap ist ein Tempel wie eine Höhle und davor eine Statue des Poseidon. Einige Griechen haben gedichtet, daß Herakles hier den Hadeshund heraufgebracht habe, obwohl durch die Höhle weder ein Weg in die Erde führt und man nicht leicht glauben kann, daß es eine unterirdische Wohnung der Götter gibt, in der sich die Seelen versammeln. Hekataios von Milet hat aber die wahrscheinliche Erklärung gefunden, indem er sagt, daß am Tainaron eine schreckliche Schlange gelebt habe, die Hadeshund genannt worden sei, weil der Gebissene sofort an dem Gift sterben mußte... Homer, denn er nannte das Tier, das Herakles heraufbrachte, als erster Hadeshund, gab ihm weder einen Namen, noch dichtete er zu seinem späteren Aussehen etwas hinzu wie bei der Chimaira. Erst die Späteren bildeten den Namen Kerberos und behaupteten, er habe drei Köpfe, obwohl sie ihn sonst wie einen Hund beschreiben und obwohl Homer ihn dann ebensowenig als einen Hund, den Gefährten des Menschen, bezeichnet haben würde, wie er eine Schlange Hadeshund genannt hätte.«

Wir sprechen dem Helden der Antike still unseren Dank aus, daß er uns auf unserer Tour an der Hölle vorbei die Begegnung mit dem

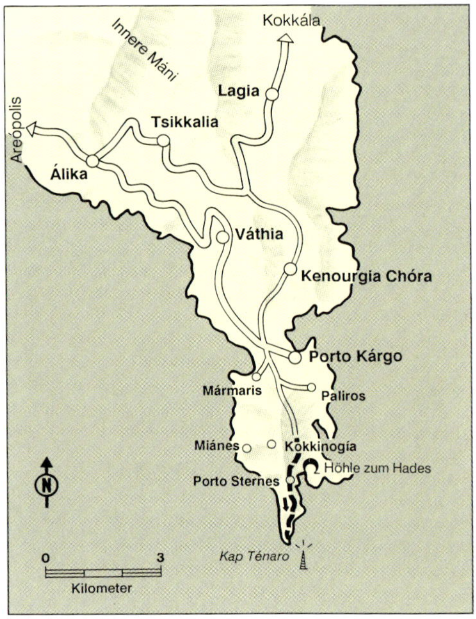

Monster erspart hat. Unterhalb von Zisterne und Krypta finden sich überall verstreut aus dem Felsen gearbeitete Nischen, die wir von der anderen Seite der Bucht noch besser erkennen können. Es sind die Fundamente der einstigen antiken Siedlung. Der Weg führt generell in Richtung der *Telefonleitung,* aber etwas unterhalb dieser in Meeresnähe weiter. Dort stoßen wir auf ein gut erhaltenes Fragment eines Mosaiks aus wahrscheinlich frühhellenistischer Zeit. Je weiter wir kommen, desto klarer schneidet sich der Pfad durch die karge und trockene Landschaft. Hier wächst nicht viel, es ist der letzte Ausläufer der sich von Jugoslawien herabziehenden Dinarischen Alpen, der sich über Griechenland und den Peloponnes fortsetzt bis hinüber zur Insel Kreta und dem Taurus in Kleinasien.

Wer im Frühjahr unterwegs ist, kann auf dieser Wanderung seinen Bedarf an Salbei, Thymian und Oregano sammeln. Der Weg führt noch einmal etwas aufwärts, ein leichter Wind umweht uns und das Tuckern eines Kaikis, eines Fischerboots, durchhackt die Stille. Dann erscheint auch schon vor uns der weiße Leuchtturm an der Spitze des Kaps. Eine Dreiviertelstunde haben wir vom Ende des Schotterwegs bis hierher gebraucht.

Zum Leuchtturm am Kap Ténaro gelangt man am besten, wenn man der Telegrafenleitung folgt.

Draußen, in der Weite des Meeres, umfahren große Handelsschiffe die Südspitze des Peloponnes. Neben dem *Leuchtturm,* der bewohnt ist, die Solaranlage für die Energieversorgung. Nach einer kurzen Rast am Kap begeben wir uns auf den Rückweg. Jetzt erscheint uns das am Hang liegende kleine Dorf in der kargen und ausgebrannten Landschaft wie eine grüne Oase.

Touristische Angaben

Ausgangspunkt: Váthia, 9 km nach Geroliménas. Von hier mit dem Fahrzeug noch ca. 5 km auf der beschriebenen Straße. (Wanderung führt zum Ausgangspunkt zurück).
Gehzeiten: 1½ Stunden hin und zurück.
Verkehrsverbindungen: Bus bis Geroliménas oder Váthia; Taxi in Geroliménas.
Übernachtungsmöglichkeiten: Hotels und Zimmer in Geroliménas.
Verpflegung: Einkaufsmöglichkeit, Restaurants und Kafeníons in Geroliménas.
Sehenswürdigkeiten: Höhlen von Pírgos Diroú, Turmhäuser auf Mani, besonders in Nomía, Kíta, Váthia. Antike Reste des Poseidonheiligtums in Porto Stérnes.

Anhang

So muß man sich den Inbegriff griechischer Landschaft vorstellen: Olivenhaine, Fischerboote, Kubushäuser vor einem tiefblauen Meer – das Fischerdorf Alt-Epidauros an der Ostküste des Peloponnes.

Nützliche Informationen

Griechische Zentralen für Fremdenverkehr in Deutschland, Österreich und der Schweiz

Griechische Zentrale für Fremdenverkehr
Neue Mainzer Straße 22
D-6000 Frankfurt/Main 1
Tel. 069/236561

Griechische Zentrale für Fremdenverkehr
Abteistraße 33
D-2000 Hamburg 13
Tel. 040/454498

Griechische Zentrale für Fremdenverkehr
Pacellistraße 2
D-8000 München 2
Tel. 089/222035

Griechische Zentrale für Fremdenverkehr
Kärntner Ring 5
A-1015 Wien
Tel. 0222/525317

Griechische Zentrale für Fremdenverkehr
Gottfried-Keller-Straße 7
CH-8001 Zürich
Tel. 01/328487

Im gebirgigen Teil des Peloponnes dient der Esel immer noch als Nutz- und Lasttier wie zur Zeit der Antike.

Touristeninformationsstellen in Athen und auf dem Peloponnes

Griechische Zentrale für Fremdenverkehr in Athen:
Zentralbüro: Amerikís 2, Athen,
Tel. (01) 3223111/9
Auskunftsbüros: a) Karageórgi Servías 2, Athen, Tel. 3222545
b) Flughafen Ellenikón, Ost-Terminal, Tel. 9799500
Griechische Zentrale für Fremdenverkehr in Patras:
Iroon Politechniou Str., Glifada Patron, Patras, Tel. (061) 420304

Automobilklubs

ADAC-Notrufstation, Athen, Mesogíon 2–4, Tel. (01) 7775644
ADAC-Notrufzentrale München, Tel. von Griechenland aus: 0049/89/222222
Griechischer Automobilklub ELPA, Athen, Mesogíon 2, Tel. (01) 7791615
ELPA Patras, Platía Vass. Geórgiou 30–32, Tel. (061) 276920
ELPA Trípolis, Vass. Konstantínou/Ecke Spetserópoulou, Tel. (071) 26714

Ausländische Vertretungen in Athen und auf dem Peloponnes

Botschaft der Bundesrepublik Deutschland
Athen
Karaóli/Ecke Dimítriou 3
Tel. (01) 724801-5

Konsulat der Bundesrepublik Deutschland
Patras
Platía Geórgiou A Nr. 50
Tel. (061) 277448

Österreichische Botschaft
Athen
Alexándras 26
Tel. (01) 811036, 816800

Schweizer Botschaft
Athen
Iásion 2
Tel. (01) 73036456

Anschriften der Sektionen des griechischen Bergsteigervereins (EOS) in Athen und auf dem Peloponnes

EOS Patras:
Pantanassis 29
Dienstag bis Freitag 20.00–21.30 Uhr
(Vors. Herr Dimou, spricht Englisch)
Tel. 061/273912

EOS Égion:
S. Lontou & Aratou (Vors. Herr Dr. Kafousias,
Tel. 23217/28212, spricht Deutsch)
Tel. 0691/25285

EOS Kalávrita:
Zacharoplastion Ermidhis
Tel. 0692/22346

EOS Tripolis:
Tel. 072/222101/102

EOS Sparta:
Akropoleos 3
Tel. 0731/22574

EOS Korinth
Kolokotroni 30
Tel. 0741/24335

EOS Xilókastron
Adamopoulou 11
Tel. 0743/22918

X.O.O. Argos
Tymenou 26

EOS Athen
Karageorgis Serbias 7/VIII (bei
Syntagma Platz)
Tel. 01/3234555/3237666 (Herr Regas
spricht Deutsch)

Öffnungszeiten von Büros und Geschäften

Geschäftszeiten: Die Geschäfte in den größeren Städten sind werktags von Mitte Mai bis Mitte Oktober Montag, Mittwoch, Samstag von 8.30 Uhr bis 14.30 Uhr und Dienstag, Donnerstag, Freitag von 8.30 bis 13.30 Uhr und nachmittags von 17.00 bis 20.00 Uhr geöffnet. Dagegen haben viele Läden in kleinen Dörfern tagein, tagaus geöffnet. Ein Allround-Angebot haben ferner die fast immer offenen Kioske (Batterien, Zahncreme, Schreibhefte, Zigaretten etc.), von denen aus man vielfach auch telefonieren kann.

Banken: Schalterstunden sind von Montag bis Freitag von 8.00 bis 13.00 Uhr. Die Nationalbank in Patras am Trion-Simmachon-Platz ist auch von 18.00 bis 22.00 Uhr geöffnet. Geldwechsel außerhalb der üblichen Schalterstunden, insbesondere Samstag vormittag, ist teilweise auf der Post möglich.

Post: Die Öffnungszeiten sind bei den kleineren Postämtern von Montag bis Freitag 8.00 bis 14.30 Uhr. Die größeren Postämter in den Städten haben teilweise auch nachmittags und abends sowie samstags geöffnet.

Telefon- und Telegraphenamt (OTE): Post und Telefon sind zwei verschiedene Einrichtungen in Griechenland und meist nicht im selben Gebäude untergebracht. Die Öffnungszeiten sind verschieden, doch ist das OTE in den größeren Städten fast durchgängig geöffnet. Ortsgespräche und manchmal auch Ferngespräche können vom Kiosk geführt werden, sofern ein entsprechender Apparat vorhanden ist, sind aber teurer als vom Amt aus.

Feste und Feiertage

31. Dezember/1. Januar: Den Wechsel vom alten zum neuen Jahr begehen die Griechen mit Karten- und Glücksspielen. Vor Mitternacht werden Fenster und Türen weit geöffnet, um das alte Jahr hinauszufegen und das neue Jahr hereinzulassen. Anschließend wird der Neujahrskuchen verteilt, in den eine Münze eingebacken wurde. Für den Finder bedeutet dies Glück im kommenden Jahr.

6. Januar: An diesem Tag wird die Taufe Christi gefeiert. Kinder ziehen von Haus zu Haus, singen Lieder und werden mit kleinen Geschenken belohnt. In Hafenorten findet an diesem Tag die Segnung des Wassers statt, wobei im Anschluß der Priester das Kreuz ins Meer wirft. Derjenige, der es wieder an Land bringt, wird mit Jubel überhäuft.

Karneval: Der »saubere Montag«, sieben Wochen vor dem orthodoxen Osterfest. Umzüge und Maskentreiben; besonders farbenprächtig in Patras. An diesem Tag sind Behörden und Geschäfte geschlossen. Anschließend beginnt die vierzig Tage dauernde Fastenzeit, in der insbesondere in den abgelegenen Regionen kein Fleisch und Fisch und keine Milchprodukte gegessen werden. Die Fastenzeit endet an Ostern.

25. März: Nationalfeiertag. An diesem Tag rief 1821 Bischof Germanos zum Widerstand gegen die türkische Fremdherrschaft auf und gab das Startsignal für den griechischen Befreiungskampf; Truppenparaden in den Städten.

Karfreitag: Gottesdienst und Kerzenprozession.

Ostersamstag: Mitternachtsgottesdienst. Der Priester bringt das neue Licht, an dem die Gläubigen ihre Kerzen entzünden. Anschließend der Jubelruf: Christós ánesti – Christus ist auferstanden! Insbesondere die Jugend kann es kaum erwarten, anschließend ihre Knallkörper in die Luft zu jagen.

Ostersonntag: Höchstes Fest der orthodoxen Kirche. Ostern ist meist später als in Deutschland. Nach der Messe begibt man sich zum Ostermahl; traditionell meistens Lammbraten.

23. April: Ágios Geórgios. Festtag in vielen Dörfern, in denen der heilige Georg verehrt wird.

1. Mai: Tag der Arbeit. Hauptsächlich Ausflugstag. Blumengebinde werden an die Haustüren und auf die Kühlerhauben der Autos gesteckt. Kundgebungen in den größeren Städten.

Pfingsten: kirchliche Feiern; 50 Tage nach dem orthodoxen Osterfest.

29. Juni: Pétros und Pávlos. Festtag in Kirchen und Dörfern, in denen diese Heiligen verehrt werden.

20. Juli: Prophet Elias. Kapellen und Kirchen, die seinen Namen tragen, liegen oft auf Hügeln, da er der Legende nach mit einem Feuerwagen zum Himmel gefahren ist; Prozessionen.

28. Juli: Ágios Pantelímonos. Feiertag in Kirchen und Dörfern, die seinen Namen tragen.

15. August: Mariä Himmelfahrt. Große Festlichkeiten mit Musik und Tanz, bei denen alt und jung im Dorf feiern.

28. Oktober: Gedenktag an das »Nein« der griechischen Regierung zur Unterwerfung unter den italienischen Faschismus. Eintritt Griechenlands in den Zweiten Weltkrieg.

4. Dezember: Ágia Varvára. Heilige Barbara.

6. Dezember: Ágios Nikólaos. Heiliger Nikolaus.

24. Dezember: Kinder ziehen singend von Haus zu Haus.

25./26. Dezember: Weihnachten. Nach Ostern höchstes Fest der orthodoxen Kirche.

Register

Die geradestehenden Ziffern verweisen auf die Textseiten, die kursiven auf die Seiten mit Abbildungen.

Bildnachweis

Alle Aufnahmen Gert Hirner, mit Ausnahme von: Gerhard Dierza, München: 2/3, 9, 11, 23, 25, 76 (oben), 81, 102, 106, 132, 147 (oben und unten), 148, 176, 180, 182; Emmanuela de Nora, Mailand/Athen/Paris: 15, 17, 21, 66 (oben und unten), 70/71, 73, 108, 109, 114/115, 129.

Die Tourenskizzen und die Übersichtskarte zeichnete Eugen E. Hüsler, Dietramszell.

Griechischer Wortschatz

Das griechische Alphabet

Α α	Β β	Γ γ	Δ δ	Ε ε	Ζ ζ	Η η	Θ ϑ	Ι ι	Κ ϰ	Λ λ	Μ μ
alfa	wita (beta)	gamma	delta	epsilon	sita (zeta)	ita (eta)	thita (theta)	jota	kapa	lambda	mi
a	w	g (vor a, o, u) j (vor e, i)	th (engl. the)	e	z wie s in Rose	i	th (engl. thing)	i	k	l	m

Ν ν	Ξ ξ	Ο ο	Π π	Ρ ϱ	Σ σ ς	Τ τ	Υ υ	Φ φ	Χ χ	Ψ ψ	Ω ω
ni	xi	omikron	pi	ro	sigma	taf (tau)	ipsilon	phi	chi	psi	omega
n	ks	o	p	r	s. ß	t	i	f	ch	ps	o

Wortschatz für unterwegs

Landkarte	γεωγραφικός χάρτης	jeojrafikós chártis
Stadt	πόλη	póli
Dorf	χωριό	chorió
Haus, Häuser	σπίτι, σπίτια	spíti, spítia
Straße	δρόμος	dhromos
Weg	μονοπάτι	monopáti
Kurve	στροφή	strofí
Berg	βουνό	wunó
Gipfel	κορυφή	korifí
Berghütte	καταφύγι	katafíji
Bergsteiger	ορειβάτης	oriwátis
Schlucht	φαράγγι	farángi
Ebene	πεδιάδα	pedhiáda
Fluß	ποταμός	potamós
See	λίμνη	límni
Meer	Θάλασσα	thálassa
Quelle	πηγή	pijí
Höhle	σπηλιά	spiljá
Kirche	εκκλησία	eklissía
Kapelle	εκκλησάκι	eklissáki
Wegkreuz	σταυροδρόμι	stavrodhrómi
Steine	πέτρες	pétres
Schnee	χιόνι	chióni
weit	μακριά	makriá
nah	κοντά	kontá
hoch	ψηλά	psilá
niedrig	χαμηλά	chamilá
unten	κάτω	káto
oben	πάνω	páno
Sonne	ήλιος	ílios
Mond	φεγγάρι	fengári
Sterne	άστρα	ástra
Wald	δάσος	dhásos
Baum	δέντρο	dhéndhro
Blume	λουλούδι	lulúdhi
Tier	ζώο	sóo
Vogel	πουλί	pulí
Schafe	πρόβατα	prówata
Ziegen	κατσίκες	katzíkes
Hund	σκύλος	skílos
Schäfer	βοσκός	woskós
Jäger	κυνηγός	kinijós
Hilfe	βοήθεια	woíthia
Auto	αυτοκίνητο	avtokínito
Bus	λεωφορείο	leoforío
Fahrkarte	εισιτήριο	isitírio
Haltestelle	στάση	stási
Kilometer	χιλιόμετρο	chiliómetro

Eigenschaften und Redewendungen

kalt	κρύο	krío
warm	ζεστό	sestó
hell	φωτεινό	fotinó
dunkel	σκοτεινό	skotinó
billig	φθηνό	ftinó
teuer	ακριβό	akriwó
wann?	πότε;	póte?
wo?	πού;	pu?
wieviel?	πόσο;	póso?
was?	τι;	ti?
Guten Tag!	καλημέρα	kaliméra
Guten Abend!	καλησπέρα	kalispéra
Gute Nacht!	καληνύχτα	kaliníchta
Auf Wiedersehen!	αντίο	adhío
bitte?	παρακαλώ ; ορίστε	parakaló? oríste
danke!	ευχαριστώ	evcharistó
Entschuldigung	συγγνώμη	signómi
sehen	βλέπω	wlépo
siehst du?	βλέπεις;	wlépis?
ich sehe nicht	'Οχι, δεν βλέπω	óchi, dhen wlépo

Unterkunft und Verpflegung

Hotel	ξενοδοχείο	xenodhochío
Bett	κρεβάτι	krewáti
Bad, Dusche	λουτρό, ντουζ	lutró, dus
Essen	φαί	faí
Brot	ψωμί	psomí
Fleisch	κρέας	kréas
Lammfleisch	κρέας αρνί	kréas arní
Schweine-fleisch	χοιρινό κρέας	chirinó kréas
Käse	τυρί	tirí
Schafskäse	φέτα	féta
Fisch	ψάρι	psári
Salat	σαλάτα	saláta
Eier	αυγά	avjá
Suppe	σούπα	súpa
Oliven	ελιές	eliés
Obst	φρούτα	frúta
Öl	λάδι	ládhi
Wasser	νερό	neró
Wein	κρασί	krasí
Bier	μπύρα	bíra
Limonade	λεμονάδα	lemonádha
Milch	γάλα	jála
Saft	χυμός	chimós
Kaffee	καφές	kafés
Tee	τσάι	tsai
Salz	αλάτι	aláti
Pfeffer	πιπέρι	pipéri
Teller	πιάτο	piáto
Glas	ποτήρι	potíri
Messer	μαχαίρι	machéri
Gabel	πηρούνι	pirúni
Löffel	κουτάλι	kutáli
Geschäft	μαγαζί	majasí
Bäckerei	φούρνος	fúrnos

Wochentage, Tages- und Jahreszeiten

Sonntag	Κυριακή	kiriakí
Montag	Δευτέρα	dheftéra
Dienstag	Τρίτη	tríti
Mittwoch	Τετάρτη	tetárti
Donnerstag	Πέμπτη	pémpti
Freitag	Παρασκευή	paraskewí
Samstag	Σάββατο	sáwato
der Tag	η μέρα	i méra
die Nacht	η νύχτα	i níchta
der Morgen	το πρωί	to proí
der Mittag	το μεσημέρι	to messiméri
der Nachmittag	το απόγευμα	to apójewma
der Abend	το βράδυ	to wrádhi
die Woche	η εβδομάδα	i ewdomádha
der Monat	ο μήνας	o mínas
das Jahr	ο χρόνος	o chrónos
die Stunde	η ώρα	i óra
die Minute	το λεπτό	to leptó
heute	σήμερα	símera
morgen	άυριο	ávrio
gestern	χτες	chtes

Zahlen

1	ένα (ένας, μία)	éna (énas m, mía f)
2	δύο	dhío
3	τρία (τρεις)	tría (tris m/f)
4	τέσσερα (τέσσερις)	téssera (tésseris m/f)
5	πέντε	pénde
6	έξι	éxi
7	εφτά	eftá
8	οχτώ	ochtó
9	έννιά	enniá
10	δέκα	dhéka
11	έντεκα	éndheka
12	δώδεκα	dhódheka
13	δεκατρία	dhekatría
14	δεκατέσσερα	dhekatéssera
15	δεκαπέντε	dhekapénde
16	δεκαέξι	dhekaéxi
17	δεκαεφτά	dhekaeftá
18	δεκαοχτώ	dhekaochtó
19	δεκαεννιά	dhekaenniá
20	είκοσι	íkossi
21	είκοσι ένα	ikossi éna
30	τριάντα	triánda
40	σαράντα	saránda
50	πενήντα	penínda
60	εξήντα	exínda
70	εβδομήντα	evdhomínda
80	σγδόντα	ogdhónda
90	ενενήντα	eneninda
100	εκατό	ekató
200	διακόσια	dhiakóssia
300	τριακόσια	triakóssia
400	τετρακόσια	tetrakóssia
500	πεντακόσια	pendakóssia
600	εξακόσια	exakóssia
700	εφτακόσια	eftakóssia
800	οχτακόσια	ochtakóssia
900	εννιακόσια	enniakóssia
1000	χίλια	chília
2000	δύο χιλιάδες	dhío chiliádhes

Deutschsprachige Reiseliteratur

Karpodini-Dimitriadi, Efi: Der Peloponnes. Bildreiseführer zu den historischen Stätten, Monumenten und Museen. Ektotike Athenon S.A., Athen 1986

Sfikas, Georg: Die Berge Griechenlands. Efstathiadis Group, Athen 1980

Haller von Hallerstein, Hans: Streifzüge auf dem Peloponnes. Otto Müller Verlag, Salzburg 1986

Pückler-Muskau, Fürst von: Südöstlicher Bildersaal. Societäts-Verlag, Frankfurt/Main 1981

Pausanias: Reisen in Griechenland. Übersetzt und kommentiert von Ernst Meyer. Artemis Verlag, Zürich, 3. Auflage 1986

Speich, Richard: Südgriechenland II, Peloponnes. Kunst- und Reiseführer. Kohlhammer Verlag, Stuttgart 1980

Sperlich, Waltraud: Peloponnes – selbst entdecken. Regenbogen-Verlag, Zürich 1986

Ekschmitt, Werner: Fahrten auf dem Peloponnes – ins unbekannte Griechenland. Ullstein Verlag, Berlin 1979

Fermor, Patrick Leigh: Mani – Reise ins unentdeckte Griechenland. Otto Müller Verlag, Salzburg 1979

Merian-Heft »Peloponnes«. Hoffmann und Campe, Hamburg

Marker, Sherry: Peloponnes. Argonaut Taschenführer. Efstathiadis Group, Athen 1984

Kästner, Erhart: Ölberge – Weinberge. Insel-Verlag, Frankfurt/Main 1974

Hautumm, Wolfgang: Peloponnesische Wanderungen. Ikarus Verlag, Fulda 1980

Münster, Thomas: Peloponnes für Kenner. Langen Müller Verlag, München, Wien 1980

Wollny-Pópota, Eleftheria: Lakonisches Reisebuch – Verborgenes Südgriechenland. Schnell & Steiner Verlag, München, Zürich 1982

Fink/Franke/David: Peloponnes. Pinguin Verlag, Innsbruck 1984

Kazantzakis, Nikos: Im Zauber der griechischen Landschaft. Heyne Verlag (Ex Libris), 5. Auflage, München 1982

Leon, Christoph F.: Peloponnes. Hallwag Verlag, Bern und Stuttgart 1981

Polyglott-Reiseführer: Peloponnes. 7. Auflage, München 1985/86

Jong, Brian de: Griechenland – Festland und Peloponnes. Prestel Verlag, München, 3. Auflage 1980

Berndt, Carl A.: Peloponnes erleben. Wanderungen zu Tempeln, Kirchen und Kastellen. Otto Müller Verlag, Salzburg 1987

Die kleinen Blauen: Peloponnes und vorgelagerte Inseln. Verlag Molden-Seewald, München 1983

Siebenhaar, H.-P.: Peloponnes und seine Inseln. Verlag Michael Müller, Ebermannstadt 1986

Polunin, O./Huxley: Blumen am Mittelmeer. BLV Bestimmungsbuch. BLV Verlagsgesellschaft, München 1981

Simon, Erika: Die Götter der Griechen. Verlag Hirmer, München 1985

Rose, H. J.: Griechische Mythologie. C.H. Beck'sche Verlagsbuchhandlung, München 1974

Karten

Peloponnes – Korinth: Autokarte – Freizeit – Kultur 1:300000; Freytag & Berndt, Wien. Gute Übersichtskarte. Dieselbe Karte wird in Griechenland von Efstathiadis Group herausgegeben.

Topographische Karten des griechischen Kartenwerks 1:200000. Peloponnes in sieben Einzelkarten (jeweils für einen Landkreis), mit Höhenlinien, aber ziemlich unübersichtlich und veraltet. Beschriftung auf Griechisch.

Topographische Karten, herausgegeben vom Hellenic Geographical Service 1:50000; Peloponnes in 57 Blättern; veraltet, aber relativ übersichtlich; Herausgabe nur einzeln und nach Ausfüllen eines Antragsformulars; Herausgabe an Ausländer nur ungern. Athen, Evelpidon 4 (beim Areos Park).

Mit Bildbänden von Bruckmann reisen

Richard Speich / Emmanuela de Nora
Griechenland
Die Inseln

Günter Spitzing / Gerhard Dierza
Griechenland
Das Festland

Erica Wünsche/
Knut Liese
Kreta
Wiege des Abendlandes

Gert Hirner / Jakob Murböck
Wanderungen auf Kreta
40 Touren zu den schönsten Zielen

Bei Ihrem Buchhändler
erhältlich

Postfach 27, 8000 München 20
Bruckmann München

Der Bergsteiger

& Der Bergwanderer

Die Monatszeitschrift für weltweites Bergsteigen

Bergwandern, Klettern, Winterbergsteigen, Skitouren, Trekking, Expeditionen, Geschichte, Kultur und alpines Wissen.

Der Bergsteiger bietet Ihnen, von namhaften Mitarbeitern in mehr als 30 Ländern ausgearbeitet,

- auf etwa 100 Seiten spannende und informative Beiträge rund um Ihre Berge.
- Den farbigen Sonderteil »Der Bergwanderer« mit vielen Informationen zu ausgewählten Wochentouren.
- Wander-, Klettersteig-, Ski- und Kletterführer in allen Schwierigkeitsgraden
- Großthemen über klassische Alpenlandschaften, aber auch unbekannte Berge
- neueste Entwicklungen beim Klettern und Expeditionsbergsteigen
- wichtige Ratschläge aus der Bergmedizin
- beispielhafte Bergfotografie
- Chronik, Porträts, Geschichte
- Produktvorstellungen, Reise- und Büchertips und vieles mehr.

»Der Bergsteiger ist auf gutem Pfad. Er liefert viele Informationen, hat fundierte, interessante Schwerpunktthemen, bringt alpine Geschichte, hat ein Lexikon entwickelt, das Bergwanderer wie Kletterer gleichermaßen anspricht. Eine gute Mischung aus Gegenwart und Vergangenheit ist hier gefunden.«

Süddeutsche Zeitung

Postfach 27, Nymphenburger Straße 86, 8000 München 20

Bruckmann München